중국법강의

姜光文 · 金玲美

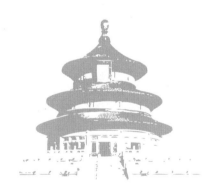

박영사

머리말

　이 책은 필자가 서울대학교 법학전문대학원에서 강의한 내용을 정리한 중국법 일반에 관한 개론서이다. 중국법을 배우기 시작한 학부생이나 법학전문대학원생들에게 도움이 될 수 있는 교과서를 만드는 것이 이 책의 첫 목표이다. 또한 중국법과 중국사회에 관심을 가진 일반 독자들에게도 유익한 정보가 될 수 있는 내용이 조금이나마 포함되도록 하였다.

　중국법 입문서가 이미 적지 않게 나와 있는 상황에서, 전문연구서도 아니고 논문집도 아닌 이러한 법학교과서를 출간하는 것이 과연 어떠한 의미가 있는지에 대해서는 회의적일 수 있다. 법학교과서라 함은 교재의 특성상 대체로 널리 알려져 있는 각종 법조문, 법해석과 법이론의 열거와 종합에 지나지 않기에 이러한 책을 통해 새로운 시각이나 시사점을 제시하는 등 기존 교과서와 질적으로 차별화되는 그 무엇을 담기는 쉽지 않다. 특히 중국법이라고 하는, 그 범위가 제한적이지 않아 각종 개별적 법학 영역을 총망라하고 있는 학문분야에 관해 개론서를 낸다는 것은 별로 의미 없는 작업이거나 언뜻 위험한 시도일 수도 있다.

　그런데 한편으로는 학부나 법학전문대학원 강의에 알맞으면서도 쉽게 읽히는 중국법 관련 전문서적이 그리 많지 않은 것도 사실이다. 그래서 책 출간을 준비할 당시에는 이러한 점을 의식하면서 집필을 시작하였다. 또한 기존의 중국법 입문서에 비해 이 책은 아래 두 가지 면에서 나름의 특징을 가지고 있다고 생각된다.

　첫째, 구체적인 중국법 제도의 소개에 앞서, 법法이란 용어가 중국에서 일

반적으로 어떻게 쓰이고 이해되고 있는지와 이러한 중국 특유의 법개념과 법사상의 특징에 대해 비교적 자세히 설명함으로써, 중국법과 중국사회를 이해하기 위한 하나의 거시적인 시각을 제시할 수 있도록 노력하였다. 둘째, 중국법제의 각 부분을 설명함에 있어서는 개별 법령이나 제도를 일일이 열거하여 논하기보다는 법제도의 역사와 지금까지의 변천과정에 보다 방점을 두고 서술하였다. 이로써 새로운 입법이나 법 개정으로 수시로 변화하는 중국법제의 내용보다는 이러한 법제도가 어떻게 발전해왔는지를 설명함으로써 중국법제에 대한 전반적인 그림을 그릴 수 있게 하였다.

이 책은 필자와 김영미 변호사가 공동으로 작업하여 완성한 것이다. 구체적으로는 제1장－제8장의 내용 구성과 중국어 집필을 필자가 책임지고, 김영미 변호사가 이에 대한 번역과 수정, 제9장의 집필 및 책 전반의 교정과 색인 작업을 맡았다.

책 내용 중 일부는 이미 발표된 필자의 논문이나 글을 토대로 구성한 것으로서 이에 대한 세부 정보는 주요 참고문헌에서 확인할 수 있다. 교과서 특성상 본문에서는 그 출처를 일일이 밝히지 않았다.

책의 교정 단계에서 도움을 주신 서울대 법학대학원 박사과정 재학 중인 김향화 씨, 김휘 씨, 현려화 씨, 삼성전자 법무지원그룹 김주 수석변호사, 중국 King&Wood 변호사사무소 황리나 변호사 및 민수현 법학박사께 감사의 말씀을 드린다.

끝으로 부족한 원고임에도 불구하고 책 출간을 흔쾌히 맡아주신 박영사 관계자 분들 특히 안종만 대표님, 조성호 이사님 및 책임 편집자이신 한두희 선생님께 감사드린다.

2017년 3월
미국 보스턴에서
집필자를 대표하여 강광문 씀

차 례

제1장 중국법 개론

제2장 중국의 정치 제도와 사법 제도

제3장   중국의 헌법 제도와 입법 제도

제4장   중국의 행정법과 행정소송법 제도

제5장   중국의 형사법 제도

제6장 중국의 민사법 제도

제7장　중국의 회사법 제도

제8장   중국의 노동법 제도

제9장   중국의 안례지도 제도

※ 본 교재의 특성 상 한자병기는 중국어와 한자어가 다른 경우 주로 중국어를 따름.

제 1 장

중국법 개론

제1장

중국법 개론

제1절   중국에서의 법의 개념

I '법法'의 용법과 정의定義

중국에서 현재 쓰이고 있는 '法[fǎ]'이라는 용어의 역사는 아주 오래되었다. 이는 기원전 5세기경에 편찬된, 중국 역사상 첫 체계적인 성문법전이『법경法經』이라고 불린다는 점에서도 알 수 있다. 그 후 '법法'이라는 표현은 중국에서 매우 광범위하게 사용되어 왔다.

근대 이후에는 'Law'나 'Recht'의 번역어로 '법法'이 쓰였고 이를 바탕으로 '헌법憲法', '민법民法', '법률행위法律行爲', '법철학法哲學'과 같은 다양한 법학용어가 새롭게 만들어졌다. 결국 '법法'은 중국에서 예전부터 있었던 용어이고 지금도 일상적으로 흔히 쓰이는 표현이지만, 서양의 'Law'나 'Recht'의 번역어로 사용되면서 새로운 의미와 용법이 더해지게 되었다.

그러므로 현재 중국에서 '법法'이라는 용어가 쓰이는 경우, 그것이 구체적으로 무엇을 지칭하고 또 어떠한 의미를 내포하는지에 관해 알아볼 필요가 있다.

1. 법의 용법

현행 중국 「헌법」(1982년 통과, 그 후 몇 차례 개정) 제5조는 다음과 같이 규정하고 있다. "중화인민공화국은 의법치국依法治國을 실행하고 사회주의 법치국가를 건설한다." 또한 중국의 모든 핵심 권력을 독점하고 있는 중국공산당의 헌법이라고 할 수 있는 당의《정관章程》에도 비슷한 규정을 두고 있다.

"중국공산당은 인민을 거느리고 사회주의 민주정치를 발전시키고 사회주의 법제法制를 체계화하고 사회주의 법치국가法治國家를 건설한다." 더불어 "의법치국依法治國과 이덕치국以德治國을 서로 결합하여야 한다"고 하면서 법치法治와 더불어 덕치德治의 중요성을 강조하고 있다(《중국공산당 정관》 총강(總綱), 2012년 개정).

중국 「헌법」과 공산당《정관》에서 말하는 '의법치국'은 법에 의해 나라를 다스린다는 것이고, '법치국가'의 내용은 오랫동안 중국 사회주의 법제건설의 기본목표이기도 한 다음 '16자 방침十六字方針'에서 집중적으로 나타난다. "有法可依, 有法必依, 執法必嚴, 違法必究."

이 말은 중국공산당이 개혁개방 정책의 채택을 처음으로 공식화한 이른바 제11기 3중 전회(第11屆3中全會, 1978년)에서 나온 것으로, 이후 중국공산당의 정책문서나 법학 교과서에는 물론 언론에도 자주 등장하는 문구이다. 그 뜻은 "의거할 수 있는 법이 있어야 하고, 법이 있으면 반드시 그에 의거해야 하고, 법집행은 반드시 엄격해야 하며, 법을 어기면 반드시 추궁해야 한다"는 것이다.

즉, 사회주의 법제건설을 완성하기 위해서는 개인이나 공산당의 정책에 의한 통치가 아니라 법에 의한 통치가 이루어져야 하고, 입법의 체계화와 동시에 엄정하고 공정한 법의 집행과 준수를 실현해야 한다는 것이다.

2012년 중국공산당은 위의 16자 방침을 수정한 '신 16자 방침新十六字方針'을 제시하고 이를 중국 법치국가 건설의 새로운 목표로 삼았는데, 바로 "科學立法, 嚴格執法, 公正司法, 全民守法"이다. 이는 "과학적으로 입법하고, 법 집행은 엄격히 하고, 사법을 공정히 하며, 전 인민이 법을 준수해야 한다"라는 내용이다.

다시 말해 당과 정부의 입장에서는 입법을 과학적으로 하고 법 집행을 엄격히 해야 하는 한편, 인민들은 그러한 법을 잘 준수해야 한다는 것이다. 여기서 법은 당과 국가가 만들어내는 것이고, 법을 지켜야 하는 대상은 인민이다.

2. 법의 정의定義

중국의 법학 사전이나 법학 교과서에서는 '법法'에 관해 대체로 다음과 같이 정의定義하고 있다. "국가가 제정하거나 승인한 것으로 통치계급統治階級의 의지를 체현하고 국가 강제력으로 시행되는 행위규범체계"(法學辭典, 1980년), 또는 "국가가 제정하거나 승인한 것으로 인간의 권리, 의무, 권력을 규정하고 국가 강제력으로 시행되며 사람들의 행위를 조정하는 규범체계"(中國大百科全書(法學), 2006년) 또는 "법은 국가가 제정하거나 인정하고 국가강제력으로서 그 시행을 보장하는, 권리와 의무를 그 내용으로 하고 특정한 물질생활조건物質生活條件이 규정하고 있는 통치계급의 의지를 반영한, 통치계급에 유리한 사회관계와 사회질서의 확인과 보호를 그 목적으로 하는 행위규범체계"(新編常用法律词典, 2012년) 등이다.

이러한 법의 정의定義에서도 알 수 있듯이, 법은 ① 사회관계를 조정하는 행위규범이고 ② 국가가 제정하거나 인정하고, 국가 또는 지배계급의 의지意志를 체현하며 ③ 권리와 의무에 관한 규정들로 구성되고 ④ 국가강제력으로 그 시행이 보장된다(新编常用法律词典, '法的特徵' 해설 부분, 2012년).

1980년대 이후 중국의 대표적인 법학이론 교과서에서도 법에 관해 비슷한 정의定義를 내리고 있다. "법은 국가가 제정하거나 인정한, 국가강제력이 그 실시를 보장한, 통치계급(즉, 국가정권을 장악한 계급)의 의지를 반영한 규범체계이고, 이러한 의지의 내용은 통치계급의 물질생활조건이 결정하며, 사람들의 상호관계 속의 권리와 의무를 규정함으로써 통치계급에 유리한 사회관계와 사회질서를 확인하고, 보호하며, 발전시킨다."(孙国华·朱景文, 法理学, 1999년)

위와 같은 법의 정의定義에 관해 중국의 모든 학자들이 동조하는 것은 아니지만 이것이 지금까지 중국 학계의 주류적인 관점을 대표한다고 할 수 있다.

중국 교육부 주도하에 만들어진 법학이론 교과서에서는 법의 특징으로 ① 행위규범을 조정하는 규범이자 ② 국가전문기관이 제정, 인정하고 해석하며 ③ 권리와 의무를 주요 내용으로 하고 ④ 국가강제력에 의거하여 일정한 절차에 따라 실시된다는 점을 열거하였고, 법의 본질로는 ① 법의 의지성意志性과 규율성規律性 ② 법의 계급성과 공동성共同性, 즉 사회성 ③ 법의 이익성과 정의성正義性

을 제시하였다(张文显 主编. 法理学. 1999년).

  이러한 '법法'의 사용법과 정의定義에서 알 수 있듯이, 현재 중국에서 이해하고 있는 법은 국가가 입법을 통해 만든 강제력을 가진 행위규범이다. 따라서 국가는 보다 유효한 통치의 실현을 위해 우선 입법을 통한 성문 법률의 체계화를 추구하고 법 집행을 엄격히 해야 한다. 중국에서 법은 사회관계 속의 권리와 의무를 규정하고 있지만 그 본질은 지배계급의 의지意志를 반영할 수밖에 없고 지배계급에 유리하게 작동할 수밖에 없다.

  그리고 중국 정부 입장에서는 입법과 법 집행을 통한 '의법치국依法治國'을 실현해야 하지만, 한편으로는 인민들의 준법의식을 고취하여야 하고, '의법치국 依法治國'과 함께 '이덕치국以德治國'을 결합시켜야 한다. 여기서 '법'은 주로 국가 입법을 통해 제정된 것이고 어디까지나 치국治國의 수단인 것이다.

Ⅱ 중국 법 개념의 형성

  법의 제정과 성문법을 중요시하며 법을 우선적으로 통치의 수단으로 보는 등의 현재 중국에서의 법에 관한 이해는 어떻게 형성되었으며 이러한 법 개념의 원류源流를 어디에서 찾을 수 있을까? 이러한 중국 특유의 법 이해에는 적어도 두 가지 사상적 계보의 영향이 있다. 첫째, 전통적인 중국의 법사상法思想과 둘째, 1949년 이후 소련(Soviet Union, 1922–1991)을 통해 들어온 마르크스주의의 법 이해가 바로 그것이다.

1. 중국의 전통적 법 개념

  1) 근대 이전 중국에서 '법'이라고 하면 형벌刑罰을 의미하는 경우가 많았고 '법法'과 '형刑'은 서로 대체되어 사용되기도 하였다. 지금으로부터 약 2,000년 전인 1세기경에 출간된, 역사상 첫 한문·한자학漢文·漢字學 자전字典인『설문해자 說文解字』에서는 '법法'을 다음과 같이 풀이하였다.

  "法, 刑也. 平之如水, 從水; 廌以觸不直者, 去之, 從去(법은 형이다. 물처럼 평평하기에 '수(水)'자를 따른다. 해태(廌)를 접촉하게 하여 정직하지 않은 자를 제거하기에 '거(去)'자를 따른다)."

　여기서 해태는 죄의 유무를 판가름하는 짐승으로서 거짓된 자는 뿔로 받아 제거하여 처리하는 신수神獸라고 한다. '平之如水' 부분에 관한 해석에 있어서는 학자들의 의견이 갈리고 있지만, '법法'이 예로부터 우선적으로 형벌刑을 의미한다는 해석에는 일치된 견해를 보인다. 요즈음 출간되는 고대 중국어 사전에서도 '법法'의 첫 번째 의미를 "법률法律 또는 형법刑法"이라고 풀이하고 있다(古代汉语词典, 2012년 외 참조).

　중국에서 초기 성문법의 편찬에 관해 남아있는 가장 오래된 문서인 『상서尚書·여형呂刑』에서는 법의 출현에 관해 이렇게 적고 있다.

　"苗民弗用靈, 制以刑, 惟作五虐之刑曰法(묘족인들(당시 소수민족 집단)이 명령을 따르지 않아 다섯 가지 가혹한 형을 만들었는데 그것을 '법'이라 불렀다)."

　이 문헌은 중국에서 법의 탄생에 관한 설명으로 자주 인용되는데 여기에서 '법法'은 형벌의 총합이라는 뜻으로 쓰이고 있다.

　『여형呂刑』이전에 상商나라 법률서인 『탕형湯刑』, 그 전에 하夏나라의 성문법 총서인 『우형禹刑』이 있었다고 전해지는데, 이 세 성문법서의 명칭에서도 알 수 있듯이 중국 초기의 성문 법률의 명칭에는 모두 '형刑'자가 들어가 있다. 그 후 기원전 5세기경에 전국戰國시기 위魏나라에서 편찬된 성문법전은 『법경法經』으로 불리다가 『한율漢律』이후의 법전들은 『당률唐律』, 『대명률大明律』과 같이 '율律'로 불렸다. 이처럼 '법法'은 '형刑'과 더불어 '율律'과도 비슷한 의미로 쓰였다.

　2) 형벌의 의미를 강하게 나타내는 '법'은 애당초 '예禮'와는 상대되는 개념으로 이해되었다.

　"禮不下庶人, 刑不上大夫(예는 서인들에게는 미치지 않고 형은 대부에게는 이르지 않는다)."
(예기(禮記)·곡례(曲禮))

　이러한 형刑으로서의 법法은 예禮와 더불어 군주나 정부가 통치의 수단으로 제정한 규범들이다.

"法者, 憲令著于官府, 刑罰必于民心, 賞存乎愼法, 而罰加乎奸令者也(법이란, 관청에 법령을 공포하고 형벌이 민중의 마음속에 뿌리내리게 하여 법을 지키는 자는 장려하고 법령을 위반하는 자는 처벌하는 것이다)."(한비자(韓非子)·정법(定法))

"法者, 編著之圖籍, 設之於官府, 而布之於百姓者也(법이란, 책자에 적어놓고 관청에 놓아두고 백성들에게 반포하는 것이다)."(한비자(韓非子)·난삼(難三))

고대 중국의 법 개념은 그 후 큰 변화 없이 근대에까지 이르게 된다. 즉, 중국에서 법은 전통적으로 ① 강제성을 가진 사회규범이고 그 주요 기능은 형벌에 있고 ② 법은 군주가 제정한 것이고 군주 의지의 표현이며 ③ 위정자(爲政者) 입장에서 법은 도덕이나 예(禮)에 비해 한 단계 낮은 통치수단이라고 할 수 있다. 따라서 고대 중국의 법은 형(刑)이나 강제적 규정이라는 비교적 좁은 의미를 가지고 있으며 통치의 수단이라는 면이 강하게 인식되어 왔다.

3) 중국의 전통적 법사상(法思想)은 일반적으로 유가(儒家)와 법가(法家)의 결합으로 형성되었다고 한다. 시기적으로는 진시황(秦始皇, BC 259-210)의 전국 통일과 그에 이은 한(漢)나라를 거치면서 중국 전통 법사상의 기본적인 특징은 이미 결정되었다.

이 두 학파는 예(禮)를 중시하는지 아니면 법(法)을 중시하는지, 덕(德)에 의한 교화인지 아니면 형(刑)에 의한 처벌인지, 인치(人治)인지 아니면 법치(法治)인지 등의 면에서 서로 견해가 대립되기는 하지만 법 이해에 있어서는 여러 가지 공통점을 가지고 있다(유가와 법가의 법 이해에 관해서는 제2절 참조).

우선 유가나 법가 모두 법을 일종의 수단으로 보는, 법에 관한 도구론적 이해를 명확히 하고 있다. 법은 통치의 목적이 아니라 수단이라는 것이다. 나아가 법은 군주나 위정자의 통치를 위해 필요한 강제 수단이고 그 상대는 '민(民)', 즉 백성이다. 그밖에 법 개념에 관한 이해에 있어서, 법을 형벌과 거의 동일시한다는 점에서 유가와 법가는 큰 차이가 없다.

법을 정의(正義)나 권리, 평등 등 실체적 가치와 연계시켜 이러한 가치를 위배한 법의 정당성 등을 거론하는 논의는 찾아볼 수 없고, 권력이 만든 것이 바로 법이라는 실증주의적 법 이해가 고대 중국에서는 지배적이었다.

2. 마르크스주의의 법 이해

중국은 19세기 중반 서양의 압박에 의해 문호를 개방한 후 100여 년의 내전상황과 혼란기를 거치다가 1949년에 중국공산당 영도 하의 사회주의 정권을 수립하게 된다.

중국공산당이 표방하는 사회주의와 공산주의 이론은 주로 소련을 거쳐 중국에 수입된 것이고 그것이 마르크스(Karl Heinrich Marx, 1818-1883)나 엥겔스(Friedrich Von Engels, 1820-1895)의 원래 취지와는 거리가 있다는 점이 종종 지적되고 있지만, 1949년 이후 중국의 각종 정책과 이론, 특히 법학을 포함한 사회과학이 마르크스주의 이론의 절대적인 영향을 받아 왔다는 점 또한 부정할 수 없다. 마르크스주의의 법 이해의 특징은 아래와 같은 세 가지 점으로 개괄할 수 있다.

1) 법의 이데올로기성

마르크스의 유물론 사상에 의하면 법은 종교나 철학, 도덕과 마찬가지로 경제기반, 즉 생산력의 수준과 생산관계에 의해 규정되는 상부구조에 속하므로, 한 사회의 법은 그 사회의 생산관계를 반영하는 이데올로기에 불과한 것이다. 다음은 마르크스의 유물론 사상을 설명할 때 자주 인용되는 구절이다.

"내가 도달했고, 일단 획득한 후에는 나의 연구의 지침이 된 일반적인 결론은 다음과 같이 간략히 표현할 수 있다. 사람들은, 그들 생활의 사회적 생산에 있어서 일정한, 필연적인, 그들의 의지로부터 독립된 관계, 즉, 그들의 물질적 생산력의 특정한 발전단계에 상응하는 생산관계를 맺는다. 이러한 생산관계의 총합은 사회의 경제구조, 즉, 법률적인, 정치적인 상부구조가 그 위에 세워지고 특정한 이데올로기가 그에 상응하는 현실적 기초를 구성하게 된다. 즉, 물질생활의 생산양식이 모든 사회적, 정치적, 경제적 생활과정을 결정짓는다. 인간의 의식이 그들의 존재를 결정하는 것이 아니라 반대로 인간의 사회적 존재가 인간의 의식을 결정한다. 사회의 물질적 생산력은 일정한 발전단계에서는 기존의 생산관계

또는 생산관계의 법적인 표현인 소유관계와 충돌하게 된다. 이로써 이러한 관계
는 생산력의 발전형식에서 생산력의 질곡으로 변하게 된다. 그러면 사회혁명의
시기가 도래하게 된다. 경제 기초의 변화에 따라 거대한 상부구조 전체가 천천히
또는 빠르게 변화하게 된다."(마르크스, 정치경제학비판, 서문, 1859년. 한국어 번역은 최인호 외
번역, 칼 맑스/프리드리히 엥겔스 저작선집 참조. 일부 수정. 이하 같음)

마르크스주의에 따르면, 생산관계가 상부구조를 결정하는 한편, 생산관계의
형식은 생산력의 발전에 따라 변화해야 한다. 따라서 물질이 의식意識을 결정하
지 의식이 물질생활을 결정하지 않고, 사람들의 이념이나 개념체계가 사람들의
생활조건에 따라, 사회관계에 따라, 사람들의 사회적 존재에 따라 변화한다.

예컨대 부르주아의 법은 부르주아의 생산관계에 의해 결정되고 봉건사회의
법은 봉건적 생산관계에 의해 결정되는 동시에 그러한 생산관계들을 각각 반영
하고 은폐한다. 그러므로 법적 관계는 국가의 형식과 마찬가지로 그 자체로서
이해할 수 없거니와 이른바 인류정신의 일반적인 발전법칙에 따라 이해할 수도
없고, 법은 국가형식과 마찬가지로 어디까지나 물질적 생활관계에 의해 결정되
는 것이다.

2) 법의 계급성

다음으로, 마르크스주의에 따르면 법은 '국가의지의 표현'이라는 형식을 취
하고 있지만 본질적으로는 그 사회의 지배계급의 의지를 반영하고 있다. 생산
관계에서 지배적 힘을 가진 계급이 정신세계도 지배하게 됨으로써 법을 포함한
이념체계는 그 사회에서 지배적 지위를 차지하고 있는 계급의 의사를 반영할
수밖에 없다.

"지배계급의 사상은 모두 각 시대에서 지배적 지위를 차지하는 사상이다. 한
계급이 사회에서 지배적 지위의 물질적 역량을 차지하면, 동시에 그 사회의 지배
적·정신적 역량을 차지한다. 물질적 생산수단을 지배한 계급이 동시에 정신적
생산수단을 지배한다. …… 지배적 지위를 차지한 사상은 지배적 지위를 차지한

물질관계의 이념적 표현에 지나지 않고 사상의 형식으로 표현된 지배적 지위의
물질관계에 불과하다. 따라서 이것이 바로 한 계급을 지배계급으로 만드는 관계
들이 관념상 표현된 것이고, 동시에 이는 이 계급의 지배적 사상들이다."(마르크스,
독일이데올로기, 1845-1846년)

지배계급은 항상 자신의 관념들에 보편적 형식을 부여하고 자신만의 특수
한 이익을 공동체 전체의 이익이라고 주장한다. 봉건사회의 귀족들이 명예나
충성을 강조하듯이 부르주아 계급은 자유나 평등을 보편적 가치로 승격시켜 고
취한다. '소유권의 절대성'이나 '계약의 자유'와 같은 법학 개념들도 결코 보편
적인 것이 아니라 특정한 역사단계에 존재하는, 특정의 물질소유관계를 반영하
는 이념들에 지나지 않는다.

이러한 특수한 이익에 보편적 형식을 부여하는 역할을 국가가 담당한다. 따
라서 법은 국가라는 형식적 허울을 쓰고 표현된 지배계급의 의지라고 정의내릴
수 있다. 지배계급은 항상 국가라는 형식을 통해 자신들의 의지나 이익을 포장
하게 되고, 법률은 바로 이러한 계급관계와 국가의지를 반영한 일반적인 표현
형식이다.

3) 법의 역사성

법의 미래에 관해, 마르크스주의의 역사철학에 따르면 국가의 소멸과 함께
법 역시 소멸될 것이라고 본다. 지금까지의 인류 역사는 항상 계급투쟁의 역사
이고 폭력 장치로서의 국가는 이러한 계급투쟁을 반영한 형식이므로, 미래에
계급투쟁이 소멸됨에 따라 국가도 소멸되고 이와 함께 계급투쟁을 반영한 이데
올로기들도 소멸된다는 것이다.

"현재까지의 모든 사회의 역사는 계급대립의 운동 속에서 움직여왔다. 이러한
대립은 각 시대에 서로 다른 형식을 취하고 있다. 그러나 계급대립이 어떠한 형
식을 취하든 간에 사회 일부 구성원의 기타 구성원에 대한 착취는 각 시대에 공
통된 사실이다. 그러므로 각 시대의 사회이데올로기는 그 형식이 천차만별이지만,

항상 일정한 공통된 형식 속에서 움직인다. 이러한 형식, 이러한 이데올로기적 형식은 오로지 계급대립이 완전히 소멸한 후에야 소멸된다."(마르크스, 공산당선언, 1848년)

마찬가지로 엥겔스는 자신의 『가족, 사적 소유와 국가의 기원(Der Ursprung der Familie, des Privateigentums und des Staats)』(1884년)에서, 국가는 인류역사상 처음부터 있었던 것이 아니고 계급과 함께 나타났고 사회발전이 일정한 단계에 이르면 계급과 함께 소멸된다고 역설하고 있다. 즉, 미래에 계급투쟁이 없어지면 계급투쟁의 산물인 국가 역시 그 존재의 필요성을 상실할 수밖에 없다는 것이다.

"그러므로 국가는 항상 있었던 것이 아니다. 국가가 필요하지 않고 국가나 국가권력이 무엇인지 몰랐던 사회들이 있었다. 경제 발전이 일정한 단계에 이르러 사회가 계급으로 분열되면서, 국가는 이러한 사회적 분열로 인하여 필요하게 된 것이다. 우리는 현재 빠른 걸음으로 모종某種의 생산 발전 단계, 즉, 이러한 계급들의 존재가 더 이상 필요하지 않게 될 뿐만 아니라 그 존재가 오히려 생산의 직접적인 장애障碍가 되는 단계로 나아가고 있다. 계급은 그것이 애초에 필연적으로 발생했던 것처럼 필연적으로 소멸할 것이다. 계급의 소멸과 함께 국가도 필연적으로 소멸할 것이다. 생산자들의 자유롭고 평등한 연합에 기초하여 생산을 새롭게 조직하는 사회는 전체 국가기구를 그것이 응당 가야 할 곳으로, 즉 물레나 청동도끼와 나란히 진열하게 될 고대박물관으로 보낼 것이다."(엥겔스, 가족, 사적 소유와 국가의 기원, 1884년)

따라서 지배계급의 의지의 표현이고 생산관계에 의해 결정되는 이데올로기로서의 법도 국가와 마찬가지로 영원하지 않고 언젠가는 소멸될 것이며 적어도 현재와 같은 형태로서의 법은 불필요하게 될 것이다.

Ⅲ 중국에서의 법과 법치

현대 중국에서 이해하고 있는 법의 개념에서는 이처럼 법에 관한 중국의 전통적 이해와 주로 1949년 이후 도입된 마르크스주의 법 이론의 영향을 동시에 찾아볼 수 있다.

이러한 법 개념을 요약하자면, 법은 통치를 위한 수단이고, 지배계급의 이익을 수호하기 위해 필요하고 지배계급의 의지를 반영한 형식이며, 국가 또는 국가권력이 제정한 규범이다. 법은 영원하지 않고 사회의 필요에 따라 존재한다. 이른바 통치수단으로서의 법의 도구성, 일정한 시기에만 존재하는 이데올로기로서의 법의 의존성依存性과 기만성欺瞞性 및 법의 국가권력에 대한 종속성 등의 특징이 중국식 법 개념에 강하게 표현되어 있다.

그중에서도 특히 법의 도구성에는 중국의 전통 법사상의 영향이, 법의 의존성과 기만성에는 마르크스주의 법사상의 영향이 크다고 할 수 있다.

또한 중국에서 '법치法治'는 '인치人治'나 '덕치德治'와 상대되는 개념으로 이해된다. 그러므로 법을 준수해야 하는 상대, 즉 법치의 대상은 국가권력이나 위정자가 아니라 백성들이다. 법은 국가권력이나 위정자를 제어하는 장치나 질서가 아니라 국가권력이 정한 통치의 수단이다.

이러한 법 개념은 성문법 중심주의와 실증주의적 법 이해를 강화시키는 반면 법의 독립성이나 자율성을 크게 저해시키는 결과를 초래하게 된다. 따라서 현대 중국의 법 이해는 다음과 같은 특징을 보이고 있다.

1. 법의 정의定義에서의 실증주의적 경향

법을 실체적 가치와 결부하여 정의定義하면서 정당한 법이 무엇인지, 악법은 법의 자격이 있는지를 논쟁해온 서양에 비해 중국의 경우에는 법의 개념 자체는 크게 문제되지 않았다. 고대 중국에서는 법을 대체로 형벌과 동일시하면서 위정자에게 필요한 통치수단의 일종으로 보아 법은 국가가 위로부터 아래로 지시한 강제조치로 이해되었다.

이러한 실증주의적 경향은 1949년 이후 마르크스주의 이론의 영향으로 한

층 강화되었다. 즉, 법은 지배계급의 의지를 숨긴, 국가의지의 표현이고 국가강
제력으로 그 실현이 보장되는 규범체계이며, 국가가 필요하면 언제든지 법을
만들어 시행할 수 있다고 보았다. 이는 입법을 중시하는 성문법 중심주의와도
연계된다.

2. 법과 국가권력의 관계에서의 도구론적 이해

위의 법의 정의에서도 알 수 있듯이 현대 중국에서는 법을 통치나 사회 관
리의 수단으로 이해하는 경향이 강한데, 이 역시 법에 관한 중국의 전통적 이
해와 마르크스주의의 법 이론과 연관된다. '법法은 형刑'이라는 전통적 이해는
'덕의 교화'와 함께 국가권력이 필요에 따라 적절히 사용되어야 한다고 보았다.
즉, 사회가 혼란스러울 때는 법으로 엄격하게 통치하고 사회가 평화로울 때는
예나 덕으로 관용을 베풀어야 한다고 여겼다.

또한 법을 물질생활에 의존하는 상부구조의 일부로, 지배계급의 통치를 수
호하는 이데올로기 체계로 인식하는 마르크스주의적 법 해석은 이러한 법에 대
한 도구론적 이해를 더욱 강화시켰다.

이와 같은 법에 대한 도구론적 이해로 인하여, 국가권력이 법질서에 종속되
고 법질서의 일부로 인식되는 것이 아니라, 국가권력 자체가 목적이 되고 법은
국가권력을 위한 수단으로서 국가권력에 전적으로 의존하게 된다.

3. 법치法治에 관한 중국식 이해

따라서 중국에서 법치의 대상은 단연 '민民'이다. 그렇기 때문에 중국에는
여전히 백성을 법으로 통치해야 한다는 개념이 강하게 남아있다. 그러한 의미
에서 법치는 덕치나 인치와 상대되는 개념이다. 이른바 서양의 'Rule of Law'는
국가권력을 제어하고 위정자를 그 상대로 해야 한다는 점에서 중국의 '법치'와
는 이념상 큰 차이가 있다. 인민의 준법정신을 강화하고 법을 엄격하게 집행하
여 인민에 대한 법 교육을 강화하는 것이 아직까지 중국에서는 법치의 중요한
내용들로 인식되고 있다.

그러므로 국가권력을 객관적인 규범에 종속시킴으로써 힘의 지배가 아닌

법의 지배를 실현하고자 한 서양의 법치와 다르게, 중국의 법치주의는 이른바 덕치주의나 예치주의와 상대되는 개념으로 이해되어 왔으며 국가의 법을 통한 지배를 의미하였다. 즉, 서양의 법치개념에 있어서 법이 권력과 긴장관계에 놓여있는 데 비해, 중국식 법치개념에 있어서의 법은 도덕이나 예와 상대되는 지배수단으로 이해되어 왔다.

제2절 중국 법제도와 법사상의 역사

Ⅰ 중국법의 기원과 상고시대上古時代 법사상法思想

1. 중국법의 기원

중국 고대의 법은 일반적으로 전쟁에서 비롯되었다고 알려져 있다. 고대 사회에서 가장 중요한 두 가지 행사는 전쟁과 제사祭祀였다. 즉 대외전쟁과 공동체의 제사 때문에 '형刑'과 '예禮', 이 두 가지 사회의 기본적 규범체계가 필요하게 되었다.

중국에서 법은 처음에는 전쟁포로를 처벌하기 위하여 설치한 각종 형벌로서 출현하였다. 흔히 '刑起于兵, 兵刑不分(형벌은 전쟁에서 비롯되고, 전쟁과 형벌은 서로 구분되지 않는다)'이라고 설명한다.

나중에는 각종 형벌이 분화되어, '5형五刑'이라 불리는 형벌체계가 출현하였다. 5형은 중국의 각 시대별로 서로 다른 내용을 담고 있는데, 하夏나라·상商/殷나라 때의 5형은 묵형墨刑(이마에 글자를 새기고 먹칠함), 의형劓刑(코를 벰), 비형剕刑(발꿈치를 벰), 궁형宮刑(거세함) 및 대벽大辟(사형에 처함)의 다섯 가지 형벌이었다. 5형의 기초 위에서 서주西周 시기(BC 1046?-BC 771)에 9형이 생겨났다.

고대 중국에서, 법은 주로 상술한 형벌을 가리켰으며 대부분의 경우 법과 형을 구분하지 않았다. 법률은 일반적으로 형서刑書의 형식으로 출현하였다. 예를 들면 하나라의 '우형禹刑', 상나라의 '탕형湯刑'('우형'과 '탕형'의 원본은 유실되었으므로 '우형'과

'탕형'의 진위 및 그 성격에 관해서는 논쟁이 있음)이 있다.

'법'과는 상대적으로, '예'는 제사에서 비롯되었다. 예禮의 본뜻은 제사에 쓰이는 제물과 기구로서, 신과 조상님께 제사를 지내는 의식이다. 후에 예는 생활을 구체적으로 규범화하는 각종 관습과 규정으로까지 확대된 개념으로 이해되었다.

2. 서주西周의 법률 제도(BC 1046?-BC 771)

하나라·상나라 시기의 발전을 거치면서, 주나라 이후 중국 상고시기의 법률 제도는 점차 완전해졌다. 우선 법원法源으로 보자면, 주공周公이 주도적으로 제정한 『주례周禮』와 주나라 목왕穆王 시기에 제정한 『여형呂刑』이 그 시대의 예와 형의 발전수준을 각기 대표하고 있다.

구체적인 형벌로는 상술한 5형 외에도, 속형贖刑(돈이나 물품으로 벌을 대신함), 편형鞭刑(채찍으로 때림), 복형扑刑(매를 때림), 유형流刑(귀양을 보냄) 등이 출현하였다. 입법형식에 있어서 '천명天命'인 법의 반포에 있어서는 통고誥, 서언誓, 명령命, 훈령訓 등 서로 다른 형식을 채택하였다.

형벌의 적용원칙 중에는 이미 현대의 형벌 제도와 유사한 여러 제도가 출현하였다. 예를 들어, 감경처벌을 규정하고 있는 3유법三宥之法의 원칙이 있는데, 즉, 오인하였거나不識 과실에 의한 경우이거나過失 상황을 인지하지 못한 경우에遺忘 용서해준다는 것이고, 미성년자와 노인에 대한 특수한 처벌인 '노인·어린이에 대한 관용원칙矜老恤幼'도 있었는데, '80세 이상의 노인과 7세 이하의 미성년자는 처벌하지 않는다'는 것이다. 또 죄가 의심스러운 경우에는 감경하여 처벌하고, 같은 죄라도 경우에 따라 다르게 처벌하는 등의 원칙도 주나라 법제에서 이미 실현되었다.

사법 제도로 보자면, 최고 통치자인 주왕周王, 즉 주나라의 천자天子가 국가의 최고 사법관이자 심판관이 되며, 각종 쟁송에 관하여 최종 결정권을 가졌다. 중앙에는 전문 사법기관인 사구司寇(주나라 때 형벌과 경찰을 맡아보던 벼슬, 대사구(大司寇)와 소사구(小司寇))를 설치하여 중앙 사법 권력을 관장하고 행사하였으며, 지방에는 사사士師(법령(法令)과 형벌(刑罰)을 맡아보던 재판관), 향사鄕士와 수사遂士를 두었다.

각종 쟁송의 해결은 대체로 옥(獄)(주로 형사사건 관련)과 소(訴)(재산분쟁 관련)로 나뉘었는데, 이는 서주시기에 이미 형사소송과 민사소송의 구분이 나타나기 시작하였다는 것을 보여 준다. 원고가 고소하려면 일정한 소송비용을 납부하여야 했는데, 형사사건에서는 '균금(鈞金)', 민사사건에서는 '속시(束矢)'라고 불렀다.

안건 심리 시 증거와 증언 채취에 관해서는 소위 '5청(五聽)'이라는 안건 심리 방식에 따라 진행하였다. 증언자나 피의자의 말을 듣고, 얼굴색을 관찰하고, 호흡소리를 듣고, 말귀를 잘 알아듣는지 테스트하고, 눈동자의 움직임을 관찰하는 것 등이 '5청'의 내용이다. 또한 당사자에게 판결을 선고하는 것을 독국(讀鞫)이라 불렀고, 상소하는 것을 걸국(乞鞫)이라 하였다(王立民 主編, 中国法制史, 2007년).

3. 상고시대의 법사상(춘추전국(春秋戰國) 이전)

1) 신권법(神權法)사상

고대 중국에서 통치자는 신의 대변인으로 여겨졌으며, 법의 제정과 형벌은 하늘의 뜻을 집행하는 것이었다. 통치자는 자신의 대내외 행위, 특히 대외전쟁, 범죄의 처벌 등은 모두 하늘을 대신하여 행사하는 것으로 여기고, 그 정당성이 하늘의 뜻에서 비롯된다고 받아들였다.

'受命于天, 恭行天罰(하늘로부터 명을 받아, 하늘의 처벌을 받들어 집행한다).', '奉天行罰, 代天討罪(하늘을 받들어 처벌을 집행하고, 하늘을 대신하여 죄를 묻는다).'(상서(尚書) 외 참조)

이러한 관념은 나중에 '천벌사상(天罰思想)'이라 불렸다.

2) 이덕배천(以德配天)

신권법사상은 주나라에 이르러 수정된다. 주나라가 역성(易姓)혁명으로 상나라를 전복한 이후, 주나라에는 상나라의 멸망과 주나라의 건립을 정당화할 새로운 명분이 필요하였다.

하늘의 뜻을 대표하던 상나라가 왜 멸망하였는가? 이 물음에 주나라는 하늘의 뜻은 결코 영원불변하는 것이 아니며, 관건은 백성의 신임을 얻을 수 있는지의 여부라고 답한다. '天命靡常(천명은 일정하지 않음)'(시경(詩經)·대아(大雅))이므로, 통치자에게 필요한 중요한 품성은 바로 백성을 사랑하는 것이다. 백성의 신임을 얻은 자라야 비로소 하늘의 뜻을 대표하여, 합법적인 통치권을 실행할 자격이 있다.

만일 민의民意에 어긋나게 혹정酷政을 실시한다면, 백성에게는 '혁명革命'을 일으켜, 천의天意의 대변인을 교체할 권리가 있다(맹자(孟子)). 따라서 통치자에게는 늘 '以德配天, 明德愼罰(덕으로써 하늘의 뜻에 부합하고, 공명한 덕을 행하며 신중하게 처벌한다)'(상서(尙書))이 필요한 것이다.

이렇게 해서 고대 중국의 정당성체계는 일종의 순환논리모델의 양상을 띠는데, 바로 권력天子이 천의天意(神)에서 비롯되며, 천의는 민의民意를 대표하고, 백성은 권력天子에 복종한다(천의(神) – 권력(天子) – 민의 – 천의(神)). 이러한 중국 고대의 이데올로기 체계에는 혁명사상, 민본주의 및 소박한 유물론적 사상 등의 요소가 포함되어 있다고 할 수 있다.

Ⅱ 고대 중국 법제도의 체계화와 법사상(춘추전국(春秋戰國) 이후)

1. 중국 법제도의 체계화

1) 춘추전국시기(BC 770-221)는 중국 고대 역사상 중요한 변혁기다. 중국문화의 성격과 특징이 이 시기에 기본적으로 확정되었는데, 법제도로 보자면 각국이 성문법을 공포하고 실시하기 시작하였고 법제가 체계화되었으며 유가와 법가를 포함한 각종 법사상 역시 이 시기에 출현하였다.

BC 536년에 정鄭나라가 중국 역사상 처음으로 성문법을 공포하였다. 당시 재상이었던 자산(子産, BC 585?-522)이 법률조문을 솥鼎에 주조하는 방법으로鑄刑書 범죄의 유형과 처벌방법을 구체적으로 규정하였다. 나중에 진晉나라도 정나라의 '주형서'를 모방하였으며, 기타 제후국들 역시 잇달아 성문법을 제정하여 외부에 공포하였다.

전국시기의 위魏나라는 이회(李悝: 전국시대의 정치가, BC 455-395)의 주관 하에 『법경法經』을 제정하였는데, 이는 비교적 체계적이고 온전한 성문 법전이었다(원본은 유실되어 전해지지 않음). 후세의 문헌에 따르면, 그 내용으로는 '정률正律', '잡률雜律'과 '감률減律'이 포함되어 있는데, '정률'은 재산범죄를 처벌하는 '도법盜法'과 신변안

전·사회질서와 관계되는 '적법賊法', 범인의 수감과 심리와 관계되는 '수법囚法'
과 범인을 추적하여 붙잡는 '포법捕法' 등으로 나뉜다. 이밖에 '잡률'에서는 도적
盜賊 이외의 범죄를 규정하였고 '감률'에는 주로 형법총칙과 관계되는 내용이 포
함되었다.

전국시기의 또 다른 강국인 진秦나라는 유명한 정치가 상앙(商鞅, BC 395-338)의
지휘 하에 입법을 시작하였고, 상앙은 '법法'을 '율律'로 바꾸어, 『법경』의 기초
위에 『진율秦律』을 제정하였다. 이후 고대 중국의 성문법은 대부분 '율'이라고 명
명되었는바, 예를 들어 한漢나라의 『구장률九章律』, 남북조南北朝시기의 『위율魏律』과
『진율晉律』, 이후의 『당률唐律』, 『원율元律』, 『대명률大明律』과 『대청률大淸律』 등이
있다.

춘추전국 이후 근대 이전까지의 고대 중국에서, 각 왕조의 법전은 모두 앞
선 왕조 법전의 기초 위에 손질을 가하고 새로운 내용을 추가하여 만든 것이
다. 본장에서는 당唐나라를 대표로 선택하여 고대 중국의 주요 법률 제도의 개
요를 간단히 소개하고자 한다.

2) 당나라(AD 618-907)는 중국 역사상 가장 번성한 시기라고 할 수 있다. 고대
중국문화는 당나라 때 최고봉에 이르렀으며, 당나라는 당나라 이후의 중국 역
사 발전뿐만 아니라, 주변 각국에도 중대한 영향을 끼쳤다. 법률 제도도 예외는
아니었다.

당나라 법전 중 대표적인 『당률소의唐律疏議』, 즉 『영휘율永徽律』은 12편 30권
502조로 나뉘는데, 12편은 각각 명례名例(총칙부분), 위금衛禁(황제와 궁전의 경위등과
관계되는 규정), 직제職制(관료의 설치와 범죄등과 관계되는 규정), 호혼戶婚(가족관계등록(戶籍)과
혼인·가정등과 관계되는 규정), 구고廄庫(창고와 가축등과 관계되는 규정), 천흥擅興(군대 동원과
국방프로젝트 등과 관계되는 규정), 적도賊盜(신변안전과 재산권등과 관계되는 규정), 투송鬪訟(싸움
과 소송(告訟)등과 관계되는 규정), 사위詐僞(사기와 위조등과 관계되는 규정), 잡률雜律(기타범죄),
포망捕亡(범인을 추적하여 붙잡는 것과 관계되는 규정), 단옥斷獄(범인을 수감, 심문 및 판결하는
규정)이다.

당률 중의 형법은 5형을 위주로 하였는바, 각각 태형笞刑, 장형杖刑, 도형徒刑,

유형流刑, 사형死刑이다. 당률 형사 법률의 특징 중 대표적인 것으로는 '10악 제도 十惡制度'와 '8의 제도八議制度'가 있다.

'10악'은 10종의 중점처벌 및 단속을 요하는 범죄유형으로, 모반謀反(정권전복 범죄), 모대역謀大逆(황제의 종묘, 능묘 및 궁전을 파괴하는 범죄), 대불경大不敬(황제의 신병안전 및 존엄을 손상시키는 범죄), 모반謀叛(나라를 배반하는 범죄), 악역惡逆(존속상해범죄), 불효不孝 (자손이 부모를 잘 대접하지 않는 등 불효를 야기하는 범죄), 불목不睦(친족(親族)간 상호상해범죄), 불의不義(상사(上司) 및 부권(夫權) 침해범죄), 내란內亂(친족 간 간음범죄) 및 부도不道(3인 이상 살해, 토막살해(肢解人體) 등 수단이 잔인한 범죄)가 있다.

'8의 제도'에서는 특수한 신분을 가진 자의 범죄를 면죄, 감경처벌할 수 있 는 정죄定罪·양형 원칙을 규정하였는데, 의친議親, 의고議故, 의현議賢, 의능議能, 의공議功, 의귀議貴, 의근議勤, 의빈議賓이 있다. 바로 황제의 친족, 황제의 친구, 현인군자, 큰 재주를 가진 자有大才幹者, 공로가 탁월한 자 등의 범죄는 감경처벌 할 수 있었다.

당나라의 기본 정치 제도는 3성6부三省六部 제도를 채택하였는데, 중앙의 사 법기구로는 대리시大理寺(寺: 관청 '시'), 형부刑部와 어사대御史臺가 있었다. 그중 대 리시는 중앙의 심판기구로 현재의 최고인민법원에 해당하며, 형부는 중앙사법 행정기구로 현재 사법부의 기능을 수행하였고, 어사대는 중앙행정감찰기구로 현재의 최고인민검찰원에 해당한다.

지방은 주州와 현縣으로 구분되었는데, 주자사州刺史와 현령縣令이 지방의 최 고사법장관이 되어 지방의 사법사무를 담당하였다. 법원法源으로는 기본 법률인 '율律' 외에, 령令, 격格, 식式이 있었다. '령'은 행정관리官吏 제도와 관계되는 규 정이고, '격'은 관리의 사무규칙이며, '식'에서는 관리의 공문서식을 규정하였다.

다른 영역에서와 같이, 중국 고대의 법률 제도는 당나라 때 매우 성숙한 단 계까지 발전하였다. 『당률唐律』 역시 당시에 가장 선진적이고 완전한 성문 법전 으로, 주변 지역에 큰 영향을 미쳤다. 고려高麗, 일본, 월남을 포함한 주변 국가 는 당나라의 제도를 본보기로 삼고 이를 기초로 하여 각자의 행정사법 제도를 수립하였다.

고려왕조는 『당률소의唐律疏議』를 도입하여 『고려율高麗律』을 제정하였고, 일본이 8세기에 제정한 『대보율령大寶律令』, 『양로율령養老律令』 역시 모두 당나라 법전에서 발원하였다. 이렇듯 동아시아 각국의 법제는 오랫동안 공통된 기초에 기반을 두고 발전해왔으며, 각국의 법제 역시 유사성을 지니게 되었다. 이러한 국가들에 소속된 법적 전통은 일반적으로 '중화법계中華法系'라 불린다.

3) 다른 법률문명과 법계에 비하면, 중화법계의 핵심이 되는 중국 고대 법제의 특징은 다음의 세 가지로 요약할 수 있다.

① 성문법, 즉 법전은 이른바 '제법합체, 이형위주諸法合體, 以刑爲主(각 법이 한데 모여 있고, 형법이 중심이 됨)'의 형태를 취하고 있다. 따라서 고대 중국에서는 일반적으로 형사법을 중시하고 민사 관련 법은 상대적으로 경시하였다고 볼 수 있다. ② 법률내용의 특징은 '예법결합禮法結合(예와 법의 결합)'으로 표현할 수 있다. 즉 '예'가 법의 입법원칙이고 '법'은 예의 요구에 부응해야 한다는 것이다. ③ 사법제도 면에서는 행정과 사법의 일원화이다. 이러한 사법체제 하에서 사법은 행정에 종속되었고, 행정관리가 사법사무를 겸임하게 되었다(王立民 主編, 中国法制史, 2007년).

2. 중국의 전통적 법사상

1) 유가의 경우

유가의 시조인 공자(孔子, BC 551-479)는 중국 역사상 가장 영향력 있는 사상가로 평가받고 있다. 중국의 전통적 법사상 역시 그와 그의 제자들에 의해 만들어진 이른바 유가학파의 정치와 법 이해로부터 큰 영향을 받게 된다.

치국治國, 즉, 나라를 통치하기 위해서는 양養, 교敎, 치治의 세 가지 방식이 있으며, 양과 교의 수단으로 '덕德'과 '예禮'가 있고 치治의 수단으로는 '정政'과 '형刑'이 있는데, '덕德'과 '예禮'를 위주로 하고 '정政'과 '형刑'은 보조로 해야 한다는 것이 공자 정치사상의 핵심이다(蕭公権, 中国政治思想史(上册), 초판 1940년).

또한 위정자는 법과 제도로 민民을 강제하는 것보다 자신이 먼저 본을 보이는 것이 중요하고, 권력이나 형벌을 남용하기보다 덕과 예를 통해 교화하는 것이 중요하다고 하였다.

노魯나라 대부大夫인 계강자季康子가 올바른 정치에 관해 묻자 공자는 "政者, 正也. 子帥以正, 孰敢不正(정치란 바름입니다. 그대가 바름으로써 앞장서면 누가 감히 바르지 아니하겠습니까?)"(논어(論語)·안연(顏淵))이라고 답했다. 또한 "其身正, 不令而行, 其身不正, 雖令不從(자신이 바르면 명령하지 않아도 행해지고, 자신이 바르지 못하면 비록 명령하더라도 따르지 않는다)"(논어(論語)·자로(子路))이라고 하였다.

이는 일종의 현인통치賢人統治의 사상으로 이후 맹자(孟子, BC 372-289) 등에 의해 한층 발전되었고, 훗날 유가는 법치法治에 비해 인치人治 또는 인치주의人治主義를 중시한다고 평가받게 된다.

통치에 있어서 법刑의 역할에 관해 공자는 이렇게 주장하고 있다. "道之以政, 齊之以刑, 民免而無恥, 道之以德, 齊之以禮, 有恥且格(백성을 정사(政事)로써 통솔하고 형벌로써 바로잡으려 하면 백성들이 구차히 형벌은 면하되 부끄러워함이 없다. 덕으로써 이끌어주고 예로써 바로잡아주면 백성들은 부끄러워함이 있고 또 바른 사람이 될 것이다)"(논어(論語)·위정(爲政)).

즉, 법이나 형벌은 필요할 때 사용되어야 하지만 가장 이상적인 사회 통치 수단은 아니고 덕과 예가 한 수 위라는 것이다. 여기서 예禮라 함은 군신君臣, 부부夫婦, 장유長幼 등의 구별을 기반으로 한 사회규범의 체계이고, 모든 사람이 자신의 사회적 지위에 걸맞은 예에 따라 행동한다면 사회는 평화롭고 안정적이 된다는 것이다.

이처럼 유가는 덕에 의한 교화와 더불어 예치禮治를 우선시한다. 그러므로 이러한 덕이나 예에 비하면 법은 부차적인 의미를 지니는 데 불과하다.

따라서 공자를 대표로 한 유가의 법사상의 핵심은 법보다 예禮를 중시하는 '예치禮治'사상, 우선 덕으로 나라를 다스려야한다는 '덕치德治'사상, 정치는 사람에 달려있다는 '인치人治'사상으로 구성되어 있다고 할 수 있다.

2) 법가의 경우

반면, 유가를 비판한 법가는 덕의 교화를 통해 사회질서를 유지할 수 있다는 점을 부정하였고 위정자 한 사람이 솔선수범함으로써 통치를 잘 할 수 있다는 것을 신뢰하지 않았다. 따라서 치국에 필요한 것은 사람에 의한 통치가 아니라 객관적이고 통일적인 규칙에 의한 통치라고 하였다.

법의 집행에 있어서도 사회적 신분에 따른 차별이 아닌, "不別親疎, 不殊貴賤, 一斷於法(친소를 구별하지 않고 귀천을 차별하지 않고 법에 의해 통일적으로 재단한다)"(사기(史記)·태사공자서(太史公自序))을 요구하고 필신必信(신용 중시), 유상有常(한결 같음), 무사無私(사익 부정)를 특히 중시하였다(蕭公权, 中国政治思想史(上册), 초판 1940년).

인간은 이기적이고 항상 이익을 추구하고 손해를 회피하는 습성이 있기 때문에 상벌을 명확히 하여야 하고 사회질서의 유지를 위해서는 중형重刑도 불가피하다고 주장하였다. 전국시기 법가의 대표주자로 알려진 한비자(韓非子, BC 280-233)는 엄형의 필요성에 관해 다음과 같이 설명하고 있다.

"夫嚴刑者, 民之所畏也; 重罰者, 民之所惡也. 故聖人陳其所畏以禁其邪, 設其所惡以防其奸, 是以國安而暴乱不起. 吾以是明仁義愛惠之不足用, 而嚴刑重罰之可以治國也……無威嚴之勢, 賞罰之法, 雖堯舜不能以爲治. 今世主皆輕釋重罰嚴誅, 行愛惠, 而欲霸王之功, 亦不可幾也. 故善爲主者, 明賞設利以勸之, 使民以功賞而不以仁義賜; 嚴刑重罰以禁之, 使民以罪誅而不以愛惠免. 是以無功者不望, 而有罪者不幸矣(엄형은 백성이 두려워하는 바이고 무거운 처벌은 백성이 싫어하는 것이다. 그래서 성인들은 그들이 두려워하는 바를 펼쳐놓음으로써 사악함을 금하고 그들이 싫어하는 바를 설치함으로써 간사함을 방지한다. 이리하여 나라가 편안해지고 폭란은 일어나지 않는다. 나는 이로써 인의나 사랑, 은혜만으로는 다스리는데 부족하고 엄중한 형벌로써 나라를 다스릴 수 있음을 밝힌다 …… 위엄 있는 권세와 상벌의 법이 없다면 요순이라도 나라를 다스릴 수 없다. 지금 세상의 군주들은 모두 중형, 엄벌을 경시하고 사랑과 은혜를 베풀면서 패왕의 대업을 이루고자 하는데 이는 불가능한 것이다. 따라서 뛰어난 군주는 상을 분명히 하고 이익을 설정하여 유도함으로써 백성들에게 그들이 쌓은 공으로써 상을 받게 하는 것이지 군주가 베푸는 인의로써 상을 내려주지는 않으며, 엄중한 형벌로써 백성들에게 사악을 금지시켜서 백성들이 죄로써만 처벌받게 하고 군주의 사랑과 은혜로써는 죄를 사면받지 않게 한다. 이렇게 함으로써 공이 없는 자는 상을 기대하지 않게 되고, 죄를 범한 자는 요행을 바라지 않게 된다)."(한비자(韓非子)·간겁시신(奸劫弑臣))

당연히 법가에서 주장하는 법에 의한 국가 통치나 법치는 어디까지나 군주를 위하고 군주의 권력을 강화하기 위한 것이지 군주의 권력을 제한하거나 국가권력을 제어하기 위함이 아니다. 군주가 법치의 주체이고 법률은 군주의 더 나은 통치를 위한 도구에 불과한 것이다.

법가가 말하는 이른바 '의법치국依法治國'도 법의 지배를 의미한다기보다는 법에 의거한 통치를 뜻함으로써, 법은 지배자의 통치를 실현하는 수단에 불과하고, 그것은 결국 인치人治의 일종에 속한다고 볼 수 있다. 다만 법가는 그러한 군주의 인치人治를 실현함에 있어서 법의 기능을 중시한다는 점에 그 특징이 있다.

중국의 전통적 법사상 또는 고대 중국의 정통 법률사상正統法律思想은 춘추전국시기의 이른바 백가쟁명百家爭鳴의 시대를 거친 후 진한秦漢시기에 중앙집권체제의 수립과 함께 형성되었다고 알려져 있는데, 그 내용은 크게 유가儒家와 법가法家 사상의 결합이라고 볼 수 있다.

Ⅲ 근대 중국 법제도의 개혁과 법사상(1840-1949)

1840년부터 1949년까지는 전통적인 중국 사회와 제도, 관념이 서구열강의 압박과 침투 하에 근본적인 변화를 겪은 시기로, 동란과 내전, 혁명이 끊이지 않은 시기였다. 19세기 중반부터 서양의 문물, 서적, 관념들이 중국으로 대거 유입되기 시작하였는데 처음에는 선교사, 상인을 통해서였고 나중에는 유학생과 해외시찰을 다녀온 관리를 통해서였다. 이로써 전통적인 중국의 법사상과 의식이 변화하기 시작하였고, 서양 제도에 관한 모방을 기초로 한 각종 법제개혁이 시도되었다.

근대 중국의 역사는 일반적으로 중국 최후의 전제왕조인 청淸의 멸망(1911년)을 분기점으로 청말淸末과 중화민국中華民國(약칭 '民國')의 두 시기로 구분하지만, 법제의 변화와 개혁에 있어서는 다음과 같이 네 가지 단계로 나누어 고찰할 수 있다.

1. 양무운동洋務運動과 서양 법사상의 도입(1860년대-1890년대)

양무운동은 19세기 중반 이후 중국에서 나타난, 서양의 선진적인 군사·과학기술을 도입하고, 신식 육해군을 창설하고, 각종 광공업과 철로를 창건하며, 대외무역을 발전시켜 자강自强과 구부求富를 실현하여 청 왕조를 수호하고자 한 일련의 활동들이다.

대표적인 인물들은 증국번(曾國藩, 1811-1872), 이홍장(李鴻章, 1823-1901), 장즈둥

(張之洞, 1837-1909) 등 청왕조 말엽의 힘 있는 지방 관리였다. 양무운동의 핵심구호는 '中學爲體, 西學爲用(중국의 학문을 본체로 하고, 서양의 학문을 응용하자)'으로, 중국의 '倫常禮敎(인륜 및 전통적인 예의, 교리)'를 바꾸지 않는다는 전제 하에서, 서양의 과학기술을 배우고 도입하자는 것이었다.

양무파洋務派의 활동으로는 공장 건설, 도로 정비, 신군新軍 창설 외에, '동문관同文館(관립 외국어 전문학교)' 설립을 통한 외국서적의 번역, 해외 유학생 파견, 신식 학교의 설립 등 관련 제도의 정비도 포함되었다.

이러한 배경 하에서 중국의 전통적인 관념은 큰 충격을 받게 되었고 서양의 최신 법률개념과 이론들이 속속 중국에 소개되었다. 우선 중국의 전통적인 화이질서華夷秩序의 관념이 무너지면서, 중국은 더 이상 문명의 중심으로 여겨지지 않았으며 중국 외에도 세상에는 또 다른 강국들이 존재한다는 것을 깨닫게 되었다.

각국의 주권은 평등하므로 각국은 상호 대등하다는 만국공법, 즉 국제법의 적용을 받아야 하게 되면서 중국을 중심에 둔 전통적인 조공체제는 무너지게 되었다. 『만국공법萬國公法』(Henry Wheaton, 丁韙良(W.A.P Martin) 역, 1864년) 등 국제법 저서의 출판과 성행은 중국의 전통적인 국제질서관의 변화를 상징하였다.

이밖에 서구열강과의 조약체결, 영사재판권의 확립 등은 중국인들에게 근대 서양의 각종 사법 제도를 배우고 이해해야 할 필요성을 제기하였다. 이러한 서양과의 접촉은 전통적인 중국의 법제도에 관해 의문과 불신을 가지게 하였다. 예를 들어 행정과 사법이 분리되지 않은 전통이나 사법이 독립되지 않은 것 등이 당시 중국 법제도의 문제점으로 지적되었다.

2. 무술변법戊戌變法과 법제개혁(1898년 전후)

중일갑오전쟁中日甲午戰爭의 실패와 러일전쟁의 충격은, 중국인들로 하여금 과학기술의 도입에만 의존해서는 부강과 독립을 실현할 수 없으며, 더욱 높은 차원에서의 제도 개혁이 필요하다는 점, 즉 정치체제와 법률 제도를 모두 철저하게 변화시킬 필요가 있음을 깨닫게 하였다.

캉유웨이(康有爲, 1858-1927), 량치차오(梁啓超, 1873-1929), 담사동(譚嗣同, 1865-1898)

등의 인물이 주도한 무술변법(1898년)은 청말 일부 정치세력이 평화적인 방식으로 개혁을 진행함으로써, 중국의 현황을 바꾸고 자주부강自主富强을 실현하고자 한 대표적인 시도였다. 그들은 새로운 정치新政와 '변법'을 주장하면서, 중국에 입헌군주제의 수립을 요구하고 군주전제에 반대하였으며, 의회의 설립, 헌법제정, 삼권분립 제도의 도입, 법률 제도의 제정과 완비, 민권民權과 자유의 보장, 사법독립의 실현 등을 주장하였다.

비록 무술변법은 보수파의 진압으로 실패로 끝났지만, 이를 계기로 하여 도입된 새로운 관념이 중국에서 유행하기 시작하였고 혁명과 개량改良, 입헌군주, 공화, 민권, 자유와 평등 등의 관념이 사람들이 열중하는 관심사로 떠올랐다. 중국법제의 낙후성과 서양 법률 제도의 선진성은 이미 부인할 수 없는 사실이 되었고, 정치체제와 법제의 개혁은 피해갈 수 없는 역사의 큰 흐름이 되었다.

3. 청말 헌법 제정과 법률 개정修律 활동(1898-1911)

무술변법이 실패로 돌아간 후, 청 왕조 안팎의 우환이 심해지고 시대의 큰 변화가 임박하게 되자, 청나라의 통치자들은 어쩔 수 없이 법률 제도를 포함한 각종 정치 제도의 개혁에 착수할 수밖에 없었다.

우선 제헌활동의 준비로서 1905년에 헌법시찰단을 해외 각국에 파견하고, 경사법률학당京師法律學堂을 설립하고 과거 제도를 폐지하였다. 1908년에는 「흠정헌법대강欽定憲法大綱」, 「의원법요령議院法要領」, 「선거법요령選擧法要領」을 제정하였고, 1909년에는 '예비입헌豫備立憲'을 할 것을 결정하고, 자의국諮議局(성(省) 단위의 지방의회)과 자정원資政院(의회준비기구)을 설립하였으며, 1910년에는 3년 뒤 국회를 소집할 것을 약속하고, 1911년에는 「헌법중대신조19조憲法重大信條十九條」를 공포하였다.

헌법 제정과 국회 개설 이외에, 청나라 정부는 성문법 제도의 정식 개혁, 즉 전면적인 법률개정 작업을 시작하였다. 1903년 '법률개정관修訂法律館'을 설립하고, 저명한 법학자法學家인 심가본(沈家本, 1840-1913)이 법률개정대신修訂法律大臣을 맡았다.

이 기간에 다량의 국외법률저작과 성문 법률을 번역하였고 외국전문가를 법률제정고문으로 초빙하였는데, 특히 일본인 학자들이 중요한 역할을 하였다. 이 기간의 입법성과 중 대표적인 것으로는 「형사민사소송법刑事民事訴訟法」(1906년), 「대청형률초안大淸刑律草案」(1907년), 「대청상률초안大淸商律草案」, 「대청민율초안大淸民律草案」, 「형사소송률초안刑事訴訟律草案」, 「민사소송률초안民事訴訟律草案」, 「법원편제법法院編制法」, 「국적조례國籍條例」(1910년) 등이 있다.

청말의 법률개정활동으로, 중국의 전통적인 '제법합체, 민형불분諸法合體, 民刑不分(각 법이 한데 모여 있고, 민사와 형사를 구분하지 않음)'의 법제 체제가 깨지기 시작하였다. 이로써 중국은 근대 대륙법체계를 도입하기 시작하였고, 이후 형성된 소위 6법 체계六法體系의 형성을 위해 기초를 다지게 되었다.

그러나 이러한 부분적인 개혁조치와 노력도 청 왕조의 멸망을 돌이킬 수는 없었다. 1908년 자희태후慈嬉太后와 광서황제光緒皇帝가 잇따라 사망하고 1911년 무창봉기武昌起義가 발발하여 청 왕조는 멸망하였다.

4. 중화민국시기 제헌과 입법 활동(1911-1949)

이 시기의 중국 역사는 다시 남경임시정부南京臨時政府, 북양정부北洋政府와 남경국민정부南京國民政府의 세 시기로 구분된다. 이 시기의 각 정권은 청말의 제헌과 법률 개정 활동을 계승하여 각종 성문법을 기초하고 제정함으로써 점차 근대 사법체제를 완비해나갔다.

이 기간에 제정된 대표적인 헌법 문헌으로는 남경임시정부의 「임시정부조직대강臨時政府組織大綱」, 「중화민국임시약법中華民國臨時約法」(1911-1912), 북양정부 기간의 「천단헌장天壇憲章」, 「중화민국약법中華民國約法」, 「중화민국헌법中華民國憲法」(1912-1928), 남경국민정부가 제정한 「중화민국훈정시기약법中華民國訓政時期約法」, 「오오헌초五五憲草」, 「중화민국헌법中華民國憲法」(1928-1949) 등이 있다.

1947년에 공포된 「중화민국헌법中華民國憲法」은 손문(孫文, 1866-1925)의 삼민주의三民主義('三民' : 민족(民族)·민권(民權)·민생(民生))를 지도사상으로 하여, 국민대회國民大會의 기초 위에, 독특한 5권분립五權分立(입법원(立法院)·행정원(行政院)·사법원(司法院)·감찰원(監察院)·고시원(考試院)) 제도를 채택하였다. 인민의 권리와 의무 부분은 기본적으로 당시 서양 각국의 헌법의 내용 등을 모방하였다. 이 헌법은 1949년 이후 대만에 도입되어 현행 대만 헌법의 전신이 되었다.

헌법 외 기타 각종 성문법전의 연이은 제정과 반포로, 중국의 성문법체계는 기본적으로 완성되었다. 대표적인 입법성과로는 「형법刑法」, 「형사소송법刑事訴訟法」(1928년), 「민법民法」, 「민사소송법民事訴訟法」(1929년) 등이 있다. 이 입법과정에서, 중국은 주로 일본의 경험을 본보기로 삼아, 대륙법국가의 법률체제를 모방하였다. 근대 이후 중국이 근대법제체계를 수립하는 과정에서, 상대적으로 영미법이 아닌 대륙법을 지향한 이유에 관해 학자들은 다음을 주요 원인으로 지적하고 있다.

① 유사한 국가주의관념, 국가가 입법을 독점하는 전통 ② 법전화法典化, 즉 성문법의 전통 ③ 영미법계와 같은 수준의 법관그룹의 결핍 ④ 일본 메이지유신明治維新 성공의 영향(张晋藩, 中国法律的传统与近代转型, 2009년).

Ⅳ 사회주의 중국의 법제도와 법사상

1. 사회주의 법제의 발전과정

1949년 이후 중국사회주의법제의 발전은 대체로 다음의 세 단계로 구분할 수 있다. 소련의 경험을 본보기로 삼은 사회주의법제의 창립 단계(1949년-1950년대 중반), 사회주의법제건설의 좌절과 혼란기(1950년대 중반-1978년), 사회주의법제국가의 건설시기(1978년 이후-현재까지)가 그것이다.

1) 사회주의법제의 창립 단계(1949년-1950년대 중반)

1949년 이후 중국 공산당정부는 《中共中央關與廢除國民黨的六法全書與確定解放區的司法原則的指示(중공 중앙의 국민당 6법전서 폐기 및 해방구 사법원칙 확정에 관한 지시)》(1949년)를 공포하여, 국민당정부 시기의 입법과 법제를 철저히 폐기하고, 소련을 모방하여 사회주의법률체계와 법제를 수립할 것을 요구하였다.

1954년 제정한 첫 번째 사회주의헌법전이 「중화인민공화국헌법中華人民共和國憲法」이다. '五四憲法'이라고 불린 이 헌법은 주로 소련 헌법 등 사회주의국가의 헌법을 참조하였다. 이밖에 「전국인민대표대회조직법全國人大組織法」, 「국무원조직법國務院組織法」, 「법원조직법法院組織法」, 「검찰원조직법檢察院組織法」 등의 기본법률도 제정되었다. 아울러 일부 법률안이 준비·기초되었는데, 대표적인 것으로 「중화인민공화국형법초안中華人民共和國刑法草案」(미시행) 등이 있다.

2) 사회주의법제건설의 좌절과 혼란기(1950년대 중반-1978년)

1950년대 중반 이후 중국은 각종 정치투쟁에 휩쓸려 들기 시작하였고, 막 시작한 법제수립 역시 어쩔 수 없이 중단되었다. 처음에는 반우파운동, 대약진운동이 있었고, 이어서 10년에 걸쳐 문화대혁명(文化大革命, 1966-1976)이 일어났다. 이 기간에는 계급투쟁론階級鬪爭論과 계속혁명론繼續革命論이 주도적인 이데올로기가 되었는데, 각종 제도가 파괴되었고, 중국사회 전체가 혼란기에 접어들었다.

법제 영역에서는 법률허무주의法律虛無主義가 지배사상으로 대두하게 되었고, 이는 구체적으로 각종 입법사업과 법률초안 기초起草작업의 중단, 법학교육과 법학연구의 중지, 법원과 검찰원의 폐쇄로 나타났다. 소위 '砸爛公檢法(공안기관·검찰원·인민법원을 깨부수자)'이 당시 중국법제의 현황을 상징하는 구호 중의 하나였다.

3) 사회주의법제국가의 건설 시기(1978년 이후-현재까지)

1978년 중공 제11기 3중 전회의 소집은 사회주의 중국이 또 다른 새로운 시대에 접어들었음을 상징한다. 중국공산당은 덩샤오핑(鄧小平, 1904-1997)의 지도 하에, 개혁개방정책을 실시하고, 세계를 향해 문호를 개방하였으며, 중국의 각종 제도를 개혁하였다.

법제 영역에서는 의법치국依法治國과 사회주의법제건설을 가장 중요한 목표로 삼았다. 이를 위하여 이른바 "有法可依, 有法必依, 執法必嚴, 違法必究(의거할 수 있는 법이 있어야 하고, 법이 있으면 반드시 그에 의거해야 하고, 법 집행은 반드시 엄격해야 하며, 법을 어기면 반드시 추궁해야 한다)"를 실현하기 위해 노력하였다.

1979년 우선 두 편의 기본적인 법률을 제정하였는데, 「중화인민공화국형법中華人民共和國刑法」과 「중화인민공화국형사소송법中華人民共和國刑事訴訟法」이었고, 1982년에는 새로운 헌법(소위 '82년 헌법')을 제정하였다. 이밖에도, 잇따라 「혼인법」(1980년), 「경제계약법」(1981년), 「상속법」(1985년), 「민법통칙」(1986년), 「민사소송법」(1991년), 「계약법」(1999년), 「물권법」(2007년) 등의 민사 관련 기본법률과 「국적법」(1980년), 「병역법」

(1984년), 「의무교육법」(1986년), 「행정소송법」(1989년), 「여성권익보장법」(1992년), 「노동조합법」(1992년), 「예산법」(1994년), 「교육법」(1995년), 「행정처벌법」(1996년), 「국방법」(1997년), 「입법법」(2000년), 「반국가분열법」(2005년) 등 기타 영역의 기본법률을 제정하였다.

2012년에 출범한 시진핑習近平을 중심으로 한 중국공산당의 새 지도부 역시 '사회주의 법치국가의 건설'을 가장 중요한 목표 중 하나로 정하고 법에 의한 통치, 부패 척결, 법의 엄격한 집행 등을 특히 강조하고 있다. 2014년에 중국공산당은 향후 중국 법제도와 사정司正에 관한 중요한 결의안인《中共中央關與全面推進依法治國若干重大問題的決定(의법치국을 전면적으로 추진함에 있어서 약간의 중대한 문제에 관한 중공중앙의 결정)》을 채택하고 인민법원의 개혁을 포함한 각종 제도개혁을 지속적으로 시행할 것을 천명하였다.

2. 중국의 사회주의 법사상

마르크스주의에서 주장한 법의 이데올로기성, 법의 계급성 및 법의 역사성은 중국을 포함한 기타 사회주의 국가들의 법에 대한 이해에 큰 영향을 미치게 된다. 중국에서는 특히 1949년 이후 한동안 헌법 등 성문법의 제정, 법학을 포함한 사회과학 이론의 형성에 있어서 소련의 영향이 절대적인 시기가 있었다.

법 개념에 한하여 보자면, 당시 중국의 법학 교과서나 사전에서는 오랫동안 소련의 대표적인 법학자 비신스키의 다음과 같은 법의 정의定義를 그대로 답습해 왔다.

"법은 입법의 형식으로 확정된 지배계급의 의지를 반영한 행위규범 및 국가정권이 인정한 관습風俗習慣과 공공생활규범의 총체이다. 국가는 지배계급에 유리한 조화로운 사회관계와 질서를 보호하고 공고히 하고 유지하기 위해 강제력을 통해 그 시행을 보장한다."(葛洪義, 法理學敎程, 2004년, 재인용)

이렇듯 전통적 중국 법의식의 토대 위에 사회주의 법이론의 영향이 더해져, 현재 중국의 법사상 속에는 법의 계급성과 법에 대한 도구론적 의식, 입법에 대한 중시, 특히 중국공산당을 중심으로 한 정부가 주도하여 법제도를 구축해야 한다는 의식, 법치法治와 덕치德治의 결합 추구 등의 특징들이 보인다.

1980년대 이후, 서양의 법사상과 이론은 다시 중국으로 소개되어 도입되었다. 중국의 입법과정에서, 대만, 일본, 독일 등 대륙법계의 입법경험이 주된 모방대상이 되었는데, 예를 들면 「형사소송법」, 「행정소송법」, 「물권법」, 「회사법」 등 중국의 법률 중에서 이들 국가 법률의 영향을 일부 엿볼 수 있다. 물론 영미법의 법률의 내용도 함께 참고하였다.

瞿同祖, 中国法律与中国社会, 北京: 商务印书馆, 2013年(초판은 1947년)

李贵连·李启成, 中国法律思想史(第二版), 北京: 北京大学出版社, 2010年

梁治平, 法辨 – 中国法的过去, 现在与未来, 北京: 中国政法大学出版社, 2002年

王立民 主编, 中国法制史(第二版), 上海: 上海人民出版社/北京: 北京大学出版社, 2007年

萧公权, 中国政治思想史(上, 下册), 北京: 商务印书馆, 2013年(초판은 1940년)

张晋藩, 中国法律的传统与近代转型(第三版), 北京: 法律出版社, 2009年

강광문, "현대 중국에서 법 이해에 대한 고찰", 서울대학교 법학(제56권 제3호), 서울대
        학교 법학연구소, 2015년

제 2 장

중국의 정치 제도와
사법 제도

제1절 중국의 정치 제도
제2절 중국의 법원 제도
제3절 중국의 검찰원 제도

제2장

중국의 정치 제도와 사법 제도

제1절　중국의 정치 제도

I 중국의 국가 제도 개관

중국의 중앙 정치체제를 간단히 도표화하면 다음과 같다.

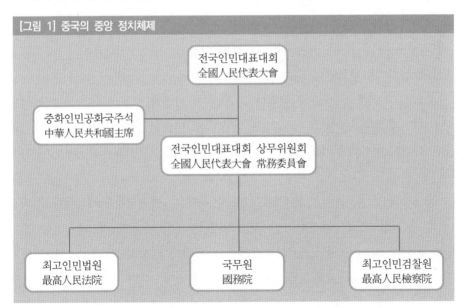

[그림 1] 중국의 중앙 정치체제

중국에서는 형식적으로 전국인민대표대회가 최고의 권력기관이고 전국인민대표대회 및 그 상무위원회(입법부) 산하에 행정부인 국무원과 사법기관인 최고인민법원, 최고인민검찰원이 설립되어 있다. 즉, 전국인민대표대회 아래 국가주석과 '1부 양원一府兩院(1부는 국무원, 양원은 최고인민법원과 최고인민검찰원)'이 놓여 있는 체제이다.

인민이 국가최고권력기관인 입법기관을 선출하고, 행정기관과 사법기관은 입법기관에 의해 선임選出되고 입법기관에 대하여 책임을 지는 이러한 방식은 사회주의 국가체제의 일반적인 특징이다. 이는 입법, 행정, 사법기관의 상호독립과 상호제약을 요구하는 소위 근대 서양의 3권 분립 체제와는 다소 차이가 있다.

이러한 국가체제는 중국에서 '정체政體'라고 하는데, 즉 형식상의 국가정치체제를 의미한다. 인민대표대회 제도는 중국 정체의 주요 내용이다. "중화인민공화국의 모든 권력은 인민에게 속한다. 인민이 국가권력을 행사하는 기관은 전국인민대표대회와 지방각급인민대표대회다(「헌법」 제2조)."

국가의 형식적인 체제를 지칭하는 정체와는 달리, 국체國體는 중국에서 국가의 기본적인 성격을 가리킨다. "중화인민공화국은 노동자 계급이 지도하고 노농연맹工農聯盟을 기초로 하는 인민민주독재專政의 사회주의국가이다. 사회주의제도는 중화인민공화국의 근본 제도이다(「헌법」 제1조)."

중국은 사회주의 제도를 채택하고, 노동자 계급이 지도계급이 되며 노농연맹을 기초로 하는 인민민주주의독재 국가이다. 이러한 국가체제의 구체적인 내용은 중국에서 말하는 다음의 소위 사회주의의 '4항기본원칙四項基本原則'에서 잘 나타난다.

즉, 중국은 반드시 "사회주의노선을 견지하고, 인민민주주의독재를 견지하며, 공산당의 지도를 견지하고, 마르크스레닌주의와 마오쩌둥毛澤東사상을 견지한다."《중국공산당 정관》 동시에, 사회주의 국가체제는 시장경제의 발전 및 개혁개방 실시의 필요성을 부인하지 않는다. 이는 중국이 여전히 사회주의의 초급단계에 놓여있기 때문이다. "인민민주주의독재 및 사회주의 노선을 견지하면서, 사회주의시장경제 및 사회주의적 민주주의와 법제를 발전시키고, 공업·농업·

국방 및 과학기술의 현대화를 실현하여야 한다(「헌법」 서언).”

Ⅱ 중국공산당의 지위와 조직

1. 중국공산당의 지위

헌법 등의 규정에 따르면, 중국공산당은 중국사회와 중국인민을 지도하는 유일한 집권당執政黨이다. 중국공산당의 지도하에 사회주의 현대화건설을 실시하는 것이 국가의 근본적인 임무인데(「헌법」 서언), 이는 중국공산당이 중국의 선진적인 생산력의 발전에 관한 요구를 대표하고, 중국의 선진적인 문화의 나아갈 방향을 대표하며, 중국의 가장 광범위한 인민의 근본적인 이익을 대표하기 때문이다. 동시에, 중국공산당은 중국 노동자 계급의 선봉대이자, 중국인민과 중화민족의 선봉대이며, 중국특색特色사회주의사업의 핵심 지도자領導核心이기 때문이다(《중국공산당 정관》).

이러한 규정에도 불구하고, 중국공산당이 중국의 정치현실에서 어떻게 지도적 역할을 실현하고, 유일한 집권당으로서의 지위를 유지하고 있는가 하는 문제에 관해서는 여전히 명확하지 않은 부분이 많다. 인민정부를 포함한 중국의 각급 국가권력기구에 대한 공산당의 지도는, 일반적으로 정책상의 지도와 인사상의 지도로 구분할 수 있다.

정책지도는 이른바 ‘맞춤 지도체제對口領導體制’의 방식을 취함으로써, 정부의 각급 레벨에서 정책은 모두 ‘당위원회가 결정하고, 정부부처가 집행한다黨委決定, 政府部門執行.’ 인사지도는 주로 ‘공산당에 의한 간부 관리체제黨管幹部體制’에서 표현되는데, 구체적으로는 각급당위원회 및 그 조직부가 중요한 인사를 결정하고, 각급당교黨校가 간부의 양성과 훈련을 담당한다. 따라서 중국에서는 모든 국가기관이나 조직의 배후에는 반드시 중국공산당이 존재한다고 할 수 있다.

2. 중국공산당의 조직체계

중국공산당 전국대표대회는 중국공산당의 최고지도기관이다. 5년에 한 번씩 대회를 개최하고 중앙위원회가 회의를 소집한다. 중국공산당 제1기 당대회는

1921년에 개최하였으며, 최근의 당대회는 2012년 개최한 제18기 전국대표대회
이다. 대표인수는 대략 2,000명 정도이고, 전국의 약 40개의 선거단위에서 선거
로 선출된다.

중국공산당 전국대표대회에서는 차기 중앙지도층을 선출하는데, 중앙위원회
위원(200명 정도), 중앙후보위원, 중앙기율검사위원회中央紀律檢査委員會위원 등이 포
함된다.

중앙위원회의 전체회의는 적어도 매년 한 차례 개최되며, 중앙정치국의 주재
로 중앙위원회 총서기를 선출하고, 중앙정치국, 중앙정치국상무위원회, 중앙서
기처서기를 선출한다. 현재 매 기수 중앙위원회는 5년의 기간 동안 일반적으로
일곱 차례의 회의를 개최하는데, 예를 들면 제18기 1중 전회1中全會, 2중 전회,
3중 전회, 7중 전회 등이다.

중앙위원회 회의에서 국가와 당의 중요 정책, 방침·노선의 변화를 결정한다.
예를 들면 1978년에 개최한 제11기 3중 전회에서 정식으로 중국공산당의 노선

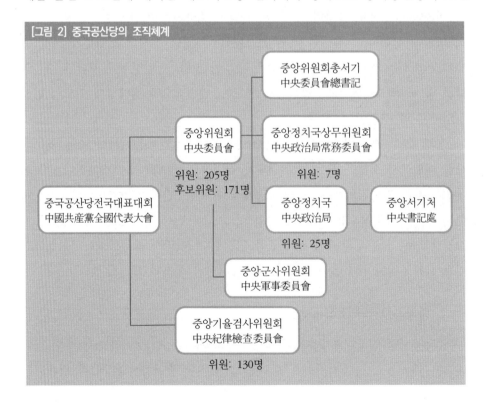

[그림 2] 중국공산당의 조직체계

변화를 결정하여 중국의 개혁개방시대를 열었다.

중국공산당의 중앙정치국(약칭 '중공중앙정치국') 및 그 상무위원회는 중앙위원회 전체회의의 폐회기간에 중앙위원회의 직권을 행사한다. 중앙정치국의 구성원은 일반적으로 전국인민대표대회, 국무원, 전국정치협상회의, 중앙군사위원회, 중국공산당 중앙 각 부처部門 및 각 지방에서 중요한 직무를 담당한다. 제18기 중국공산당 중앙정치국의 구성원은 25인의 당, 정, 지방의 주요지도자들로 구성되었다.

중국공산당 중앙정치국 상무위원회는 중국공산당 중앙위원회의 전체회의에서 선출되며, 임기는 중국공산당 중앙위원회와 일치한다. 그 구성원은 '중공중앙정치국상위中共中央政治局常委'로 약칭하며, 중국공산당 중앙지도부領導集體의 중요 구성원이자, 중화인민공화국과 중국공산당의 주요 지도자이다.

제18기 중공중앙정치국 상무위원회는 7인으로 구성되며, 각각 국가주석 겸 당 중앙총서기, 국무원총리, 전인대상무위원회 위원장, 전국정협주석, 서기처 서기 겸 당교교장, 중앙기율검사위원회 서기와 국무원 부총리를 담당하고 있다.

이밖에, 중공중앙위원회 산하에 중앙군사위원회, 중앙서기처 및 기타 일부 직속기관이 설치되어 있다.

Ⅲ 인민대표대회 제도人民代表大會制度

1. 전국인민대표대회 하의 국가주석과 '1부 양원'

전국인민대표대회는 전국인민을 대표하는 최고의 권력기관이다. 국가주석 및 행정기관인 국무원과 사법기관인 최고인민법원 및 최고인민검찰원은 전국인민대표대회에 대하여 책임을 지고, 전국인민대표대회를 통하여 간접적으로 전체인민에 대하여 책임을 진다.

구체적으로, 전국인민대표대회는 국가주석과 부주석을 선출하고, 국가주석의 지명提名에 따라 국무원총리를 임명하며, 국무원총리의 지명에 따라 국무원 부총리, 국무위원, 각 부처 장관各部部長 등을 결정한다. 전국인민대표대회는 최고인민법원 원장院長과 최고인민검찰원 검찰장檢察長을 선출한다(「헌법」 제62조).

동시에, 전국인민대표대회 상무위원회는 국무원, 최고인민법원과 최고인민
검찰원의 사무를 감독하고, 국무원은 전국인민대표대회에 대하여 책임을 지며
업무보고報告工作(폐회기간에는 전국인민대표대회 상무위원회에 보고)를 한다. 최고인민법원
과 최고인민검찰원은 전국인민대표대회와 전국인민대표대회 상무위원회에 대
하여 책임을 진다(「헌법」 제92조, 제128조, 제133조).

지방의 정치체제도 이와 유사한데, 예를 들면 산둥성山東省 인민대표대회 및
그 상무위원회는 산둥성 인민정부, 산둥성 고급인민법원과 산둥성 인민검찰원
의 주요 지도자를 선출하고 감독하며, 그들의 사무를 감독하고, 산둥성 칭다오
시靑島市 인민대표대회 및 그 상무위원회는 칭다오시 인민정부, 칭다오시 중급
인민법원과 칭다오시 인민검찰원의 주요 지도자를 선출하고 감독하며, 그들의
사무를 감독한다.

2. 전국인민대표대회의 선거와 기능

중화인민공화국 전국인민대표대회는 최고의 국가권력기관이고, 그 상설기관
은 전국인민대표대회 상무위원회이다. 전국인민대표대회는 성省, 자치구自治區,
직할시直轄市, 특별행정구特別行政區와 인민군대人民軍隊에서 선출한 대표로 구성
되며 대표인수는 일반적으로 3,000명을 넘지 않는다.

인민대표대회의 선거는 직접선거와 간접선거를 서로 결합한 원칙을 채택하
고 있다. 전국인민대표대회, 성급省級인민대표대회, 시급市級인민대표대회 대표는
직하급下一級인민대표대회에서 선출한다. 현급縣級인민대표대회와 향급鄕級인민
대표대회 대표는 유권자가 직접 선출한다(「전국인민대표대회 및 지방각급인민대표대회 선거법」
제2조).

전국인민대표대회와 지방각급인민대표대회 대표는 유권자와 선거단위의 감
독을 받고, 유권자 또는 선거단위는 자신이 선출한 대표의 파면罷免을 요구할
권한이 있다. 직접선출한 대표의 파면은 현급은 해당 선거구 50명 이상의 유권
자가, 향급은 해당 선거구 30명 이상의 유권자가 연명으로 현급 인민대표대회
상무위원회에 요구할 수 있으며, 간접선출한 대표의 파면은 주석단主席團 또는
10분의 1 이상의 대표가 연명으로 현급 이상 지방각급인민대표대회에, 인민대

표대회 폐회기간에는 상무위원회 주임회의主任會議 또는 5분의 1 이상의 상무위원회 위원이 연명으로 상무위원회에 파면안을 제출할 수 있다(「전국인민대표대회 및 지방각급인민대표대회 선거법」 제48조-제50조).

전국인민대표대회는 중화인민공화국의 최고국가권력기관으로, 그 주요 직권에는 입법권, 인사임면권, 결정권과 감독권 등이 포함된다. 우선, 전국인민대표대회에는 헌법을 개정修改하고, 형사, 민사, 국가기구 및 기타 기본법률基本法律을 제정하고 개정할 수 있는 권한이 있다.

또한 전국인민대표대회 상무위원회의 구성원을 선출하고, 중화인민공화국 주석과 부주석을 선출하며, 국무원총리, 국무원 부총리, 국무위원, 각 부처 장관, 각 위원회 주임, 감사원장審計長 및 비서실장秘書長의 인선을 결정하고, 중앙군사위원회 주석을 선출하며, 중앙군사위원회 기타 구성원의 인선을 결정하고, 최고인민법원 원장과 최고인민검찰원 검찰장을 선출할 권한이 있다.

전국인민대표대회에는 자신이 선출하거나 결정한 최고국가기관의 구성원을 파면할 권한이 있다. 전국인민대표대회의 폐회기간에는 전국인민대표대회 상무위원회가 직권을 행사하는데, 전국인민대표대회 상무위원회의 주요권한으로는 입법권과 개헌권修憲權, 헌법과 법률의 해석권, 헌법실시의 감독권, 국무원·최고인민법원 및 최고인민검찰원 사무에 관한 감독권 등이 있다(「헌법」 제62조, 제63조, 제67조).

Ⅳ 국무원 및 지방각급인민정부

1. 국무원

중화인민공화국 국무원, 즉 중앙인민정부는 최고국가권력기관의 집행기관이자 최고국가행정기관이며, 총리, 부총리, 국무위원, 각 부처 장관, 각 위원회 주임, 감사원장, 비서실장으로 구성된다. 국무원은 총리책임제를 시행한다. 국무원의 주요 직권으로는 행정법규의 제정, 법률의안의 제출 및 기타 각종 행정권한이 있고, 국무원은 전국인민대표대회와 전국인민대표대회 상무위원회에 대하여 책임을 지고 업무보고를 한다(「헌법」 제89조).

국무원의 각종 기구로는 국무원 각부(외교부 등 25개), 국무원 직속기구(관세청(海關

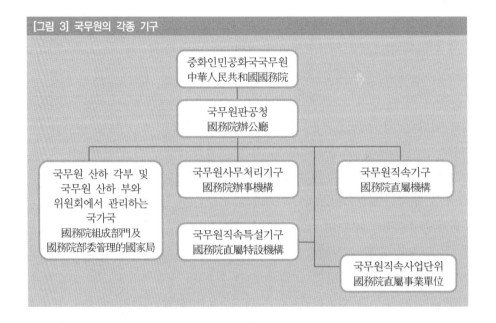

[그림 3] 국무원의 각종 기구

총署), 체육총국(體育總局), 광전총국(廣電總局) 등), 국무원 사무처리辦事기구(법제처(法制辦), 홍콩 · 마카오처(港澳辦) 등), 국무원 직속사업단위(신화통신사(新華社), 중국과학원(中科院), 중국사회과학원 (社科院) 등), 국무원 산하 부와 위원회國務院部委가 관리하는 국가국國家局(식량국(粮食局), 민항국(民航局), 우체국(郵政局) 등) 및 국무원 직속특설기구인 국유자산감독관리위원회 國有資産監督管理委員會가 있다.

2. 지방각급인민정부

지방정부로는 성급省級, 시급市級(지구급(地區級)), 현급縣級 및 향급鄕級 인민정부가 있다. 성급으로는 4개의 직할시(북경, 상해, 천진, 중경), 23개의 성(대만 포함), 신장위구르족자치구 등 5개의 소수민족 자치구가 있다. 시급으로는 구가 설치된 시設區市, 자치주 등 전국에 총 300개 가량의 시급행정구가 있으며, 현급으로는 구가 설치되지 않은 시不設區市, 현, 자치현 등 총 2,600개 가량의 현급행정구가 있다.

그중 소수민족 거주지에서는 민족자치 제도를 시행하며, 현재 전국에 5개의 민족자치구(성급), 30개의 자치주(시급), 120개의 자치현(현급) 및 1,100여 개의 자치향진(鄕鎭(향급))이 있다. 민족자치구역의 자치권으로는 주로 상급 국가기관의 결

의·결정·명령 및 지시에 대한 융통성 있는 집행變通執行 혹은 집행정지, 자치
조례와 단행單行조례(특별조례)의 제정, 재정財政 및 문화 자치권 등이 있다.

이밖에, 홍콩香港과 마카오澳門 두 개의 특별행정구를 설치하여, 특별행정구
제도와 함께 일국양제一國兩制를 시행하고 있다. 특별행정구에서는 국가주권원
칙과 고도의 자치원칙을 서로 결합하여 시행하고 있다. 구체적으로, 국방과 외
교권이 중앙에 속하고, 중앙에서 특별행정구의 장관과 주요 관리官員(장관의 지명
에 따름)를 임명하는 것 외에, 기타 각종 권한은 특별행정구 정부가 독자적으로
행사하고 있다.

제2절 중국의 법원 제도

I 중국 법원 제도 개관

중국에서 사법권은 일반적으로 법원이 행사하는 재판권만을 가리키는 것이
아니라, 인민검찰원이 행사하는 검찰권(공소권, 법률감독권 등)까지 포함한다. 마찬가지
로, 사법기관과 사법 제도는 인민법원과 인민법원 제도만을 가리키는 것이 아니
라, 인민검찰원와 인민검찰원 제도까지 포함하며, 경우에 따라서는 공안기관公安
과 교도기관監獄도 사법기관의 일부로 여겨진다. 이렇게 중국에서는 심판審判 제
도와 검찰 제도뿐만 아니라, 공안 제도와 형벌집행 제도까지 광의의 사법 제도
에 포함된다.

인민법원은 행정등급에 따라 네 개의 등급으로 구분되는데, 최고인민법원,
고급인민법원(성급), 중급인민법원(시급), 기층基層인민법원(현급)이 그것이다. 이러한
인민법원 외에 일부 전문 인민법원이 설치되어 있는데, 예를 들면 군사법원,
해사海事법원, 철로운수鐵路運輸법원 등이 있다. 통계에 따르면, 현재 중국의
각급인민법원은 총 3,500개 가량이며, 그중 전문법원은 약 170개, 기층법원
은 3,111개가 있다.

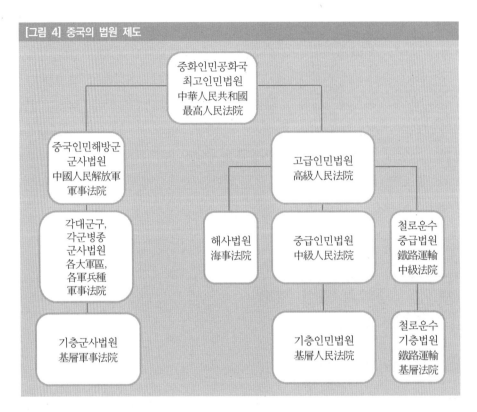

[그림 4] 중국의 법원 제도

인민법원의 내부기구는 대체적으로 심판기구와 행정기구로 구분된다. 심판기구는 관할 안건의 성격에 따라 민사심판정, 형사심판정, 경제심판정, 행정심판정, 지식재산권심판정, 입안정立案庭과 집행정 등으로 구분한다. 민사심판정과 같이 업무량이 많은 부서는 수요에 따라 다시 민사 제1심판정民事審判一庭, 민사 제2심판정, 민사 제3심판정(약칭 '민1정(民一庭)', '민2정', '민3정' 등)으로 구분하기도 한다.

구체적인 심판기구는 그 구성에 따라 단독정, 합의정 및 심판위원회로 구분할 수 있다. 그중 심판위원회의 임무는 심판경험을 총괄하고, 중대하거나 해결이 곤란한 사건案件 및 기타 심판사무와 관련된 문제를 토론하는 것이다. 심판위원회는 해당 법원의 원장, 부원장, 각 심판정의 심판장庭長, 연구실 주임으로 구성된다. 이러한 심판위원회 체제 하에서 판사와, 판사로 구성된 합의정이 사건을 독립적으로 심리할 수 있는지 여부가 문제가 되고 있다. 인민법원의 행정기구로는 사무처辦公室, 정치부政治部, 감찰부서監察部門, 연구실, 사법경찰부法警部門

등이 있다.

　판사의 임명과 관련하여, 최고법원의 원장은 전국인민대표대회의 선출로 임명되고, 부원장, 심판위원회 위원, 심판장, 판사審判員는 전국인민대표대회 상무위원회가 임면한다. 지방각급인민법원의 원장은 각급인민대표대회가 선출하며, 부원장, 심판위원회 위원, 심판장, 판사는 각급인민대표대회 상무위원회가 임면한다.

　따라서 중국의 각급법원조직은 상하 수직지도체제가 아닌 수평지도체제의 특징을 띠고 있다. 즉, 각급인민법원 법원장과 판사는 형식상 상급 법원이나 최고인민법원이 아닌, 각급인민대표대회와 인민대표대회 상무위원회가 임면하며 그에 대하여 책임을 진다. 이러한 제도는 소위 '지방보호주의地方保護主義'라는 현상이 생기게 되는 원인 중 하나가 되어 왔다.

　심판의 기본원칙으로는 주로 2심제兩審終審 원칙(한국의 3심제와는 다름), 공개심판 원칙, 합의정 원칙, 해당 민족어本民族語言사용 원칙과 독립심판 원칙이 있다. 그중 독립심판 원칙은, 중국에서는 각 판사가 독립적으로 사건을 심리한다는 의미가 아니라, 인민법원이 기타 행정기관, 사회단체 및 개인으로부터 독립적이라는 의미다.

Ⅱ 중국 법원 제도의 문제점과 최근 동향

1. 중국 법원 제도의 문제점

　중국에서는 아직까지 법원에 대한 신뢰도가 낮은 편이다. 인민들이 법원의 판결이나 판사를 별로 신뢰하지 않고, 사건이 생기면 이를 인맥이나 꽌시關係, 또는 공산당간부와의 연緣과 같은 다른 루트를 통해 해결하려는 경향이 강하다. 중국 정부가 지난 20년간 이 문제를 해결하려고 노력해왔지만 쉽게 해결되지 않고 있다. 결국 문제는 중국의 현행 체제 하에 존재하고 있는, 사법 독립을 훼손시키는 각종 요인의 고착화인데, 이것을 다음의 세 가지 정도로 정리해볼 수 있다.

　첫째, 사법권의 지방화로, 간단히 설명하면 지방법원이 지방정부 또는 지방공산당에 종속되어 있어, 사법권의 행사에 있어서 지방정부의 눈치를 보고 지방의 이익에 편중되는 경향을 말한다. 중국에서 지방각급인민법원은 그 지방인민대표대회에 대하여 책임을 지고 인민정부로부터 예산을 받는다. 또한 지방공산당위원회는 지방법원에 대해 인사권과 재판권을 행사한다(최근 일부 개혁조치를 도입하였으나, 여전히 기본적인 구조에 있어서는 변화가 없음). 이러한 체제 하에서는 사법기관과 지방과의 유착관계, 즉 지방보호주의의 폐해가 생길 수밖에 없다.

둘째, 법원운영의 행정화인데, 지방과의 유착관계가 사법 독립을 훼손시키는 외부요인이라면 이것은 내부요인이라고 할 수 있다. 중국에서는 일반 행정기관과 같이 판사를 관리하고 법원을 운영하는 전통이 남아 있다. 예를 들어 사건 심의비준 제도와 같은, 판결을 내리기 전에 법원 원장과 심판장의 사전비준을 받아야 하는 제도가 있고, 판사 선에서 판단하기 어려운 사건의 경우 법원심판위원회가 토론하여 결정하는 사건토론결정 제도 및 상급 법원에 요청하여 지시를 받는 지시요청보고 제도 같은 것이 있다. 이러한 제도 하에서는 판사 및 판결의 중립성, 독립성을 보장받기가 쉽지 않다.

세 번째는 판사들의 자질 문제인데, 중국은 영토가 광활하고 판사의 수도 많기 때문에 판사의 자질이나 법학 지식이 들쭉날쭉한 경우가 많다. 1990년대까지는 제대 군인과 같은, 법학교육을 받지 않은 사람들이 판사에 임용되는 경우도 종종 있었다. 판사에 대한 대우도 대체로 열악한 편이다.

2002년부터 중국도 단일화된 사법시험 제도를 도입하여 판사, 검사, 변호사가 되기 위해서는 동일한 시험을 거치도록 하였다. 이로써 전국의 판사자격 제도를 통일하고 모든 판사들에게 일정한 수준의 법학지식을 요구하는 시스템을 갖추게 되었다. 하지만 자질 미비로 인해 야기된 문제점이 해결되기에는 상당한 시간이 더 필요해 보인다.

상술한 각종 요인들이 중국사회에서 판사, 법원과 법원의 판결 및 전체 사법기관에 대한 불신을 초래하였고, 사법부패가 만연해진 원인이 되어 왔다. 아울러 이는 법원 판결 집행력의 불안정이라는 문제를 야기하게 되었다. 종심판결終審判決이 확정되었는데도, 당사자가 여전히 판결의 내용에 불복하여 재심절차의 개시를 요구하고, 민원上訪 등 非사법절차를 통하여 분쟁을 해결하려는 경향이 있으며, 심지어 폭력으로 심판에 항거하고, 법원의 집행을 가로막고, 판사의 신병 안전을 위협하는 등의 사건이 끊이지 않고 있다.

이는 다시 반대로 법원과 판사에게 더욱 큰 압력으로 작용하고, 사건처리과정에서 판사의 중립성과 독립성이 더욱 크게 위협받게 됨으로써, 일종의 악순환의 고리에 빠지게 된다(조영남, 중국의 법원개혁, 2012년).

2. 중국 법원 제도의 최근 동향

법원 제도의 문제점을 해결하고, 일반 인민老百姓들의 인민법원과 법원의 심판에 대한 신뢰를 제고하기 위하여, 중국공산당과 중앙정부는 20세기 말부터 법원 제도와 관련된 강령문건綱領性文件을 작성制定하기 시작하였고, 각종 개혁조치를 채택하였다.

1999년부터 5년에 한 번씩 개혁요강을 제정하였고, 2015년에는 제4차 《인민법원 5개년 개혁요강人民法院五年改革綱要》(2014-2018, 최고인민법원 공포, 중공 중앙위원회 비준. 이전의 세 차례는 각각 1999-2003, 2004-2008, 2009-2013임)을 제정하였다.

최신 《인민법원 5개년 개혁요강》(2014-2018)에서 다음과 같이 제시하고 있는 제도개혁의 기본목표에서 중국 법원 제도의 문제점을 엿볼 수 있다. 즉, '인민대중人民群衆으로 하여금 매 사법 사건마다 공평과 정의를 느끼게 하고', '사법공정에 영향을 주고 사법역량司法能力을 제약하는 심층적인 문제를 힘써 해결하여, 인민법원의 법에 따른 독립적이고 공정한 심판권 행사를 보장하며', '2018년까지 중국 특유의 사회주의 심판권력 운행체계를 초보적으로 확립하고, 그것이 중국 특유의 사회주의 법치체계의 중요한 구성부분이 되도록 하는' 것이 제도개혁의 기본목표이다.

이를 달성하기 위한 구체적인 개혁조치에는 주로 다음과 같은 내용들이 포함된다.

① 행정구역區劃과 적절히 분리된 사법관할 제도를 수립한다. 최고인민법원 순회법정을 설립하고, 지식재산권법원의 설립을 추진하며, 행정구역을 넘나드는跨行政區劃 법원 등의 설립을 모색한다(지방보호주의 타파, 판결의 공정성과 통일성 확보).

② 심판 중심의 소송 제도를 수립한다. 증거재판원칙을 전면적으로 관철시키고, 소송과정에서 당사자와 기타 소송참여인의 알 권리知情權, 진술권, 변론변호권辯護辯論權, 신청권申請權, 탄원권申訴權의 제도적 보장을 강화하며, 민사소송 증명규칙 등을 완비한다(소송절차 진행 보장, 당사자의 소송권리 보호).

③ 개방적이고 동태적이며 투명하고 대중의 편리를 도모하는 양광陽光 사법기제를 구축한다. 심판庭審공개 제도를 완비하고, 재판문서 공개플랫폼 등을 완비한다(정보공개, 사법신뢰 강화).

④ 법원 직원人員의 정규화 · 전문화 · 직업화를 추진한다. 판사 선임 제도를 개혁하고, 판사업적평가체계를 완비하며, 판사 직장교육기제在職培訓機制 등을 완비한다(판사의 전문화와 직업통일성 강화).

⑤ 인민법원의 법에 따른 독립적이고 공정한 심판권 행사를 보장한다. 사법활동에의 개입을 방지하는 업무기제를 수립하고, 사법권위의 보장기제를 완비한다(외부개입 배제, 독립적인 심판 실현).

이처럼 현 단계에서 중국 법원개혁의 핵심은, 여전히 어떻게 법원과 판사의 독립성을 보장하느냐 하는 문제에 놓여 있음을 알 수 있다.

3. 순회법정 제도

2014년 10월 중국공산당은 제18기 4중 전회에서, 사법 직권職權 배치의 최적화를 위하여 심판권과 집행권을 서로 분리하는 체제개혁을 시험적으로 추진하고, 그 일환으로 최고인민법원순회법정을 설립할 것과, 행정구역을 넘나드는 인민법원과 인민검찰원의 설립을 시도할 것을 요구하였다. 이에 근거하여 최고인민법원은 2015년 1월《최고인민법원 순회법정 사건 심리에서의 약간의 문제에 관한 규정最高人民法院關與巡迴法庭審理案件若干問題的規定》을 제정하였다.

최고인민법원 제1순회법정은 2015년 1월 28일 광둥성廣東省 심천시深圳市에서 개정開廷하였고, 순회지역巡迴區은 광둥廣東 · 광시廣西 · 하이난海南의 3개성三省區이었다. 최고인민법원 제2순회법정은 2015년 1월 31일 오전 랴오닝성遼寧省 선양시瀋陽市에서 개정하였으며, 순회지역은 랴오닝遼寧 · 길림吉林 · 흑룡강黑龍江의 3개성이었다.

순회법정은 최고인민법원에서 파견한 판사들로 구성된 상설심판기구이다. 순회법정이 내린 판결·재정裁定 및 결정은 최고인민법원의 판결·재정 및 결정이다. 순회법정의 설치는 중국 법원조직체계에 관한 한 차례의 중대한 개혁이다. 순회법정이 설치된 최근 이미 사건수리 및 심리진행과 판결이 시작되었다. 순회법정의 설립이 중국의 사법체제에 어떠한 영향을 가져올지는 향후 더 관찰이 필요하다.

제3절   중국의 검찰원 제도

Ⅰ 중국의 검찰 제도 개관

중국 인민검찰원은 최고인민검찰원, 성급인민검찰원, 시급인민검찰원, 현급인민검찰원 및 군사검찰원과 철로운수검찰원 등 전문인민검찰원을 포함한다.

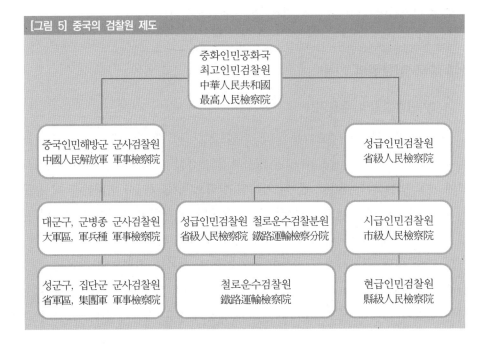

[그림 5] 중국의 검찰원 제도

최고인민검찰원 검찰장은 전국인민대표대회에서 선출하고 파면하며, 부검찰장, 검찰위원회, 검사檢察員는 최고인민검찰원 검찰장이 전국인민대표대회 상무위원회에 제청하여 임면한다. 각급인민검찰원 검찰장은 해당本級 인민대표대회가 선출하고 파면하며, 부검찰장, 검찰위원회와 검사는 각급인민검찰원 검찰장이 해당 인민대표대회 상무위원회에 제청하여 임면한다.

각급인민검찰원에 설치된 내부기구의 구성은 대동소이한데, 주요 기능부서로는 수사감독기구, 공소기구, 반부패수뢰反貪汚賄賂기구, 반독직권리침해反瀆職侵權기구, 형사탄원刑事申訴기구, 고소검찰控告檢察기구, 형사집행검찰기구, 민사행정검찰기구, 직무범죄예방기구, 법률정책연구기구 등이 있다.

중국의 사법체제 하에서 인민검찰원은 공소기관이기도 하고 법률 감독기관이기도 하며, 동시에 일부 영역에서는 범죄수사기관이다. 법률 감독기관으로서의 인민검찰원은, 형사사건에 관해 법률 감독을 실시할 뿐 아니라, 민사 및 행정사건의 심판활동에 관해서도 법률 감독을 실시할 권한이 있다.

법률 감독의 주요 내용으로는 형사소송에서의 체포비준, 기소여부의 결정, 항소, 심판감독절차(재심절차)의 개시가 있고, 민사 및 행정소송에서의 감독으로는 주로 종심판결에 관한 재심의 결정 및 심판감독절차의 개시가 있다.

Ⅱ 중국 검찰원의 기능

1. 인민검찰원의 주요기능

중국 인민검찰원의 주요기능은 네 부분으로 나눌 수 있는데, 일부 형사사건의 수사권(공무원의 직무관련범죄 등)·일반 형사사건의 검찰권·공소권 및 민사·행정사건에 관한 법률 감독권이다. 좀 더 자세히 살펴보면, 중국에서 범죄는 크게 공무원 관련 범죄와 일반 범죄로 나뉘는데, 일반 범죄는 경찰이 수사하고 공무원 관련 범죄, 예컨대 뇌물죄나 독직죄瀆職罪 등의 범죄는 검찰이 수사하게 된다.

그밖의 일반 형사사건은 경찰이 독자적으로 수사를 진행하고 검찰은 이에 관해 검찰권(체포비준권, 기소여부 결정권 등)을 행사한다. 즉, 일반 형사사건의 경우 수사는 경찰이 하지만 체포비준이나 기소여부의 결정은 검찰이 한다. 그밖에 중국 검찰은 민사사건과 행정사건에 관해서도 법률 감독권을 행사할 수 있다. 구체적으로는 민사사건과 행정사건의 심리과정에서 불법을 발견하거나 당사자의 신청이 있을 경우 인민법원에 대한 항소抗訴를 통해 재심절차再審程序를 작동시킬 수 있다.

따라서 현행 한국 검찰과 비교해볼 때, 중국 인민검찰원의 기능은 크게 두 가지 점에서 차이가 있다.

하나는, 중국에서는 일반 형사사건에 관해 검찰은 수사 지휘권이 없고 공안기관이 수사권을 독자적으로 행사한다는 점이다. 인민검찰원은 체포비준과 기소여부 결정의 형태로 이러한 사건의 해결과정에 개입할 수 있지만, 내사 및 수사 개시와 종결을 모두 공안기관이 단독으로 결정한다.

다른 하나는, 인민검찰원이 한국 검찰에는 없는 민사사건이나 행정소송사건에 관한 법률 감독권을 행사한다는 점이다. 한국 검찰은 민사사건에 관해 개입할 여지가 없는 데 비해 중국 검찰은 법률 감독권을 통하여 이에 개입할 수 있다.

2. 중국 인민검찰원과 공안기관의 관계

1) 한국에서 간혹 검찰과 경찰의 관계, 즉 검경갈등이 이슈가 되곤 하는데, 이하에서는 중국의 인민검찰원과 공안기관의 관계가 어떠한지 간단히 살펴보고자 한다.

중국 인민검찰원과 공안기관의 관계는 두 가지로 구분할 수 있는데, 첫째, 감독과 피감독의 관계이다. 중국 인민검찰원은 법률 감독기관인데, 이러한 법률 감독에는 공안기관의 수사 활동에 관한 감독도 포함된다.

구체적으로는 공안기관이 인민검찰원에 체포비준을 제청한 사건에 관한 체포여부의 심사결정, 수사구금기한의 연장을 제청한 사건에 관한 연장여부의 심사결정, 수사기관이 필수적 입안立案사건에서 입안하지 않은 경우 및 입안해서는 안 되는 사건에서 입안한 경우에 관한 감독, 수사 활동의 적법合法여부에 관한 감독 등의 사무이다.

둘째, 인민검찰원과 공안기관은 형사사건의 처리과정에서 업무분담·협력 및 상호제약分工合作和相互制約의 관계에 놓여 있다. "인민법원, 인민검찰원과 공

안기관은 형사소송에서 책임분담分工負責, 상호협력互相配合, 상호제약互相制約하여
정확하고 효과적인 법률 집행을 담보하여야 한다(「형사소송법」 제7조)."

　　이러한 법률규정에 따르면 공안기관은 인민검찰원과 업무를 분담·협조하는
국가기구로서 수사권을 독립적으로 행사할 뿐 아니라, 인민검찰원을 제약할 권
한을 가지고 있고, 인민검찰원과 함께 법률의 공정한 집행이라는 목표를 공유
하고 있다. 이 점에서 공안기관과 인민검찰원은 서로 대등하고, 업무상 상호 견
제하는 기관이라고 할 수 있다.

　　2) 중국에서는 인민검찰원에 비해 공안기관이 일반적으로 더 강력한 법 집
행 기관으로 여겨진다. 그 이유를 크게 두 가지로 분석할 수 있다.

　　우선, 중국에서 공안기관의 권한은 매우 광범위한 영역에 걸쳐져 있다. 공
안기관은 형사사건의 수사권, 사회치안관리에 필요한 각종 행정처벌권뿐만 아
니라 일반 인민들의 가족관계등록戶口과 국적관리·출입국관리·국경업무·여권
업무 등의 행정관리권을 행사하고 있다. 일반 형사사건을 수사함에 있어서 공
안기관은 피의자에 대해 구류拘留나 체포逮捕, 계좌추적, 재산압수 등의 강제조
치를 취할 수 있다.

　　중국의 공안기관이 독립적인 수사권을 행사한다는 점은, 다른 나라와 비교
해볼 때 특이한 것은 아니다(경찰이 검찰의 지휘 하에서 수사를 진행해야 한다는 한국과 달리, 대부
분의 국가에서 경찰은 독립적인 수사 활동을 진행할 권한을 가지고 있음). 중국 공안기관이 막강한
권한을 가지고 있다는 인상을 주는 이유는 특히 공안기관이 가지고 있는 광범
위하고 강력한 행정처벌권 때문일 것이다.

　　공안기관이 가지고 있는 행정처벌권에는 과징금·과태료罰款와 행정구류行政
拘留, 각종 허가증 취소, 추방(외국인의 경우) 등이 포함되는데, 행정구류는 최장 15일
까지 가능하다. 그 외 출입국관리나 여권업무와 같이 인민들의 일상과 밀접히
관련되는 업무를 중국에서는 공안기관이 담당하고 있다.

　　공안기관이 법원이나 검찰에 비해 더 강력한 법 집행기관으로 여겨지는 또
다른 이유는 중국에서의 범죄의 개념과 관계된다. 중국에서 범죄는 일반적으로
매우 엄중한 위법행위를 지칭하고, 그밖의 위법행위들은 치안위법행위治安違法行爲

로 간주하여 형사처벌이 아닌 행정처벌로 처리한다.

따라서 예컨대 음주운전이나 도박, 성매매, 상해사건, 집단 패싸움, 불법월경違法越境, 경제 사기사건과 같은 위법행위는 범죄가 아니기 때문에(결과가 엄중한 경우 제외), 검찰의 기소나 법원의 재판을 거칠 필요 없이 공안기관과 행정기관이 「치안관리처벌법」 등에 근거하여 단독으로 행정처벌권을 행사할 수 있다(「치안관리처벌법」에서 규정하고 있는 위법행위의 종류는 매우 다양함).

즉, 인민들의 일상생활과 밀접히 관련되는 사안이나 분쟁들에 관해 그 위법행위의 엄중성이 범죄를 구성하지 않는 이상, 검찰과 법원은 이에 개입할 여지가 없다. 이 때문에 일반 인민들의 입장에서는 공안기관이 법원이나 검찰보다 더 강력한 권한을 행사하고 있다고 여겨지고, 인권침해 등으로 인한 인민들의 불만도 검찰보다는 공안기관에 보다 집중되게 된다.

姜伟 主编, 中国检察制度, 北京: 北京大学出版社, 2009年

강광문, "중국법의 이해: 법의 개념, 법제사 및 사법제도 개관", 중국, 새로운 패러다임,
        한울, 2015년

정철, 중국의 사법제도, 경인문화사, 2009년

조영남, 중국의 법원개혁, 서울대학교출판문화원, 2012년

조영남, 중국의 법치와 정치개혁, 창비, 2012년

제 3 장

중국의 헌법 제도와 입법 제도

제3장

중국의 헌법 제도와 입법 제도

I 중국 헌법사

1. 헌법과 입헌주의

근대 이전의 중국에는 아직 헌법이라는 개념이 없었다. '헌법憲法'이라는 단어는 'constitution'의 번역어이며, 19세기말 일본을 거쳐 중국으로 유입되었다. 헌법과 마찬가지로, '입헌주의立憲主義'라는 단어도 원래는 'constitutionalism'으로, 서양에서 만들어진 개념이다. 헌법은 일반적으로 국가의 근본대법根本大法이라 불리고, 주로 국가의 기본 제도, 국가기관 간의 권력배분 및 국민의 기본적 권리와 지위 등을 규정하고 있다.

성문헌법의 역사는 서양에서도 길지 않다. 첫 번째 성문헌법은 18세기말 미국에서 출현하였는데, 미국연방헌법은 1789년에 정식으로 출범하였다. 유럽대륙의 첫 성문헌법은 프랑스대혁명 이후 제정된 1791년의 프랑스헌법이다. 이후 독일의 각 주, 유럽의 다른 지역에서도 잇달아 성문헌법이 제정되었다.

근대입헌주의는 민주주의원리와 권력분립원칙이 서로 결합되어 수립된 제도이다. 즉, 국민이 헌법제정권制憲權을 행사하여 헌법을 제정하고 이를 통해 각 국가권력기관에 정당성을 부여하며(민주주의), 한편으로 헌법에서 비롯된 각종 권

력은 서로 독립된 위치에서 상호 견제함으로써, 국민의 기본적 권리와 지위가
보장되는 것이다(권력분립).

로크Locke, 몽테스키외Montesquieu, 루소Rousseau, 시에예스Sieyès 등 사상가들은
근대 성문헌법의 제정과 입헌주의의 확립에 이론적 기초를 제공하였다. 근대
입헌주의의 기본 원리에는 구체적으로 인권보장과 권력분립, 법의 지배와 국민
주권 등의 내용이 포함된다.

2. 1949년 이전의 중국 헌법사

19세기 중반 이후 중국은 서양의 압력 하에 문호를 개방하게 되고, 국가의
독립을 유지하고 자강自強을 실현하기 위해 각종 개혁을 단행하였는데, 여기에
는 정치 제도와 법제의 개혁도 포함되었다. '제헌制憲'과 '국회개설'은 당시 개혁
세력이 제창한 주요 구호 중의 하나였다.

1908년 청말 정부는 중국 역사상 첫 헌법성 문건憲法性文件으로 불리는 「흠정
헌법대강欽定憲法大綱」을 반포하게 되는데, 그 내용은 주로 일본의 메이지헌법
明治憲法(1889년)을 모방한 것이다. 1911년 청나라 정부는 혁명세력의 압력 하에
어쩔 수 없이 「헌법중대신조19조憲法重大信條十九條」를 선포하고, 입헌군주제의
채택, 국회설립과 내각구성, 황제의 권력 제한 등의 사항에 동의하게 된다.

청나라 멸망 후 남경국민정부南京國民政府가 제정한 「중화민국임시약법中華民國
臨時約法」(1912년)은 중국에서 처음으로 공화국체제를 규정한 헌법성 문건이고,
그 내용은 손문(孫文, 1866~1925)의 헌정憲政사상을 어느 정도 반영하였다. 이후
중국의 각 정권은 헌법성 문건을 잇달아 제정하였다. 1913년 북양정부北洋政府는
「중화민국헌법초안中華民國憲法草案」을 반포하였는데, 이 헌법초안은 책임내각제
責任內閣制를 도입하고 국회의 권한을 대폭 강화하였다.

1923년의 「중화민국헌법中華民國憲法」은 중국 역사상 정식으로 공포된 첫 헌
법전憲法典으로 알려져 있다. 국민당이 전국을 통일한 후 반포한 「중화민국훈정
시기약법中華民國訓政時期約法」(1931년)은 헌정의 전단계인 이른바 '훈정시기訓政時期'
헌법강령으로, 이 헌법강령에서는 헌정을 실시하기 전까지 국민당이 국민대회
國民大會를 대신하여 최고 권력을 행사할 것을 규정하였다. 1936년 제정한 「중

화민국헌법초안中華民國憲法草案」(「오오헌초五五憲草」라고도 불림)에서는 '권력을 국민에게 돌려줄 것還政於民'을 주장하였고, 국민대회를 최고의 권력기구로 규정하였다.

1947년 국민당정부가 정식으로 공포한 「중화민국헌법中華民國憲法」은 국민당정부가 대륙에서 반포한 마지막 헌법으로, 주로 손문의 삼민주의사상三民主義思想과 오권헌법이론五權憲法理論을 반영하였다. 이 헌법은 현행 대만헌법의 전신이다.

3. 사회주의 헌법

1949년 이후 사회주의 중국에서는 현재까지 4부의 헌법전을 제정하였는데, 각각 1954년 헌법, 1975년 헌법, 1978년 헌법과 1982년 헌법이다(1954년 헌법을 제외하고는, 형식적으로 헌법개정절차, 즉 전면 개정의 형식을 취함). 1949년 이전 중국공산당은 1934년의 「중화소비에트공화국헌법대강中華蘇維埃共和國憲法大綱」 및 1946년의 「산시陝西·간쑤甘肅·닝샤寧夏 지역 헌법원칙陝甘寧邊區憲法原則」과 같이, 일부 헌법성 문건을 제정하여 공산당 통치 지역에서 시행하기도 하였다.

중국의 현행 헌법은 1982년에 전국인민대표대회全國人民代表大會(약칭 '전인대')에 의해 통과되어 현재까지 시행되고 있다. 일반적으로 '1982년 헌법1982年 憲法'이라고 불리는 이 헌법의 기본 구조와 주요 내용은 사회주의 중국의 첫 헌법전인 '1954년 헌법1954年 憲法'에 크게 의거하고 있다. 또한 1954년 헌법은 당시 모든 사회주의 국가들의 모델이었던 소련의 헌법(1924년 「소비에트사회주의공화국기본법」, 1936년 「소비에트사회주의공화국 연방헌법」) 및 기타 사회주의 국가 헌법을 주로 참조하여 제정되었다.

즉, 마오쩌둥 등 중국 지도부가 소련의 사회주의 헌법 제도를 참조하는 한편, 중국의 특수한 현실에 입각하여 이 헌법을 제정한 것이다. 예컨대 현행 헌법의 기본 제도인 인민대표대회가 소련 헌법의 소비에트 제도를 토대로 중국의 특수성을 감안하여 만들었다는 점에 관해 마오쩌둥은 다음과 같이 언급하고 있다.

"우리는 자산계급의 의회 제도를 시행하지 않고, 프롤레타리아의 소비에트제도를 시행한다. 대표대회가 바로 소비에트이다. 당연히 내용상, 우리의 것은 소련의 프롤레타리아 독재 하의 소비에트와는 구별된다. 우리는 노동자와 농민의 동맹을 기초로 한 인민소비에트이다. '소비에트蘇維埃'라는 외래어를 우리는 사용하지 않고, 인민대표회의人民代表會議라고 부른다. 소비에트는 러시아 인민이 창조해낸 것이고 레닌이 발전시킨 것이다. 중국에서 자산계급 공화국의 의회 제도는 이미 부패하였다. 우리는 그것을 채용하지 않고 사회주의국가의 정권 제도를 취한다."(마오쩌둥, 《中共七屆二中全会上的总结》, 1949년)

1982년 헌법은 그 후 몇 차례 개정 조항을 추가해왔으나 기본적인 내용은 지금까지 그대로 유지되고 있다.

Ⅱ 중국 헌법의 개정, 해석과 보장

1. 헌법의 제정과 개정

1954년 헌법제정 이전까지 사회주의 중국에서는 1949년 통과된《중국인민정치협상회의공동강령中國人民政治協商會議共同綱領》이 국가기본법의 역할을 하였다. 이후 중국공산당과 중앙정부는 사회주의헌법의 제정에 착수하였다. 1953년에 중앙인민정부는 헌법 제정을 위한 '헌법기초위원회憲法起草委員會'를 설립하였다.

중국공산당 산하의 '헌법기초소조憲法起草小組'가 헌법초안을 사전에 작성하여 이 '헌법기초위원회'에 건넸고, 헌법기초위원회는 초안을 공개하여 사회 각계의 의견수렴 과정을 거쳐 중앙인민정부 및 전국인민대표대회에 제시하였다. 중국공산당이 제시한 이 초안은 '헌법기초위원회'의 몇 차례 수정 및 중앙인민정부의 심의를 거친 후 전국인민대표대회에 정식으로 보고되어 1954년 9월 20일에 정식으로 통과되었다.

현행 헌법에 따르면, 전국인민대표대회가 헌법개정권을 행사한다. 개정절차는 대략 헌법개정안의 제출, 헌법개정안의 심의 및 표결, 헌법개정안의 공포 등의 3단계로 구분된다. 전국인민대표대회 상무위원회 혹은 5분의 1 이상의 전국인민대표대회 대표는 헌법 개정을 발의할 권한이 있다. 헌법개정안은 전국인민대표대회 전체 대표의 3분의 2 이상이 찬성하여야 통과된다(「헌법」제64조). 헌법개정안이 통과되면, 중화인민공화국 주석이 공포한다.

헌법의 개정은 전면 개정과 일부 개정의 두 가지로 구분할 수 있다. 일부 개정은 형식상 결의로 하는 방식과 헌법개정안의 방식 중에서 채택할 수 있다. 전자는 결의를 통해 직접 헌법조문에 내용을 추가, 폐지 또는 개정하는 방식인데, 예를 들면 1979년의 《〈중화인민공화국헌법〉 약간의 규정 개정에 관한 결의 關與修正 〈中華人民共和國憲法〉 若干規定的決議》가 있다. 1982년 이후 여러 차례의 헌법 개정은 모두 후자인 헌법개정안의 방식을 채택하였다.

2. 헌법의 해석과 보장

헌법의 구체적인 시행은 헌법 해석과 분리될 수 없다. 헌법 해석에 관해서, 중국 헌법에서는 비록 전인대상무위원회를 헌법해석기관으로 정하고 있지만, 구체적인 절차에 관해서까지 규정하지는 않았다(「헌법」 제67조).

사실상 전인대상무위원회는 오늘에 이르기까지 구체적인 사건에 관하여, 헌법해석의 절차 또는 형식상 '헌법해석'이라는 용어로 헌법조항에 관하여 해석을 시도한 적이 없다. 어떻게 헌법해석을 실시하고, 전인대상무위원회의 헌법해석 기능을 작동落實시킬지에 관해서는, 여전히 이론적 모색단계에 머물러 있다. 어찌되었건 중국의 현행 헌법체제 하에서는 전인대상무위원회가 헌법해석과 관련하여 최종결정권을 가진 기관이라고 이해하여야 할 것이다.

헌법의 보장기제保障機制 또는 위헌심사권 등에 관해서도 중국 「헌법」에서는 명확한 규정을 두고 있지 않다. 단지 "모든 법률, 행정법규 및 지방성법규地方性 法規"는 헌법에 저촉되어서는 안 되며, "모든 국가기관 및 무장역량武裝力量, 각 정당 및 각 사회단체, 각 사업조직"은 반드시 헌법을 준수하여야 한다고 규정하고 있다(「헌법」 제5조).

아울러 전국인민대표대회 및 전인대상무위원회가 헌법을 감독한다고 규정하고 있다(「헌법」 제67조). 헌법 감독과 관련하여, 2000년에 제정한 「입법법立法法」에서는 헌법에 위반되는 행정법규 등의 처리절차에 관하여 부분적으로 규정하고 있다.

「입법법」 규정에 따르면, 국무원, 중앙군사위원회, 최고인민법원, 최고인민 검찰원 및 각 성, 자치구, 직할시 인민대표대회 상무위원회는 행정법규, 지방성법규, 자치조례 및 단행單行조례가 헌법이나 법률에 저촉된다고 판단한 경우, 전인대상무위원회에 이를 심사해줄 것을 서면으로 요구할 수 있고, 상무위원회 사무工作기구는 이를 관련 전문위원회별로 송부하여 심사를 진행하고 의견을 제출한다.

전국인민대표대회 전문위원회와 상무위원회 사무기구는 심사, 연구 과정에서 행정법규, 지방성법규, 자치조례 및 단행조례가 헌법이나 법률에 저촉된다고 판단한 경우, 제정기관制定機關에 서면으로 심사의견과 연구의견을 제출할 수 있다. 제정기관은 2개월 내에 개정 여부에 관한 의견을 연구·제출하여야 하고, 전국인민대표대회 법률위원회 및 관련 전문위원회나 상무위원회 사무기구에 보고反饋하여야 한다(『입법법』제99조, 제100조).

그러나 법률 및 다른 국가권력행위의 위헌성 심사 절차 등에 관해서는 여전히 구체적인 규정이 없다. 중국이 향후 도입하여야 하는 위헌심사 제도의 모델을 두고 학자들은 서로 다른 의견을 제시하고 있다. 예를 들면 전문헌법법원을 설립하자는 의견, 인민대표대회 내에 전문헌법감독기구를 설립하자는 의견, 현행기제를 완비하여 헌법감독기구인 전인대상무위원회를 명실상부한 헌법보장 기구로 기능하게 하자는 의견 등이 있다.

제2절   중국의 헌법 제도

Ⅰ 중국 헌법의 기본 제도

1. 기본 정치 제도

중국의 국가성격國家性質, 정권의 조직형태, 행정기관 등 기본 정치 제도와 관련해서는 이미 제2장에서 서술하였으므로 본 장에서는 설명을 생략하고, 주요 국가기구 중 국가주석과 중앙군사위원회에 관해서만 소개하고자 한다.

1) 현행 헌법에 따르면, 중화인민공화국의 국가주석, 부주석은 전국인민대표대회에서 선출한다. 선거권과 피선거권이 있는 만 45세의 중국 공민公民은 주석과 부주석으로 선출될 수 있다(「헌법」 제79조). 주석과 부주석의 임기는 전국인민대표대회의 임기와 같고, 2기屆까지만 연임할 수 있다.

국가주석의 주요 직권은 다음의 네 가지이다.

① 법률과 명령의 공포권公布權. 국가주석은 전국인민대표대회와 전인대상무위원회가 통과시킨 법률을 공포하고, 전국인민대표대회와 전인대상무위원회의 결정에 따라 특사령特赦令을 공포하며, 전시상태戰爭狀態를 선포하고, 동원령動員令을 공포하며, 긴급사태緊急狀態진입을 선포한다.

② 인사임면권人事任免權. 국가주석은 전국인민대표대회와 전인대상무위원회의 결정에 따라 국무원 총리, 부총리, 국무위원, 각 부처 장관, 각 위원회 주임, 감사원장審計長, 비서실장秘書長을 임면한다.

③ 외사권外事權. 국가주석은 국가를 대표하여 국사國事를 관장하고, 외국사절을 접수接受한다. 전인대상무위원회의 결정에 따라 주외전권대사駐外全權大使를 파견·소환하고, 외국과 체결한 조약과 주요협정을 비준·폐기한다.

④ 영예권榮譽權의 수여. 전국인민대표대회와 전인대상무위원회의 결정에 따라, 국가의 훈장과 영예칭호를 수여한다(「헌법」 제80조, 제81조).

2) 중앙군사위원회 제도는 중국 「헌법」에서 비교적 특수한 제도이다. 1954년 헌법에서 이미 국가주석은 전국의 무장역량을 통솔하고, 국방위원회의 주석을 맡는다고 규정하였다. 1975년 헌법과 1978년 헌법에서는 국가주석과 국방위원회를 폐지取消하고, 중국공산당 중앙위원회 주석이 전국의 무장역량을 통솔한다고 규정하였다.

1982년 헌법에서는 중앙군사위원회를 설치하였고, 동시에 공산당 중앙군사위원회의 군대에 대한 직접적인 지휘領導를 부인하지 않았다. 현행 제도 하에서, 국가기구인 '중화인민공화국 중앙군사위원회'와 당내기구인 '중국공산당 중앙군사위원회'는 실제 하나의 기구이고, 그 구성원과 권한은 완전히 일치한다. 즉, 소위 '一套人馬, 兩塊牌子(사람은 동일하지만, 명패는 두 개)'다. 이러한 체제를 통해서, 중국공산당은 중국의 군대와 국방사무에 대한 절대적인 지휘領導와 통제를 실현하고 있다.

중국 군대의 최고지휘領導기구인 중앙군사위원회는 주석, 부주석 여러 명, 위원 여러 명으로 구성된다. 중앙군사위원회는 주석책임제를 시행하고, 중앙군사위원회 주석은 전국인민대표대회와 전인대상무위원회에 대하여 책임을 진다. 구체적으로 중앙군사위원회의 주석은 전국인민대표대회의 주석이 선출하고, 중앙군사위원회의 다른 구성원은 군사위원회의 주석이 지명하며, 전국인민대표대회와 전인대상무위원회가 임명한다(「헌법」 제93조, 제94조, 제62조).

2. 기본 경제 제도

중국의 현행 기본 경제 제도는 '사회주의시장경제社會主義市場經濟'라는 말로 정의할 수 있다. '사회주의시장경제'는 '사회주의'와 '시장경제'라는 두 가지 서로 모순되는 것처럼 보이는 개념의 결합이다.

우선, 사회주의적인 경제 제도는 주로 헌법에서 규정하고 있는 소유제형태에서 드러난다. 중국이 시행하고 있는 생산수단生産資料의 사회주의공유제는 전민소유제全民所有制(국유경제)와 집단소유제集體所有制로 구분된다. 그중 국유경제는 국민경제의 주축이 되는 부분으로, 국가는 반드시 국유경제의 공고화와 발전을 담보하여야 한다.

농촌과 도시城鎮의 각종 합작경제合作經濟는 집단소유제경제에 속한다. 삼림, 지하자원, 초원 등의 자연자원은, 법률로 집단소유라고 규정한 것 외에는 모두 국가소유이다. 토지의 소유는 두 가지로 구분되는데, 도시의 토지는 국가소유이고, 농촌 및 도시 교외의 토지는, 법률로 국가소유라고 규정한 것 외에는 집단소유이다(「헌법」 제6조-제10조).

동시에, 사회주의 초급단계에 있는 중국은 시장경제체제를 부정하지 않는다. 즉, 시장경제를 발전시키고, 개혁개방을 시행하고, 공업·농업 및 국방과학기술의 현대화를 실현하여야 한다. 이를 위해 '공유제를 중심으로 여러 종류의 소유제경제를 고루 발전시키는 경제 제도'를 채택하여, 개인個體경제, 민영私營경제 등 각종 비非공유제경제주체의 합법적인 권익을 법률적으로 보장하였다.

이밖에 헌법은 공민의 합법적인 사유재산이 침해를 받지 않도록 보호하고 있다. 이 조항은 2004년 헌법 개정의 핵심적인 내용으로, 당시 사회주의헌법에서 사유재산을 보장해야 하는지 여부에 관하여 논란은 있었으나, 최종적으로 헌법에 편입되었다. 토지의 이용에 있어서는, 토지공유의 전제 하에서 토지의 소유권과 사용권을 분리하는 제도를 시행하였다. 즉, 어느 누구도 토지를 소유하거나 소유권을 사고팔거나 다른 형식으로 양도할 수 없으나, 토지사용권은 법률의 규정에 따라 합법적으로 유통될 수 있었다. 마지막으로 중국은 외국기업 등의 중국 투자를 허용하였고, 그 합법적인 권익을 중국법률로 보장하였다(「헌법」 제13조, 제18조).

3. 기본 정당 제도

사회주의 중국에서 공산당은 유일한 집권당執政黨이고, 공산당은 전국의 인민을 영도領導하여 사회주의를 건설한다(공산당의 지위와 조직에 관해서는 제2장 참조). 공산당의 일당 영도 외의 중국의 정당 제도에 관하여, 「헌법」에서는 "중국공산당이 영도하는 다당협력多黨合作과 정치협상 제도"를 규정하였다(「헌법」 서언).

이것은 일종의 중국식 다당협력기제이다. 중국공산당 외에 중국에 현재 8개의 민주정당黨派이 있는데, 각각 중국국민당혁명위원회('민혁(民革)'), 중국민주동맹('민맹(民盟)'), 중국민주건국회('민건(民建)'), 중국민주촉진促進회('민진(民進)'), 중국농공農工민주당('농공당'), 중국치공致公당('치공당'), 구삼학사九三學社, 대만민주자치동맹('대맹(臺盟)')이다. 집권당인 중국공산당에 비해, 민주정당들은 참정당參政黨으로 여겨진다. 민주정당들은 주로 중국인민정치협상회의中國人民政治協商會議 제도를 통해 중국정치에 참여한다.

중국인민정치협상회의(약칭 '인민정협' 또는 '정협')는 중국인민애국통일전선中國人民愛國統一戰線상의 조직이고, 중국공산당이 영도하는 다당협력과 정치협상에 있어 중요한 기구이며, 중국정치에서 사회주의민주를 발양發揚하는 중요한 형식形式이다. 민주정당 외에 광범위한 무소속 애국지사愛國人士, 인민단체, 소수민족인사 및 각계 애국지사가 정치협상회의를 통하여 국가정치에 참여한다. 중국정치에서 정협政協의 기능은 '정치협상, 민주감독, 참정의정參政議政'이라는 말에서 집중적으로 구현된다.

Ⅱ 공민公民의 권리와 의무

1. 인권과 공민의 기본권리

헌법 중의 권리조항에 있어서, 중국 헌법은 인권 대신에 '공민의 기본권리 公民的基本權利'라는 용어를 주로 사용해 왔다. 여기에서 공민은 중국 국적을 가진 모든 자연인을 가리킨다. 2004년 헌법개정안은 "국가는 인권을 존중하고 보장한다"는 조항을 추가하여, '인권'이라는 개념을 중국 헌법 규정 중에 처음으로 도입하였다.

다만, 중국 헌법 규정상 공민의 기본적 권리는 여전히 인간으로서 반드시 누려야 하는 자연적 권리와는 차이가 있고, 중국 헌법은 아직 소위 '천부인권 天賦人權'의 이념을 인정하지 않고 있다. 중국 공민이 누리는 것은 단지 "법률과 헌법 규정상의 각 항의 권리"(「헌법」 제33조)에 불과하다.

중국 헌법 규정상 공민의 기본적 권리는 대체로 평등권, 정치권政治權利, 정신·문화권精神和文化權利, 인신권人身權利과 인격권人格權利, 사회경제권社會經濟權利, 권리구제를 받을 권리獲得權利救濟的權利 등으로 구분된다.

2. 공민의 기본권리 및 의무

1) 평등권과 관련하여 헌법에서는 "중화인민공화국 공민은 법 앞에서 모두 평등하다"는 일반적인 규정(「헌법」 제33조) 외에도, 평등권에 관한 구체적인 조항을 규정하고 있다.

헌법에서는 우선 어떤 개인이나 단체의 특권을 명확하게 부인하였다(「헌법」 제5조). 소수민족의 평등권平等權利에 관해서는 "중화인민공화국의 각 민족은 모두 평등하다", "어떠한 민족에 대한 차별과 억압도 금지한다"(「헌법」 제4조)고 규정하였다. 남녀평등에 관해서는 "여성은 정치적·경제적·문화적·사회적·가정적 생활 등 각 분야에서 남성과 평등한 권리를 누린다", "남녀 간 동일노동 동일임금을 시행한다"(「헌법」 제48조)고 규정하였다.

이밖에, 종교를 믿는 공민이나 종교를 믿지 않는 공민에 대한 차별을 명확하게 금지하였다(「헌법」 제36조).

2) 중국 헌법이 보장하는 공민의 정치적 권리에는 구체적으로 선거권과 피선거권, 감독권, 각종 참여·관리권이 있다. 중국법에 따르면, 선거권과 피선거권의 행사가 가능한 법정연령은 만 18세이다. 현縣급 인민대표대회와 향鄕급 인민대표대회의 대표들은 유권자가 직접 선출하고, 현縣급 이상 인민대표대회의 대표들은 직하급 인민대표대회에서 선출한다. 감독권이란 주로 국가기관과 공무원工作人員을 감독하고, 비판과 건의를 제기할 권리를 가리킨다(「헌법」 제27조).

이밖에, 중국 헌법은 공민이 각종 국가사무의 관리에 참여할 권리를 규정하고 있다. 구체적으로 국유기업의 직원과 집단集體기업의 직원은 기업의 관리에 참여할 권리가 있고, 주민은 그 지역 기층 군중의 자치관리에 참여할 권리가 있다(「헌법」 제2조, 제16조, 제17조, 제111조).

3) 공민의 정신적 권리精神權는 언론·출판·집회·결사·여행·시위 등 밖으로 표현할 자유, 종교와 신앙의 자유, 문화 활동의 자유, 통신과 비밀의 자유로 구분할 수 있다. 종교의 자유는 내심의 신앙의 자유와 대외적으로 종교 활동을 할 자유를 포함한다. 공민의 종교 활동에 관하여, 중국 「헌법」은 두 가지 제한을 두었다.

첫째, 종교 활동을 이용하여 사회질서를 파괴하고, 공민 신체의 건강을 해치고, 국가의 교육 제도를 저해하는 것을 금지한다. 둘째, 종교단체와 종교 사무는 외국세력의 지배와 통제를 받을 수 없다(「헌법」 제36조).

4) 인신권과 인격권에는, 공민의 인신의 자유는 침해 받지 않고, 인격의 존엄도 침해받지 않으며, 주거住宅도 침해받지 않는다는 내용이 포함된다(「헌법」 제37조~제39조).

사회경제권은 재산권, 상속권, 노동권, 휴식권, 생존권, 교육을 받을 권리 등으로 구분된다. 그중에서 소위 생존권은 생활에 필요한 물질적 조력을 받을 권리이다. 중국 헌법은 노동력을 상실한 공민은 누구든지 국가와 사회로부터 물질적 조력을 받을 권리가 있고, 국가는 공민이 이러한 권리를 누릴 수 있도록 필요한 사회보험, 사회구제 및 의료위생 사업을 발전시킨다고 규정하고 있다(「헌법」 제45조).

권리구제를 받을 권리에는 국가배상·보상권, 국가기관 및 공무원의 독직 행위失職行爲에 관하여 소를 제기하고 고소控告할 권리가 포함된다(「헌법」 제13조, 제41조).

5) 권리 외에, 중국 헌법에서는 공민의 기본적 의무도 규정하였다. 그중에서 헌법이 단독조항으로 명확하게 규정하고 있는 기본적 의무는 다섯 가지이다. 그것은 국가의 통일과 민족의 단결을 수호할 의무, 규율과 법을 준수할尊紀守法 의무, 국가의 안전·영예와 이익을 수호할 의무, 조국을 수호하고 법에 따라 병역에 복무할 의무, 납세의 의무다(「헌법」 제52조~제56조).

이밖에 중국 헌법에서는 공민의 노동의 의무, 교육을 받을 의무, 부부가 산아제한計劃生育을 실시할 의무, 부모가 미성년인 자녀를 양육하고 교육할 의무, 성년인 자녀가 부모를 부양하고 부조할 의무 또한 규정하였다(「헌법」 제42조, 제46조, 제49조).

Ⅲ 중국 헌법의 특징

각국의 헌법은 일반적으로 크게 두 가지 내용으로 구성되는데, 국가권력에 관한 규정과 국민의 권리와 관련된 규정이 그것이다. 기타 각국의 헌법과 비교하여, 중국 헌법이 가진 특징은 크게 권력 제도 부분의 특징과 권리보장 부분의 특징으로 구분할 수 있다.

1. 권력 제도의 특징

권력 제도에 관한 근대 서양 헌법의 기본원리 중 하나가 권력분립의 원칙과 대의 제도代議制度, 즉 간접민주주의의 채택이라면, 중국 헌법은 권력의 집중을

보다 강조하고, 직접민주주의적인 요소를 강화하였다. 인민들은 전국인민대표
대회와 각급인민대표대회를 통하여 국가사무에 참여하고, 기타 국가권력기관을
감독하고 통제한다. 행정(국가주석과 국무원), 사법(인민법원과 인민검찰원), 군사軍事는 모두
전국인민대표대회에 대하여 책임을 지고 그 통제를 받아야 한다.

　　"중화인민공화국의 국가기구는 민주집중제民主集中制를 실시한다. 전국인민대
표대회와 지방각급인민대표대회는 민주선거로 구성되며, 인민에 대하여 책임을
지고, 인민의 감독을 받는다. 국가행정기구, 심판기구審判機構, 검찰기구는 모두
인민대표대회가 구성하며, 인민대표대회에 대하여 책임을 지고, 인민대표대회
의 감독을 받는다(「헌법」 제3조)."

　　국가의 모든 권력은 인민으로부터 나오고, 인민은 인민대표대회 및 인민대
표대회의 대표를 통하여 권력을 행사하며, 각 권력기관에 정당성을 부여한다.
이는 소위 인민주권 원리의 중국 헌법에서의 실현모델이라고 할 수 있다.

　　인민과 대표의 관계에 관해서는, 서양 헌법에 비하여 중국 헌법은 유권자에
의해 선출된 대표 및 대의기관에 대한 감독권을 강화하여, 인민들은 관련 규정
에 따라 자신이 선출한 인민대표대회의 대표를 파면할 권한이 있다. "전국인민
대표대회의 대표는 원原 선거단위 및 인민들과 밀접한 연계를 가지고, 인민들의
의견과 요구를 청취하고 반영하며, 인민을 위하여 복무하여야 한다", "전국인민
대표대회의 대표는 원 선거단위의 감독을 받는다. 원 선거단위에는 법률규정
의 절차에 따라 해당 단위에서 선출한 대표를 파면할 권한이 있다"(「헌법」 제76조,
제77조). 이밖에, 인민에게는 기타 국가기관과 공무원을 감독하고, 비판과 건의를
제출하고, 각종 국가사무의 관리에 참여할 권리가 있다.

2. 권리보장의 특징

　　헌법이 보장하는 각종 인권은 개인과 국가의 관계에 따라 크게 세 가지로
구분할 수 있다. 바로 자유권(국가에 대항할 권리), 참정권(국가에 참여할 권리), 사회권(국가
에 의존할 권리)이 그것이다. 근대 서양 헌법의 권리보장은 개인을 출발점으로 하
고, 개인이 국가에 대항하여 보장받아야 하는 각종 자유권을 강조하고 있다.

　　그러나 중국 헌법의 권리보장 부분에서는 공민이 헌법과 법률에 따라 누려

야 할 각종 권리, 특히 각종 사회적 권리가 더욱 중시되고 있다. 최저생활을 유지하고, 생존을 보장하기 위하여 물질적 조력을 받을 권리가 사회권의 핵심 내용이다. 중국 헌법에서는 노동력을 상실한 모든 공민에게 생존권을 보장하도록 규정하였고, 각종 특수계층特殊群體의 권리에 관해서도 비교적 상세하게 규정하였다.

"중화인민공화국 공민은 고령·질병 혹은 노동능력을 상실한 경우 국가와 사회로부터 물질적 조력을 받을 권리가 있다. 국가는 공민이 이러한 권리를 누리도록 필요한 사회보험, 사회구제 및 의료위생 사업을 발전시킨다. 국가와 사회는 상이군인의 생활을 보장하고, 열사의 가족을 구휼하며, 군인의 가족을 우대한다. 국가와 사회는 시각 장애인, 청각 장애인, 언어 장애인 및 기타 장애를 가진 공민의 노동, 생활과 교육이 잘 이루어지도록 조력한다(「헌법」 제45조)." 이밖에 중국 헌법은 노동권, 휴식권休息權, 교육을 받을 권리 등도 규정하고 있다.

제3절   중국의 입법 제도

I 중국의 입법 제도

1. 입법권과 법률의 유보

중국에서는 헌법 이하의 각종 법적 규범을 크게 법률, 행정법규, 지방성법규地方性法規, 부문행정규장部門行政規章 및 지방행정규장地方行政規章 등으로 나누고 그 제정권을 각각 다른 입법 주체에 부여하고 있다.

그중 법률에 한하여 보면 전국인민대표대회와 그 상설기관인 전인대상무위원회가 함께 입법권을 행사한다. 즉, 전국인민대표대회와 더불어, 전인대상무위원회도 법률을 제정할 수 있고, 전국인민대표대회가 제정한 법률에 대해서는 전인대상무위원회가 이를 보충 또는 개정할 권한을 가지고 있다. 다만 전인대상무위원회가 제정한 법률에 대해 전국인민대표대회는 이를 변경改變하거나 취소撤銷할 수 있다(「헌법」 제62조, 제67조, 「입법법」 제97조 제1항).

그리고 다음의 내용에 관해서는 반드시 법률로 정해야 한다. ① 국가주권 ② 각급 인민대표대회·인민정부·인민법원·인민검찰원의 설치, 조직과 기능 ③ 민족 구역 자치 제도, 특별행정구 제도, 기층 군중 자치 제도 ④ 범죄와 형벌 ⑤ 공민公民의 정치권 박탈, 인신의 자유를 제한하는 강제조치와 처벌 ⑥ 비非국유 재산의 징수 ⑦ 민사 기본 제도 ⑧ 기본 경제 제도와 재정財政·세금·세관·금융·대외무역의 기본 제도 ⑨ 소송과 중재 제도 ⑩ 반드시 전국인민대표대회와 그 상무위원회가 법률로 정해야 하는 기타 사항(「입법법」 제8조). 이른바 법률유보의 원칙이다.

2. 이중적 입법체제

전국인민대표대회와 더불어 전인대상무위원회에도 입법권을 부여한 중국의 이러한 입법체제는 전인대상무위원회의 권한과 기능을 강화하는 조치의 일환으로 현행 1982년 헌법1982年 憲法에서 도입되었다.

사회주의 중국의 첫 헌법전인 1954년 헌법1954年 憲法에서는 입법권을 국가의 최고 권력기관인 전국인민대표대회에만 귀속시켰다. 그러나 천 명이 넘는 대표가 매년 한 차례 모여서 임시로 개최하는 전국인민대표대회에 모든 법률의 제정 업무를 맡기는 것은 애초부터 비현실적이었다.

1982년 헌법 개정 당시 전체 인민의 대표기관인 전국인민대표대회의 권위를 확립하고 최고 권력기관으로서의 각종 역할을 수행하도록 하는 제도 설계가 필요하였다. 이를 위한 헌법 초안의 작성 과정에서 전국인민대표대회의 회의 시간을 연장하거나 회의의 빈도를 늘리자는 의견, 대표의 수를 줄이자는 의견, 양원제를 도입하자는 의견 등이 제기되었으나 이러한 건의들은 최종적으로 입법화되지 못하였다. 그 대신 전인대상무위원회의 기능을 강화하여 전국인민대표대회의 상설기구로서의 전인대상무위원회에 보다 강력한 권한을 부여함으로써 전국인민대표대회 제도의 활성화를 보장하자는 안이 확정되었다.

입법권에 한하여 보자면, 전인대상무위원회가 전국인민대표대회와 함께 법률을 제정하고, 전국인민대표대회의 폐회기간에는 전국인민대표대회가 만든 법

[표 1] 중국의 입법통계(1979-2007)

연도	법률 입법 건수[1]	전국인민대표대회가 제정한 법률 건수	전인대상무위원회가 제정한 법률 건수
1979	11(1)[2]	7(1)	4
1980	8(1)	4(1)	4
1981	5	2	3
1982	10(1)	4(1)	6
1983	6	0	6
1984	8	2	6
1985	8	1	7
1986	13	3	10
1987	7	0	7
1988	10(1)	2(1)	8
1989	8	2	6
1990	10	2	8
1991	9	2	7
1992	10	3	7
1993	17(1)	1(1)	16
1994	14	1	13
1995	19	2	17
1996	19	2	17
1997	12	2	10
1998	11	0	11
1999	15(1)	1(1)	14
2000	13	1	12
2001	19	1	18
2002	16	0	16
2003	10	0	10
2004	17(1)	0(1)	17
2005	12	1	11
2006	13	0	13
2007	20	2	18
합계	350(7)	48(14%)	302(86%)

※ 全国人大常委会法工委立法规划室 编, 中华人民共和国立法统计, 2008年의 관련 자료를 토대
  로 작성
1) 전국인민대표대회가 입법한 법률 개정안의 횟수를 포함시켜 계산한 수치
2) 괄호안의 수치는 전국인민대표대회가 통과시킨 헌법개정안의 횟수

률을 보충 또는 개정하도록 한 것이다. 다만, 전인대상무위원회의 입법기능이 너무 비대화하여 전국인민대표대회의 입법권이 유명무실해지고, 전인대상무위원회가 전국인민대표대회를 능가하는 사실상의 유일한 입법기관으로 변질되는 사태를 방지하기 위하여, 전인대상무위원회의 입법권에 대한 제한과 통제의 필요성이 제기되었다.

결국 일부 입법권, 즉 '기본법률'의 제정권은 여전히 전국인민대표대회에만 귀속시키고, 전국인민대표대회가 제정한 법률의 개정권에 대해서는 일정한 제한과 통제장치를 두게 되었다.

이러한 이중의 입법체계 하에서, 실제로 1980년대 이후 중국의 입법 역사를 돌이켜 보면, 전국인민대표대회에 비해 전인대상무위원회가 매우 중요한 역할을 수행하고 있다는 점이 확인된다.

1979년에서 2007년에 이르기까지 전국인민대표대회가 48건의 법률을 제정한 데 비해 전인대상무위원회는 총 302건의 법률을 입법하였다. 이는 해당 기간 총 입법건수의 86%에 해당하는 수치다. 또한 전국인민대표대회가 매년 회의 기간 중 1건의 법률도 제정하지 않는 경우도 종종 있다. 따라서 중국의 최고 권력기관인 전국인민대표대회에 비해 그 상설기관인 전인대상무위원회가 실제로 보다 많은 입법업무를 수행하고 있다는 점을 알 수 있다.

Ⅱ 중국의 법원法源체계

1. 법원法源

현재 중국에서 법원法源이 될 수 있는 것들로는 크게 다음의 몇 가지가 있다. ① 주요 성문규범. 구체적으로는 헌법, 법률, 행정법규行政法規, 지방성법규地方性法規, 부문행정규장部門行政規章 및 지방행정규장地方行政規章, 자치조례自治條例 및 단행조례單行條例 ② 기타 성문규범. 예컨대 국제조약, 홍콩·마카오기본법 등 ③ 최고인민법원의 사법해석.

이중 행정법규와 지방성법규는 국무원과 지방인민대표대회가 각기 제정한 법규이고, 부문행정규장과 지방행정규장은 국무원 산하 부처와 지방인민정부가 각기 제정한 규정이다.

자치조례는 민족자치지역의 인민대표대회가 현지 민족의 정치·경제·문화적 특성에 따라 제정한, 해당 자치지역사무를 전면적으로 조정調整한 종합적인 규범성 문건規範性文件이다. 단행조례는 민족자치지역의 인민대표대회가 자치권의 범위 내에서 법에 근거하여 현지 민족의 정치·경제·문화적 특성에 따라 제정한, 해당 자치지역의 어느 한 분야의 구체적인 사무에 초점을 맞추어 조정한 규범성 문건이다.

민족자치지역의 인민대표대회는 현지 민족의 정치·경제·문화적 특성에 따라 자치조례 및 단행조례를 제정할 권한이 있다. 자치구의 자치조례 및 단행조례는 전국인민대표대회 상무위원회의 승인批准으로 효력이 발생한다. 자치주·자치현의 자치조례 및 단행조례는 성·자치구·직할시 인민대표대회 상무위원회의 승인으로 효력이 발생한다(「입법법」 제75조).

최고인민법원의 사법해석의 효력에 관해, 중국의 관련 법규는 최고인민법원은 지방각급인민법원 및 전문인민법원의 심판사무를 감독하고 심판과정 중 어떻게 구체적으로 법률, 법령을 응용하는지에 관해 해석하며, 최고인민법원이 선포한 사법해석은 법률적 효력이 있다고 명확히 밝히고 있다(「최고인민법원조직법」 및 《최고인민법원 사법해석사무에 관한 규정(最高人民法院關與司法解釋工作的規定)》 제5조).

2. 법원法源의 효력체계

법원法源의 효력등급을 살펴보면, 헌법이 최고의 법률적 효력을 가지고, 모든 법률, 행정법규, 지방성법규, 자치조례 및 단행조례, 규장規章은 모두 헌법에 저촉되어서는 안 된다. 법률의 효력은 행정법규·지방성법규·규장보다 높고, 행정법규의 효력은 지방성법규·규장보다 높다.

지방성법규의 효력은 같은 급 또는 하급 지방정부의 지방행정규장보다 높다. 성·자치구의 인민정부가 제정한 지방행정규장의 효력은 같은 행정구역 내의 비교적 큰 시의 인민정부가 제정한 지방행정규장보다 높다. 부문행정규장 사이, 부문행정규장과 지방정부의 지방행정규장 사이에는 동등한 효력이 있고, 각자의 권한범위 내에서 시행한다.

지방성법규와 부문행정규장 사이에 같은 사항에 관한 규정이 달라 어떻게 적용해야 하는지 확정할 수 없는 경우, 국무원이 의견을 제출한다. 국무원이 지방성법규를 적용하여야 한다고 판단하면, 당해 지역에서는 지방성법규 규정을 적용한다고 결정하여야 한다. 국무원이 부문행정규장이 적용되어야 한다고 판단하면, 전국인민대표대회 상무위원회에 재결裁決을 제청하여야 한다. 부문행정규장 사이, 부문행정규장과 지방정부의 지방행정규장 사이에 같은 사항에 관하여 규정이 다른 경우에는 국무원이 재결한다(「입법법」 제95조).

동일한 기관이 제정한 규범적 효력에 관한 일반원칙은 '신법이 구법에 우선하고, 특별법이 일반법에 우선한다後法優於前法, 特別法優於一般法'는 것이다. 즉, 동일한 기관同一機關이 제정한 법규범 간의 효력 문제에 관해서는, 관련 사안에 대한 특별규정特別規定과 일반규정一般規定이 서로 불일치하는 경우에는 특별규정을 적용하고, 새로운 규정新的規定이 과거의 규정舊的規定과 일치하지 않는 경우에는 새로운 규정을 적용한다(「입법법」 제92조).

또한 동일한 사안에 대해 법률의 새로운 일반규정新的一般規定과 과거의 특별규정舊的特別規定이 일치하지 않아 그 적용 문제가 발생하는 경우에는 전인대상무위원회가 이에 관하여 결정裁定하고, 행정법규 사이에 같은 사항에 관해 새로운 일반규정과 과거의 특별규정이 달라 어떻게 적용해야 하는지 확정할 수 없는 경우 국무원이 재결한다. 동일한 기관이 제정한 지방성법규·규장 중 새로운 일반규정과 과거의 특별규정이 다른 경우, 제정한 기관이 재결한다(「입법법」 제94조, 제95조).

焦洪昌 主编, 宪法学(第四版), 北京: 北京大学出版社, 2010年

全国人大常委会法工委立法规划室 编, 中华人民共和国立法统计, 北京: 中国民主法制
　　　出版社, 2008年

张晋藩, 中国宪法史, 长春: 吉林人民出版社/北京: 人民出版社, 2011年

张千帆 主编, 宪法学(第三版), 北京: 法律出版社, 2008年

강광문, "중국 현행 헌법의 계보에 관한 일고찰", 서울대학교 법학(제55권 제2호),
　　　서울대학교 법학연구소, 2014년

강광문, "중국에서 기본법률의 효력에 관한 고찰", 중국법연구(제20집), 한중법학회,
　　　2013년

제 4 장

중국의 행정법과
행정소송법 제도

제4장

중국의 행정법과 행정소송법 제도

I 중국 행정법의 체계

　행정법은 국가행정활동 중에서 발생하는 사회관계를 조정하는 법률규범의 총체이다. 행정법이 미치는 범위는 매우 광범하나, 행정법의 일반원칙이나 주요내용을 규정하고 있는 통일적인 성문법전은 없다. 행정법 규범은 그 내용에 따라 대체로 크게 세 가지 부분, 즉 행정조직법, 행정행위법 및 행정구제법으로 구분할 수 있다.

　행정조직법은 행정조직의 기능, 법률적 지위, 행정인사관리 등 법률 제도에 관한 것으로, 「공무원법」과 「국무원조직법」이 그 예이다. 행정행위법은 행정조직이 행하는 행정행위의 절차를 주로 규정하고 있는데, 「행정처벌법」과 「행정허가법」이 그 예이다. 행정구제법은 국가의 행정활동으로 인하여 피해를 입은 자에게 구제를 제공하는 법률 제도에 관한 것으로, 전형적인 것으로는 「행정소송법」, 「행정심판復議법」과 「국가배상법」 등이 있다.

　1978년 이후 중국은 각종 행정 법률과 법규를 제정하여 이미 비교적 완비된 행정법 법원法源체계를 형성하고 있다. 중국 행정법의 법원체계 및 그 주요 내용은 다음과 같다.

[표 2] 중국 행정법의 법원法源체계(전부 망라하지 않음, 대표적인 법률만 열거)

			주요 내용
헌법 및 입법법 憲法 和 立法法	「헌법憲法」		인민주권원리人民主權原理(제2조), 의법치국원리依法治國原理(제5조)
	「입법법立法法」		법률유보원칙法律保留原則(제8조), 법률우선원칙法律優先原則(제88조)
전문적 행정법률 專門的 行政法律	행정 행위법 行政 行爲法	「행정강제법 行政强制法」	비례원칙比例原則(제5조), 법정원칙法定原則(제10조, 제11조) 등
		「행정처벌법 行政處罰法」	의법처벌원칙依法處罰原則(제3조), 일사부재벌원칙一事不再罰原則(제24조), 청문절차聽證程序(제42조) 등
		「행정허가법 行政許可法」	신뢰보호원칙信賴保護原則(제8조), 행정허가의 설정·실시절차 등
	행정 구제법 行政 救濟法	「치안관리처벌법 治安管理處罰法」	치안관리처벌의 종류·치안관리 위반행위·처벌절차 등
		「행정소송법 行政訴訟法」	행정소송의 수리受案범위·관할·원피고 자격 등 행정소송절차에 관련된 기본적인 내용
		「행정심판법 行政復議法」	행정심판의 범위·심판절차 등
		「국가배상법 國家賠償法」	국가배상의 종류·배상범위·배상청구인 및 배상의무기관 등
	행정 조직법 行政 組織法	「국무원조직법 國務院組織法」	국무원조직에 관련된 각종 기본규정
		「공무원법 公務員法」	공산당에 의한 간부 관리원칙黨管幹部原則(제4조) 등
기타 법률·행정법규·지방성법규 ·부문행정규장·지방행정규장 등			생략

Ⅱ 중국 행정법의 기본원칙

소위 행정법의 기본원칙이라는 것은 모든 행정법을 관통하는 공통된 규칙 또는 기본적인 준칙을 가리킨다. 중국 행정법의 기본원칙과 관련하여 학자들은 조금씩 다른 표현을 사용하고 있다. 예를 들면 어떤 학자는 합법적 행정, 합리적 행정, 절차의 정당을 행정법의 3원칙이라고 하고, 또 어떤 학자는 이를 의법依法행정의 원칙, 정당절차의 원칙, 행정효익效益의 원칙이라고 표현한다.

또한 행정법의 기본원칙에는 의법행정의 원칙, 행정공정의 원칙, 행정공개의 원칙, 행정효율의 원칙 등이 포함되어야 한다고 주장하는 학자도 있다. 일반적으로 중국 행정법에 있어서 공통된 원칙은 의법행정의 원칙과 합리적 행정의 원칙이라고 할 수 있다(杨解君, 行政法与行政诉讼法(上), 2009년).

1. 의법행정의 원칙依法行政原則

의법행정이란, 말 그대로 행정활동이 반드시 법률규정의 내용과 절차에 따라야 한다는 것이다. 구체적으로는 법률우위, 법률유보 및 절차정당 등의 내용을 포함한다. 법률우위는 주로 법률의 효력이 각종 행정법규보다 높고, 행정규범 및 행정행위는 법률에 저촉되어서는 안 된다는 것을 가리킨다. 각종 법규범의 효력에 관한 「입법법」의 규정, 「행정강제법」과 「행정처벌법」 등 법규의 원칙적인 규정들은 모두 의법행정의 원칙을 구현하고 있다고 할 수 있다.

법률유보의 원칙은, 행정기관의 행위는 법률의 수권이라는 조건 하에서만 행할 수 있다는 내용으로, 만일 법률의 명확한 수권이 없다면, 행정기관의 행위는 위법하다는 것이다. 이밖에, 일부 사항들, 예를 들어 공민의 인신권·재산권 관련 규범은 반드시 법률 또는 헌법으로 규정하여야 하며, 이에 관한 행정기관의 독단적인 규정이나 입법은 금지된다.

법률유보원칙에 관하여, 중국 「입법법」 제8조에서는 반드시 법률로 규정해야 하는 사항들을 열거하였고, 이러한 사항들에 관해 "전국인민대표대회 및 그 상무위원회는 국무원에 권한을 부여하여 실제 수요에 근거하여 그중의 일부 사항에 관하여 우선적으로 행정법규를 제정하도록 할 수 있으나, 범죄와 형벌에 관한 사항·공민의 정치적 권리의 박탈 및 인신의 자유를 제한하는 강제조치와 처벌·사법 제도 등의 사항은 제외한다"고 규정하였다(「입법법」 제9조).

또한, 「행정처벌법」에 따라, 행정법규는 인신의 자유를 제한하는 것 이외의 행정처벌만을 제정設定할 수 있다. 단, "법률이 위법행위에 관해 이미 행정처벌 규정을 두었으나 행정법규로 구체적인 규정을 만들 필요가 있는 경우, 반드시 법률에서 규정하고 있는 행정처벌의 행위·종류 및 정도의 범위 내에서 규정하여야 한다(「행정처벌법」 제10조)."

2. 합리적 행정의 원칙 혹은 행정효율의 원칙

합리적 행정의 원칙은 행정기관의 행정활동이 이치常理에 부합할 것과, 행정기관이 목표를 실현하기 위하여 정당한 계획考慮에 기반을 둔 행정조치를 채택하여야 하고, 재량권을 남용해서는 안 되며, 가능한 한 적은 시간과 인원·경제적 자본을 들여 최대의 효익效益을 얻을 것을 요구하고 있다.

합리적 행정의 원칙은 특히 행정목적과 행정수단의 비례원칙을 강조하였는데, 행정기관은 법규가 부여한 각자의 재량권의 범위에서 적정성適當, 필요성必要, 효율성高效 등의 원칙을 준수하여야 한다. 중국 「행정강제법」은 "행정강제의 설정과 실시는 적정해야 한다應當適當. 비강제적 수단을 채택하여 행정관리의 목적을 달성할 수 있다면, 행정강제를 설정·실시해서는 안 된다(「행정강제법」 제5조)"고 하여, 행정기관이 강제조치를 수립하고 실시할 때 합리적 행정의 원칙을 견지할 것을 요구하고 있다.

이밖에 「행정처벌법」과 「치안관리처벌법」이 규정하고 있는 각종 위법행위에 상응하는 처벌 간의 정도의 차이는, 비례원칙 혹은 합리적 행정의 원칙을 구현하고 있다고 할 수 있다.

Ⅲ 중국 행정법에서의 행정주체와 행정행위

중국 행정법학에는 두 가지의 핵심개념이 있는데, 바로 행정주체와 행정행위이다.

1. 행정주체의 정의

행정주체란 행정권을 독립적으로 행사하고, 자신의 명의로 행정관리활동을
실시할 수 있으며, 그에 상응하는 법률적 책임을 지는 조직을 가리킨다. 중국에
서 행정주체로는 크게 '행정기관'과 기타 행정주체인 '법률수권조직法律授權組織',
이 두 가지가 있다.

1) 그중에서, 행정기관이란 국가가 법에 따라 설립하고 행정권을 행사하는,
독립적인 법률적 지위를 가진 국가기관을 가리킨다. 일반적으로 중국의 각급인
민정부 및 그 기능부서職能部門는 행정기관에 속한다.

중앙행정기관으로는 구체적으로 ① 국무원, ② 국무원 각 부와 위원회(교육부,
공안부 등), ③ 국무원 각 부와 위원회가 관리하는 국가국(국가해양국, 연초전매국(煙草專賣局)
등), ④ 국무원 각 직속기구(해관총서(海關總署, 海關: 세관), 세무총국 등), ⑤ 국무원 직속특설
기구인 국유자산감독관리위원회國有資産監督管理委員會가 있다. 국무원을 구성하는
부서 중에서, 국무원의 직속사업단위 및 국무원의 사무辦事기구(국무원 법제판공실,
국무원 항오대(港澳台: 홍콩·마카오·대만)판공실 등)는 일반적으로 독립된 행정기관으로 여
겨지지 않는다.

지방각급행정기관으로는 ① 지방각급인민정부(성급(省級), 시급(市級), 현급(縣級) 및
향진급(鄕鎭級)), ② 지방각급인민정부의 각 부서 및 직속기구, ③ 지방각급인민정부
의 출장소派出機關(성급정부가 설립한 행정관서(公署) 등)가 있다.

2) 법률의 수권을 받은 행정주체라 함은, 본래는 행정기관으로서의 지위를
가지지 않는데, 법률법규의 수권에 따라 특정한 행정관리기능을 수행하는 조직
을 가리킨다. 중국에서 이러한 법률의 수권을 받은 행정주체로는 주로 다음의
몇 가지가 있다.

① 수권을 받아 행정기능을 행사하는 사업단위로는 국무원 직속사업단위
(증권감독관리위원회, 은행감독관리위원회 등) 및 대학·대학교高等院校 등이 있고, ② 수권을
받아 행정기능을 행사하는 특수기업체로는 국유은행, 전신회사電信公司 등이, ③

수권을 받아 행정기능을 행사하는 사회단체로는 체육협회, 노동조합公會, 여성연
합회婦聯 등이, ④ 기층 대중적 조직으로는 촌민위원회村委會, 주민위원회居委會
등이 있다.

행정기관 및 법률의 수권을 받은 행정조직 외에, 중국 행정법에는 '수탁조직
受委託組織'이라고 불리는 조직도 있다. 여기에서 말하는 수탁조직이란, 행정기관
의 법에 따른 위탁을 받아 행정기관의 명의로 행정 직권을 행사하고, 법률적
책임은 위탁한 기관이 부담하게 하는 조직을 가리킨다. 행정주체로서 '법률수권
조직'과 '수탁조직'의 가장 큰 차이는, 전자는 독립된 행정주체로서 직권을 행사
하고 법률적 책임을 자신이 부담하는 데 비하여, 후자는 행정주체로서의 지위
를 갖지 않으며, 그 법률적 책임 역시 위탁한 원原 행정기관이 부담한다는 데
있다.

2. 중국 행정법에서의 행정행위

행정행위란 행정주체가 행한, 행정법상 권리의무관계에 영향을 미치는 행위
를 가리킨다. 행정행위는 분류기준에 따라 행정 법률행위와 행정 사실행위, 외
부 행정행위와 내부 행정행위 등으로 분류할 수 있다. 그중에서, 협의狹義의 행
정행위란 일반적으로 행정법적 의의를 가진, 외부를 향한 행위를 가리킨다. 이
러한 행정행위는 다시 추상적 행정행위와 구체적 행정행위로 구분할 수 있다.

중국 행정법에서 추상적 행정행위란 행정주체가 불특정한 행정상대방行政
相對人을 겨냥하여 행하는, 보편적 구속력을 가진 행정행위이다. 현행 「행정소송
법」에서는 행정법규·규장 혹은 행정기관이 제정·공고한 보편적 구속력을 갖
는 결정·명령과 관련된 분쟁은 행정소송의 수리受案범위에 속하지 않는다고 규
정하고 있다.

그중 '보편적 구속력을 갖는 결정·명령'의 의미에 관해, 최고인민법원은 "행
정기관이 불특정대상을 겨냥하여 공포한, 반복적용이 가능한 규범성 문건規範性
文件"이라고 해석하였다(《최고인민법원 〈중화인민공화국행정소송법〉 집행에서의 약간의 문제에 관한
해석(最高人民法院關與執行 〈中華人民共和國行政訴訟法〉 若干問題的解釋)》 제3조).

따라서 중국에서는 일반적으로 '공간적으로 불특정다수' 및 '시간적으로 반복적용의 가능성'을 추상적 행정행위와 구체적 행정행위를 구분하는 기준으로 이해하고 있다. 또한 구체적 행정행위에 속하는지의 여부가 행정소송의 수리범위를 결정하는 주요한 근거가 된다.

구체적 행정행위는 다시 침익적 행정행위負擔行政行爲(예를 들어 행정처벌)와 수익적 행정행위授益行政行爲(예를 들어 행정허가), 기속적 행정행위羈束行政行爲와 재량적 행정행위裁量行政行爲(예를 들어 과세액의 확정), 주동적 행정행위主動行政行爲와 신청에 따른 행정행위依申請行政行爲 등으로 구분할 수 있다.

제2절   중국의 행정소송법

I 중국 행정소송의 수리범위

행정소송의 수리범위, 즉, 인민법원이 행정소송안건을 수리하는 범위란, 위법한 행정행위에 대해 공민公民 등의 행정상대방이 소송절차의 개시를 통해 자신의 합법적인 권익을 보호할 수 있는 사안의 범위를 말한다. 행정소송의 수리범위에 관하여, 중국 「행정소송법」은 개괄적 규정, 열거규정 및 배제규정을 결합한 입법모델을 채택하였다.

1) 우선 개괄적 규정으로, 중국 「행정소송법」에서는 공민, 법인 혹은 기타 조직은 행정기관과 행정기관 공무원의 행정행위가 자신의 합법적인 권익을 침해하였다고 여기면, 인민법원에 소를 제기할 권리가 있다고 규정하고 있다. 여기서 말하는 행정행위에는 법률·법규·규장의 수권을 받은 조직이 행한 행정행위가 포함된다(「행정소송법」 제2조).

2) 법원이 반드시 수리하여야 하는 안건에 관해, 「행정소송법」은 12개의 인

신권, 재산권과 관련된 행정행위를 구체적으로 열거하였다.

① 구류, 과징금·과태료罰款, 허가증과 면허의 정지·취소吊銷, 생산정지·영
업정지의 명령責令, 재산몰수 등 행정처벌에 대한 불복

② 인신의 자유 제한 혹은 재산의 압류査封·차압扣押·동결 등 행정 강제조
치에 대한 불복

③ 법정조건에 부합한다고 생각하여 행정기관에 허가증과 면허의 교부를
신청하였는데, 행정기관이 발급을 거절하거나 회신하지 않는 경우

④ 행정기관이 행한 지하자원·수류水流·삼림·산맥山嶺·초원·황무지·간석
지·해역海域 등 자연자원의 소유권 혹은 사용권의 확인에 관한 결정에
대한 불복

⑤ 징수徵收, 징용徵用결정 및 그 보상결정에 대한 불복

⑥ 행정기관에 인신권, 재산권을 보호하는 법정 직책의 이행을 신청하였는데,
행정기관이 이행을 거절하거나 회신하지 않는 경우

⑦ 행정기관이 법률에서 규정한 경영자율권經營自主權이나 농촌토지도급경영권
農村土地承包經營權, 농촌토지경영권農村土地經營權을 침해하였다고 판단한 경우

⑧ 행정기관이 행정 권력을 남용하여 경쟁을 배제하거나 제한하였다고 판단
한 경우

⑨ 행정기관이 위법하게 자금을 모아 부당하게 할당하거나攤派費用, 위법하
게 기타 의무의 이행을 요구하였다고 판단한 경우

⑩ 행정기관이 법에 따라 보상금을 지급하지 않았다고 판단한 경우

⑪ 행정기관이 정부의 특허운영협의, 토지·가옥의 수용보상 등의 협의를 법
에 따라 이행하지 않고, 약정에 따라 이행하지 않았거나 위법하게 변경·
해제하였다고 판단한 경우

⑫ 행정기관이 기타 인신권, 재산권 등의 합법적인 권익을 침해하였다고
판단한 경우

상술한 12개 항의 내용에 속하지 않더라도, 법원은 "법률, 법규에서 행정소
송을 제기할 수 있다고 규정하고 있는 기타 행정사건"은 반드시 수리하여야 한
다(「행정소송법」 제12조). 따라서 「행정소송법」에 열거된 12개 항의 내용은 단지 소

를 제기할 수 있는 전형적인 행정행위를 예시例示한 것에 지나지 않고, 결코 12개 항 이외의 행정행위에 대한 행정소송의 제기를 배제하거나 금지하는 것이 아니다.

3) 물론, 모든 행정기관이나 수권조직이 행한 행정행위가 전부 소제기범위에 속하는 것은 아니다. 「행정소송법」의 배제규정에 따르면, ① 국방 및 외교 등 국가행위, ② 소위 추상적 행정행위, ③ 내부 행정행위 및 ④ 법률의 규정에 따라 행정기관이 최종재결을 하는 행정행위는 행정소송의 수리범위에 속하지 않는다.

이밖에, 최고인민법원의 사법해석에 따르면, 강제력이 없는 행정지도행위, 공민·법인 또는 기타 조직의 권리의무에 실질적인 영향을 끼치지 않는 행위, 공안·국가안보國家安全 등을 다루는 기관이 「형사소송법」의 명확한 수권에 따라 실시한 행위 등도 행정소송의 수리범위에 속하지 않는다《최고인민법원 〈중화인민공화국행정소송법〉 집행에서의 약간의 문제에 관한 해석(最高人民法院關與執行〈中華人民共和國行政訴訟法〉若干問題的解釋)》 제1조).

II 중국 행정소송의 구조

1. 중국 행정소송의 당사자

중국 행정소송 규정에 따르면, 행정행위의 대상이 되는 공민이나 법인뿐 아니라, 행정행위와 이해관계가 있는 공민, 법인 또는 기타 조직은 모두 행정소송을 제기할 수 있고 행정소송의 원고가 될 수 있다. 원고자격을 가진 자연인이 사망한 경우, 가까운 친척近親屬이 소를 제기할 수 있고, 법인이나 조직이 폐업終止한 경우, 그 권리를 승계한 법인이나 조직이 소를 제기할 수 있다.

행정소송의 피고는 원칙적으로 행정행위를 행한 행정기관이 된다. 법률·법규의 수권을 받은 조직이 한 행정행위의 경우 그 조직이 피고가 되고, 행정기관이 위탁한 조직이 행한 행정행위의 경우 위탁한 행정기관이 피고가 된다. 이밖에, 다음과 같이 매우 특수한 상황에서는 행정소송의 피고가 각기 달라진다.

① 행정심판을 거친 사건에서, 심판기관이 원原 행정행위를 유지하기로 결정한 경우, 원 행정행위를 한 행정기관과 심판기관이 공동피고가 되고, 심판기관이 원 행정행위를 변경한 경우, 심판기관이 피고가 된다.

② 심판기관이 법정기한 내 심판결정을 내리지 않아, 공민·법인이나 기타 조직이 원 행정행위를 제소한 경우, 원 행정행위를 한 행정기관이 피고가 되고, 심판기관의 부작위를 제소한 경우, 심판기관이 피고가 된다.

③ 두 개 이상의 행정기관이 동일한 행정행위를 행한 경우, 공동으로 행정행위를 행한 행정기관이 공동피고가 된다.

④ 행정기관이 폐지되거나 직권이 변경된 경우, 그 직권을 계속해서 행사하는 행정기관이 피고가 된다(「행정소송법」 제26조).

2. 행정소송의 관할

중국 소송법에 규정된 관할은 대체로 법정관할法定管轄과 재정관할裁定管轄로 구분된다. 법정관할에는 심급관할級別管轄과 지역관할이 있으며, 지역관할은 다시 일반지역관할, 특수지역관할 및 선택지역관할로 구분할 수 있다. 재정관할에는 지정관할指定管轄, 이송관할, 관할권이전轉移이 있다.

1) 법정관할

심급관할에 관한 중국 「행정소송법」의 일반원칙에 따르면, 행정사건은 최초로 행정행위를 행한 행정기관 소재지의 기층인민법원이 관할하고, 행정심판을 거친 사건인 경우에는 행정심판기관 소재지의 기층인민법원도 이를 관할할 수 있다.

심급관할 중 중급인민법원은 다음을 관할한다.

① 국무원 소속부서國務院部門 또는 현급 이상 지방인민정부가 행한 행정행위로 인하여 제기된 소송

② 세관海關이 처리한 사건

③ 해당 관할구역 내의 중대하고 복잡한 행정사건.

고급인민법원은 해당 관할구역 내의 중대하고 복잡한 행정사건을 관할하고,

최고인민법원은 전국적으로 중대하고 복잡한 행정사건을 관할한다.

지역관할에 관해서는, 행정사건은 원칙적으로 구체적 행정행위를 최초로 행한 행정기관 소재지의 인민법원이 관할하고(일반지역관할), 부동산에 관련된 행정소송은 부동산 소재지의 인민법원이 관할하며(특수지역관할), 인신의 자유를 제한하는 행정 강제조치에 불복하여 제기된 소송은 피고나 원고 소재지의 인민법원이 관할한다(선택지역관할).

2) 재정관할

이밖에 사건을 수리한 인민법원이 해당사건이 해당법원의 관할에 속하지 않는다고 판단하는 경우에는 사건을 관할권이 있는 인민법원으로 이송하여야 하고(이송관할), 이송을 받은 인민법원이 해당사건이 해당법원의 관할에 속하지 않는다고 판단하거나, 관할권이 있는 인민법원이 특수한 이유로 관할권을 행사할 수 없는 경우에는 상급인민법원이 관할을 지정한다(지정관할).

상급인민법원은 하급인민법원의 제1심 사건을 심리할 권한이 있고, 상급인민법원은 자신이 관할하는 행정사건을 하급인민법원의 관할로 인계移交할 것을 결정할 수 있다(관할권이전).

3. 행정소송상 증거규칙

민사소송에 비하면, 「행정소송법」에 규정된 증거규칙에는 특수성이 있다. 민사소송절차에서는 원고, 즉 소를 제기한 당사자에게 입증책임이 있고, 중국 「민사소송법」에서는 이를 일반적으로 '주장하는 자가 입증하여야 한다誰主張, 誰擧證'는 원칙이라 한다.

그러나 「행정소송법」에서는 원고가 아닌 피고, 즉 행정의 주체가 자신이 행한 구체적인 행정행위에 관해 입증책임을 부담하고, 해당 행정행위를 행하였다는 증거 및 해당 행정행위의 근거가 된 규범성 문건規範性文件을 제출하여야 한다. 즉, 소위 '입증책임의 도치擧證責任倒置'의 논리가 적용된다.

이는 행정소송에서 쌍방의 지위가 불평등하기 때문인데, 피고, 즉 행정주체는 강력한 지위에 처해 있으며 대량의 정보를 장악하고 있으나, 원고, 즉 행정상대방은 약한 지위에 처해 있고 현실적으로 행정행위의 위법성을 밝히기 위하여 자체적으로 증거를 수집하기가 매우 어렵기 때문이다.

이밖에, 「행정소송법」에서는 또한 피고 측의 증거수집에 제한을 두어, 피고 및 피고의 소송당사자는 스스로 원고나 제3자 및 증인에 대한 증거 수집을 할 수 없도록 규정하였다.

원고는 다음의 증거를 스스로 수집할 수 없는 경우, 인민법원에 증거 수집을 신청할 수 있다.

① 국가기관이 보존하고 인민법원이 수집해야 하는 증거

② 국가기밀·영업비밀 및 프라이버시에 관련된 증거

③ 객관적인 이유로 스스로 수집할 수 없는 기타 증거(「행정소송법」 제41조).

물론 원고도 소송절차를 시작하기 위해서 어느 정도는 입증책임을 부담할 필요가 있다. 최고인민법원의 사법해석에 따르면, 원고는

① 제소起訴가 법정조건에 부합함을 증명하여야 한다.

② 피고의 부작위를 제소한 사건에서, 그에 관한 신청을 제출한 사실을 증명하여야 한다.

③ 행정배상소송을 함께 제기한 경우, 제소된 행위의 침해로 인하여 손해를 입었다는 사실을 증명하여야 한다(《최고인민법원 〈중화인민공화국행정소송법〉 집행에서의 약간의 문제에 관한 해석(最高人民法院關與執行〈中華人民共和國行政訴訟法〉若干問題的解釋)》 제27조).

이렇듯 일반적으로 행정소송에서 행정상대방은 단지 그 소송이 소송 절차적 요건을 충족했다는 것만 증명하면 되고, 행정행위로 초래된 피해사실만 증명하면 된다. 행정행위의 합법성 등 기타의 입증책임은 피고 측이 부담하여야 하며, 혹은 당사자의 신청에 따라 인민법원이 주동적으로 증거를 수집收集和調取한다.

Ⅲ 중국 행정소송의 절차

민사소송과 마찬가지로, 행정소송의 절차도 제소, 수리, 심리(1심·2심·재심), 집행 등의 단계로 구분된다.

1. 제소 및 수리

공민 또는 법인 등 직접 인민법원에 제소하는 자는, 행정행위가 행해진 것을 알았거나 알았어야 하는 날로부터 6개월 내에 소를 제기하여야 하며, 행정심판결정에 불복하여 제소하는 자는, 행정심판결정문을 받은 날로부터 15일 내에 인민법원에 소를 제기할 수 있다.

행정심판기관이 기한을 넘겨 결정을 내리지 않는 경우, 신청인은 행정심판기간 만료일로부터 15일 내에 인민법원에 소를 제기할 수 있다. 소제기는 절차적 요구에 부합하여야 하며, 원고적격이 있어야 하고, 명확한 피고가 있어야 하며, 구체적인 소송청구 및 사실적 근거가 있어야 하고, 인민법원의 수리범위에 속해야 하며 수리하는 인민법원에 관할권이 있어야 한다.

중국 행정소송의 실무에서는 당사자의 소가 실제로 입안立案되지 않는 문제, 즉, 이른바 '입안난立案難(입안이 어려움)'이 오랫동안 심각한 문제가 되어 왔다. 「행정소송법」의 각종 규정이 있음에도 불구하고, 인민법원이 당사자의 제소에 대해 흔히 '입안하지 않고, 어떠한 설명도 하지 않으며, 자료도 받지 않는' 태도를 취하면서 시간을 지연시킴으로써 최종적으로 사건을 흐지부지되게 만들어, 당사자도 어쩔 수 없이 행정소송을 포기하게 하는 것이다.

이러한 문제를 해결하기 위해, 2015년의 중국 「행정소송법」은 1999년부터 있었던 '입안심사제立案審査制(입안여부를 사전에 심사하는 제도)'를 '입안등기제立案登記制(입안 시 등기하는 제도)'로 변경하여 행정소송당사자의 소송권리를 보장하도록 하였다. 이번 개정에 도입된 입안등기제는 구체적으로 다음의 몇 가지 내용을 포함하고 있다.

① 인민법원은 소장을 받으면 「행정소송법」이 규정하고 있는 소제기요건起訴條件에 부합하는 경우, 반드시 등기입안登記立案을 하여야 한다.

② 「행정소송법」이 규정하고 있는 소제기요건에 부합하는지 여부를 현장에서 판단할 수 없는 경우, 소장을 수령하였다는 증빙서류를 발급하고, 7일 내에 입안여부를 결정하여야 한다. 소제기요건에 부합하지 않는다고 판단되는 경우 불입안不立案의 결정裁定을 내려야 하고, 불입안 결정에 불복

하는 당사자는 상소할 수 있다.

③ 인민법원이 소장을 접수하지 않거나 접수하고도 증빙서류를 발부하지 않은 경우, 당사자는 상급인민법원에 탄원서를 제출할 수 있고投訴, 상급 인민법원은 이에 대하여 개정명령을 내리고責令改正 관련 책임자를 법에 따라 처분處分하여야 한다.

④ 인민법원이 소를 입안하지 않으면서 불입안 결정도 내리지 않은 경우, 당사자는 직상급上一級인민법원에 제소할 수 있다. 직상급인민법원은 입안요건에 부합한다고 판단되는 경우 입안하여 심리하여야 하고, 기타 하급 인민법원을 지정하여 입안, 심리하게 할 수도 있다(「행정소송법」 제51조, 제52조).

2. 심리 및 판결

행정소송의 심리는 반드시 공개심판원칙과 회피규칙에 따라야 한다. 인민법원은 반드시 입안일로부터 6개월 내에 1심판결을 내려야 하며, 연장이 필요한 특수한 상황이 있는 경우 고급인민법원이 비준하고, 고급인민법원이 제1심 사건을 심리하는데 연장이 필요한 경우 최고인민법원이 비준한다.

인민법원은 '사실이 명백하고, 권리의무관계가 명확하며, 이견爭議이 크지 않다'고 인정되는 사건을 심리하는 경우, 간이절차를 적용할 수 있다. 간이절차를 적용하여 심리하는 행정사건은 판사 1인이 단독심리하고, 반드시 입안일로부터 45일 내에 심결審決하여야 한다.

당사자가 인민법원의 제1심 판결에 불복하는 경우, 판결문 송달일로부터 15일 내에 직상급인민법원에 상소를 제기할 권한이 있다. 당사자가 인민법원의 제1심 결정裁定에 불복하는 경우, 결정문 송달일로부터 10일 내에 직상급인민법원에 상소를 제기할 권한이 있다.

인민법원이 상소사건을 심리하는 경우, 반드시 상소장을 받은 날로부터 3개월 내에 종심終審판결을 내려야 한다. 연장이 필요한 특수한 상황이 있는 경우 고급인민법원이 비준하고, 고급인민법원이 상소사건을 심리하는데 연장이 필요한 경우 최고인민법원이 비준한다.

민사 및 형사소송과 마찬가지로, 중국의 행정소송에서는 2심제를 채택하였고, 2심을 거친 종심사건에 관해서는 소위 심판감독절차를 규정하였다. 즉, 당사자는 이미 법률적 효력이 발생한 판결·결정裁定에 관하여 확실히 잘못이 있다고 생각하는 경우, 직상급인민법원에 재심을 신청할 수 있다. 인민법원은 스스로 재심을 결정할 수 있고, 인민검찰원도 인민법원에 항소하여, 재심절차를 시작할 수 있다.

중국 「행정소송법」은 재심사유를 다음과 같이 규정하고 있다.

① 불입안이나 각하에 확실히 잘못이 있는 경우
② 원판결·결정을 뒤집을만한 새로운 증거가 발견된 경우
③ 원판결·결정의 사실인정에 주요증거가 부족하고, 대질質證을 거치지 않았거나 위조된 경우
④ 원판결·결정의 법률·법규 적용에 확실히 잘못이 있는 경우
⑤ 법률의 규정을 위반한 소송절차가 공정한 심판에 영향을 미칠 수 있었던 경우
⑥ 원판결·결정에서 소송청구를 누락한 경우
⑦ 원판결·결정의 근거가 된 법률문서가 폐지되거나 변경된 경우
⑧ 판사들이 해당안건 심리 시 부패·수뢰하고貪汚受賄, 사리사욕으로 부정행위를 하고徇私舞弊, 법을 왜곡하여枉法 재판행위를 한 경우(「행정소송법」 제91조).

3. 집행

중국에서는 민사사건에서와 마찬가지로 행정사건에서도 소위 '집행난執行難'의 문제가 심각하다. 집행난이라 함은, 최종 효력이 발생한 판결과 결정裁定이 제대로 집행되지 못하여 인민법원의 판결이 결국 유명무실하게 되는 것을 말하는데, 이는 오랫동안 중국 사법 제도의 문제점 중 하나로 인식되어 왔다. 행정소송의 경우 피고가 행정기관 등 국가권력을 가진 주체이기 때문에, '집행난'의 문제는 행정소송 사건에서 더욱 두드러진다.

2015년 「행정소송법」에서는 집행 제도를 대폭 개혁하여, 인민법원의 판결을 집행하지 않는 국가기관에 대해 취할 수 있는 강제조치를 보다 명확히 규

정하였다.

① 반드시 반환하여야 하는 과징금·과태료罰款 혹은 반드시 지급하여야 하는 금액에 관해서는, 은행에 통지하여 해당 행정기관의 계좌로부터 이체劃扱한다.

② 규정된 기한 내에 이행하지 않을 경우, 해당 행정기관의 책임자를 만기일로부터 하루 50위안에서 100위안의 과징금·과태료罰款에 처한다.

③ 행정기관의 이행거절상황을 대외적으로 공고公告한다.

④ 감찰기관 혹은 해당 행정기관의 직상급행정기관에 사법건의를 제출한다. 사법건의를 받은 기관은 관련 규정에 따라 처리하고, 처리상황을 인민법원에 고지하여야 한다.

⑤ 판결·결정·조정調解문의 이행을 거절하고 그 사회적 영향이 엄중惡劣한 경우에는 해당 행정기관에 대해 직접 책임을 지는 주무자直接負責的主管人員 또는 기타 관련 직접책임자直接責任人員를 구류할 수 있고, 정상이 엄중하고 범죄를 구성하는 경우에는 법에 따라 형사책임을 추궁할 수 있다(「행정소송법」 제96조).

이러한 집행조치의 강화가 사법실무에서 적극적인 역할을 발휘할 수 있을지 여부, 혹은 행정소송에서 '집행난'의 문제를 어디까지 해결할 수 있을지에 관해서는 향후 지속적인 관찰이 필요하다.

Ⅳ 중국 행정소송 제도의 문제점과 개혁

중국의 첫 번째 「행정소송법」은 1989년에 제정되고, 1990년부터 시행되었다. 「행정소송법」의 제정으로 중국 인민들은 국가기관의 위법행위에 대하여 사법절차를 통해 구제받을 수 있게 되었고, 소위 '민고관民告官(인민이 관청을 고소)'이 가능한 시대가 열렸다.

그러나 「행정소송법」이 실시된 지 20년이 지났음에도 불구하고 「행정소송법」은 중국에서 제대로 지켜지지 못하였고, 행정소송 제도는 많은 문제점을 노출하게 되었다. '민고관' 소송은 중국에서 입안되기 어렵고, 심리되기 어렵고,

집행되기 어렵다는 이른바 '3난문제三難問題(세 가지 난제)'로 어려움을 겪고 있다고
한다.

학자들의 통계에 따르면, 지금까지 중국에서 행정소송은 입안되기 어려울
뿐 아니라, 인민법원이 입안한 행정소송사건이라 하더라도 원고승소율이 10%
가 되지 않는다. 게다가 원고가 승소하였다 하더라도, 승소판결이 제대로 기간
내에 집행되지 못하는 경우가 많다.

이러한 문제의 원인으로는 전통적인 '관본위官本位(관을 중요시함)' 사상의 영향
외에도, 현행 중국의 정치체제 및 사법적 환경에서 지방각급정부가 각종 유·무
형의 방식을 통하여 행정심판에 개입하고 있는 점을 들 수 있다.

심판기관인 법원이 현지의 동급 행정기관으로부터 인력·재력·물자人·財·物
등 모든 자원에 있어서 제약을 받는 등, 각지의 정부와 법원이 여러 가지 형식
으로 서로 연계되어 있다. 이러한 상황 하에서, 인민법원이 행정소송사건(정부기
관이 피고)에 대하여 적극적·객관적·중립적인 태도를 취하는 것은 불가능에 가
깝다.

상술한 문제를 해결하기 위하여, 2015년 「행정소송법」에서 중요한 개정이
이루어졌다. 개정된 내용은 크게 다음의 다섯 가지이다.

① 행정소송 수리범위의 확대

② '입안심사제立案審査制'를 '입안등기제立案登記制'로 변경

③ 간이절차의 설립, 조정調解절차의 증설

④ 1심판결형식의 완비, 판결형식의 구체화와 분류화分類化

⑤ 집행 제도의 개혁, 처벌의 강화 등.

따라서 이번 「행정소송법」 개정의 중점은 입안 제도와 집행 제도의 개혁에
있다. 이를 통하여 인민들의 정부기관 제소가 더욱 쉽고 간편해지도록 하고, 심
리를 거쳐 법률적 효력이 발생한 판결과 결정裁定이 효과적으로 실현되도록 한
것이다.

제3절   중국의 행정심판법, 행정처벌법 및 국가배상법

I 중국의 행정심판법

중국에서 행정심판이란, 당사자가 행정기관의 행정행위가 자신의 합법적인 권익을 침해하였다고 판단한 경우, 법률이 규정하고 있는 행정기관에 신청을 제출하고, 수리한 행정기관이 원原 행정행위를 다시 심사하고 결정을 내리도록 하는 제도다. 중국은 1999년 처음으로 「행정심판법行政復議法」을 제정하였고, 2009년에 한 차례 대폭 개정하였다.

1. 행정심판의 관할(행정심판기관의 확정)

행정심판 제도에서는 행정심판기관의 확정, 즉, 어느 기관을 향해 행정심판을 신청해야 하는지가 가장 중요한 문제이다. 현행 「행정심판법」에 따르면, 중국에서는 피신청 행정기관의 상급행정기관 또는 피신청 행정기관의 직접적인 주관기관이 행정심판기관이 되는 것이 기본원칙이다. 즉,

① 지방정부 각 부처의 행정행위에 대해 불복하는 경우, 해당 부처의 소속 인민정부나 직상급 주관부처에 행정심판을 신청할 수 있다. 예컨대 산둥성 칭다오시 공안국의 행정행위에 대해서는 산둥성 칭다오시 인민정부 또는 산둥성 공안청에 행정심판을 신청할 수 있다.

예외적으로, 세관海關, 금융, 국세, 외환外匯관리 등 수직적인 지도垂直領導를 시행하는 행정기관 및 국가안보기관의 구체적 행정행위에 불복하는 경우에는, 직상급 주관부처에 행정심판을 신청한다.

② 지방인민정부의 행정행위에 불복하는 경우, 직상급인민정부에 행정심판을 신청한다(「행정심판법」 제12조, 제13조).

이밖에, 몇 가지 특수한 상황에서의 행정심판기관은 다음과 같다.

① 국무원의 각 부서나 성급省級인민정부의 구체적 행정행위에 불복하는 경우, 해당 구체적 행정행위를 행한 국무원의 부서나 성급인민정부에 행정

심판을 신청한다(즉, 행정행위자와 그에 대한 행정심판자가 동일한 기관임. 이러한 행정심판 결정에 불복할 경우, 당사자는 인민법원에 행정소송을 제기하거나 국무원에 재결(裁決)을 신청할 수도 있는데, 국무원은 「행정심판법」의 규정에 따라 최종결정을 내림).

② 수권을 받은 조직이 행한 행정행위에 불복하는 경우, 해당조직을 주관하는 지방인민정부·인민정부의 각 부서·국무원의 각 부서에 행정심판을 신청한다.

③ 현급 이상 지방인민정부가 법에 따라 설립한 출장소派出機關의 구체적 행정행위에 불복하는 경우, 해당 출장소를 설립한 인민정부에 행정심판을 신청한다.

④ 정부의 각 부서가 법에 따라 설립한 출장소가 법률·법규나 규장의 규정에 따라 자신의 명의로 행한 구체적 행정행위에 불복하는 경우, 해당 출장소를 설립한 부서나 해당부서의 해당급 지방인민정부에 행정심판을 신청한다.

⑤ 공동행정행위에 불복하는 경우, 공동의 직상급인민정부나 주관부처에 행정심판을 신청한다.

⑥ 폐지된 행정기관이 폐지 전에 행한 구체적 행정행위에 불복하는 경우, 계속해서 그 직권을 행사하는 행정기관의 직상급 행정기관에 행정심판을 신청한다(「행정심판법」 제14조, 제15조).

2. 행정심판과 행정소송의 관계

공민이나 법인이 행정행위의 위법으로 인하여 자신의 합법적인 권익을 침해받은 경우, 행정소송을 통하여 구제를 받을 것인지 행정심판 제도를 통하여 구제를 받을 것인지 선택할 수 있다. 행정구제절차상 행정소송과 행정심판의 관계는 다음의 네 가지로 구분할 수 있다.

1) 행정심판과 행정소송 중 자유선택, 최종심은 행정소송

이는 행정구제절차에서 가장 일반적인 유형이다. 즉, 행정상대방은 행정심판과 행정소송 중에서 자유롭게 선택할 수 있으므로, 선先 심판·후後 소송도 가능하고 직접소송도 가능하며, 행정심판이 결코 행정소송의 필요조건은 아니다. 물론, 당사자가 이미 행정소송을 제기하여 인민법원이 수리한 이후에는, 동일한 사항에 관하여 다시 행정심판을 신청할 수 없다.

2) 행정심판과 행정소송 중 자유선택, 최종심은 행정심판

예를 들어, 「출입국관리법」은 출입국관리 공안기관이 행한 구류결정에 불복하는 경우 당사자가 행정소송을 제기할 수도 있고, 직상급기관에 행정심판을 신청할 수도 있다고 규정하고 있다. 만일 당사자가 행정심판을 선택한다면, 행정심판결정에는 최종적 효력이 있어, 당사자는 다시 행정소송을 제기할 수 없다.

3) 행정심판이 전치前置(전심(前審))이기는 하나, 최종심은 아님

행정심판전치란, 행정상대방이 법률·법규가 규정하고 있는 특정하고 구체적인 행정행위에 불복하여 법률적 구제방법을 찾을 경우, 반드시 먼저 행정심판기관에 행정심판을 신청할 것을 선택하여야 하고, 직접 인민법원에 행정소송을 제기할 수 없다는 것이다. 행정심판을 거친 행정상대방이 행정심판결정에 여전히 다른 의견을 갖는 경우라야, 비로소 인민법원에 행정소송을 제기할 수 있다.

예를 들어, 「행정심판법」에 따르면, 공민·법인 혹은 기타 조직이 행정기관의 구체적 행정행위가 자신이 이미 법에 따라 취득한 토지·지하자원·수류水流·산림·산맥山嶺·초원·황무지·간석지·해역海域 등 자연자원의 소유권이나 사용권을 침해한다고 판단한 경우, 반드시 먼저 행정심판을 신청하여야 한다(「행정심판법」 제30조 제1항).

이밖에, 중국의 「특허법專利法」, 「세수징수관리조례」, 「세관법」 등 행정법규에서 행정심판 전치 제도를 규정하고 있다. 예컨대 특허신청인은 국무원 특허행정부서의 신청기각결정에 불복하는 경우, 통지를 받은 날로부터 3개월 내에 특허재심復審위원회에 재심청구를 할 수 있다. 특허재심위원회가 재심 후 결정을 내리면 특허신청인에게 통지하는데, 특허신청인이 특허재심위원회의 재심결정에 불복하는 경우, 통지를 받은 날로부터 3개월 내에 인민법원에 제소할 수 있다(「특허법」 제41조).

4) 행정심판이 전치이자 최종심(행정소송 배제)

현행 중국의 행정법체제 하에서, 행정심판이 전치이자 최종심인 상황은 한 가지뿐이다. 즉, 자연자원의 소유권이나 사용권에 관련된 성급 정부가 행한 행위에 관한 행정심판은 최종결정이 된다.

국무원이나 성·자치구·직할시 인민정부의 행정구역에 관한 사정勘定·조정調整이나 토지 징수의 결정에 따라, 성·자치구·직할시 인민정부가 토지·지하자원·수류水流·삼림·산맥山岭·초원·황무지·간석지·해역海域 등 자연자원의 소유권이나 사용권을 확인하는 행정심판결정은 최종결정裁决이 된다(「행정심판법」 제30조 제2항).

Ⅱ 중국의 행정처벌법과 치안관리처벌법

1. 중국의 행정처벌법

중국의 「행정처벌법」은 1996년에 제정되어, 2009년에 한 차례 개정되었다. 「행정처벌법」에서는 행정기관이 법에 따라 부과하는 각기 다른 처벌의 유형을 규정하였는데, 구체적으로는 ① 경고 ② 과징금·과태료罰款 ③ 위법소득 몰수·불법非法재물 몰수 ④ 생산정지·영업정지 명령 ⑤ 허가증의 정지나 취소·면허증의 정지나 취소 ⑥ 행정구류 ⑦ 법률·행정법규가 규정하고 있는 기타 행정처벌이 있다(「행정처벌법」 제8조).

행정처벌의 제정에 관해서는, 법률·행정법규 및 지방성법규가 제정할 수 있는 행정처벌의 범위가 각기 다르다. 즉,

① 인신의 자유를 제한하는 행정처벌은 반드시 법률로 제정되어야 한다.

② 인신의 자유를 제한하는 것 이외의 기타 행정처벌은 행정법규로 제정될 수 있다. 법률이 위법행위에 관해 이미 행정처벌규정을 두었으나 행정법규로 구체적인 규정을 만들 필요가 있는 경우, 반드시 법률에서 규정하고 있는 행정처벌의 행위·종류 및 정도의 범위 내에서 규정하여야 한다.

③ 지방성법규로는 인신의 자유 제한, 기업의 영업허가 취소를 제외한 행정

처벌을 제정할 수 있다. 법률·행정법규가 위법행위에 관해 이미 행정처벌규정을 두었으나 지방성법규로 구체적인 규정을 만들 필요가 있는 경우, 반드시 법률·행정법규에서 규정하고 있는 행정처벌의 행위·종류 및 정도의 범위 내에서 규정하여야 한다(「행정처벌법」 제10조, 제11조).

행정처벌은 행정처벌권을 가진 행정기관이 법정 직권범위 내에서 실시한다. 국무원이나 국무원의 수권을 받은 성·자치구·직할시 인민정부는 관련有關 행정기관의 행정처벌권을 행사할 행정기관을 결정할 수 있으나, 인신의 자유를 제한하는 행정처벌권은 공안기관만 행사할 수 있다.

2. 중국의 치안관리처벌법

각종 행정처벌 중 사회치안관리에 관련된 처벌은, 국무원의 공안부서 및 현급 이상 지방각급인민정부의 공안기관이 책임지고 실시한다. 「치안관리처벌법」 (2005년 제정, 2012년 개정)에 따르면, 공안기관에는 치안관리를 위반하였으나 아직 범죄를 구성하기에는 부족한 위법행위에 관하여 다음과 같은 행정처벌을 할 권한이 있다.

① 경고 ② 과징금·과태료罰款 ③ 행정구류(최장 15일) ④ 공안기관이 발부한 허가증의 취소 ⑤ 기한 내 출국이나 추방(치안관리를 위반한 외국인 대상).

「치안관리처벌법」이 규정하고 있는 치안관리를 위반한 위법행위, 즉, 공안기관이 단독으로 처벌을 결정할 수 있는 위법행위는 매우 광범위하여 공민公民의 일상생활 구석구석에 침투되어 있다고 할 수 있다. 구체적으로는,

① 각종 공공질서를 교란시키는 행위. 예를 들어 유언비어 유포·불법적인 훼방 및 폭력행사 등을 하는 행위 등
② 각종 공공의 안전을 방해하는 행위. 예를 들어 단속 기구를 불법非法으로 휴대하는 행위 등
③ 인신의 권리·재산적 권리를 침해하는 행위. 예를 들어 타인을 모욕·비방·추행하고 공공장소에서 신체를 노출하는 행위 등
④ 사회 관리를 방해하는 행위. 예를 들어 불법非法집회·시위행진·밀입국·매춘·방탕·도박행위 등이 있다.

현행 중국의 법률체제 하에서, 행정기관인 공안기관은 광범위한 치안처벌권을 가진다고 할 수 있다. 범죄를 구성하지 않는 각종 위법행위에 관해 공안기관은 사회치안관리위반행위로서 치안처벌을 결정하고 실시할 수 있다. 즉, 인민검찰원과 인민법원의 개입 없이 과징금·과태료罰款나 행정구류(최장 15일), 해외추방 등의 처벌여부를 단독으로 결정할 수 있다. 이는 다른 국가에 비해 중국에서 공안기관이 가장 강력한 사법행정기구로 인식되는 제도적 배경 중의 하나이다.

Ⅲ 중국의 국가배상법

1. 국가배상의 유형

중국은 1994년 「국가배상법」(2012년 개정)을 제정하였는데, 국가기관과 국가기관의 공무원이 직권을 행사하다가 「국가배상법」이 규정하고 있는 공민·법인 및 기타 조직의 합법적인 권익을 침해한 정황이 있고 손해를 끼친 경우, 피해자는 「국가배상법」에 따라 국가배상을 받을 수 있다고 규정하고 있다.

「국가배상법」의 규정에 따르면, 중국의 국가배상은 행정배상·형사배상·민사 및 행정 사법배상司法賠償 등의 세 가지로 나눌 수 있다.

그중 행정배상이란 국가의 행정기관 및 그 공무원이 위법행위로 공민 등의 합법적인 권익을 침해한 경우, 그 손해를 국가기관이 부담하는 배상 제도를 말한다.

형사배상이란 수사偵查·검찰·심판 직권을 행사하는 기관 및 구치소·교도소 관리기관과 그 공무원이 직권 행사 시 인신권을 침해하면, 그 손해를 의무기관이 배상하는 제도를 말한다.

마지막으로 인민법원이 민사소송·행정소송 절차에서 소송을 방해하는 강제조치·보전조치를 위법하게 채택하거나 판결·결정 및 기타 효력이 발생한 법률문서의 집행을 잘못하여 손해를 끼친 경우에도, 피해자는 국가에 배상을 신청할 권한이 있다(민사 및 행정 사법배상).

2. 국가배상의무기관

배상의무기관, 즉, 국가기관이 초래한 손해에 관해 구체적으로 누가 배상책임을 부담하는지의 문제에 관하여, 각국은 서로 다른 사법모델을 채택하고 있는데, 크게 단일기관單一機關 배상의무 제도와 다원多元 배상의무 제도로 구분할 수 있다.

현행 중국의 「국가배상법」은 다원 배상의무 제도를 채택하고 있다. 즉, 국가배상에 있어서, 구체적으로 직권을 행사하여 공민 등의 합법적인 권익을 침해하여 손해를 초래한 국가기관이 배상의무를 부담한다.

예를 들어, 행정배상에 있어서, 「국가배상법」은 각종 구체적인 상황에서의 배상의무기관을 확정하고 있다.

① 행정기관 및 그 공무원이 행정 직권을 행사하여 공민·법인 및 기타 조직의 합법적인 권익을 침해하여 손해를 초래한 경우, 해당 행정기관이 배상의무기관이 된다.

② 두 개 이상의 행정기관이 공동으로 행정 직권을 행사하여 공민·법인 및 기타 조직의 합법적인 권익을 침해하여 손해를 초래한 경우, 공동으로 행정 직권을 행사한 행정기관이 공동배상의무기관이 된다.

③ 법률·법규의 수권을 받은 조직이 수권을 받은 행정 권력을 행사하여 공민·법인 및 기타 조직의 합법적인 권익을 침해하여 손해를 초래한 경우, 수권을 받은 조직이 배상의무기관이 된다.

④ 행정기관의 위탁을 받은 조직이나 개인이 위탁받은 행정 권력을 행사하여 공민·법인 및 기타 조직의 합법적인 권익을 침해하여 손해를 초래한 경우, 위탁한 행정기관이 배상의무기관이 된다.

⑤ 배상의무기관이 폐지된 경우, 계속해서 그 직권을 행사하는 행정기관이 배상의무기관이 되고, 계속해서 그 직권을 행사하는 행정기관이 없는 경우 해당 배상의무기관을 폐지한 행정기관이 배상의무기관이 된다.

⑥ 심판기관의 심판을 거친 경우 최초로 권리침해행위를 행한 행정기관이 배상의무기관이 되나, 심판기관의 심판결정이 손해를 가중시킨 경우, 심판기관이 가중된 부분에 대해 배상의무를 이행한다(「국가배상법」 제7조, 제8조).

3. 국가배상의 형태

국가배상의 모델은 부가형附帶式과 단독형의 두 종류로 나눌 수 있는데, 피해자가 두 가지 모델 중에서 선택할 수 있다. 예를 들어 행정배상에 있어서 행정행위의 피해자는 행정심판이나 행정소송 제기 시 행정배상의 청구를 함께 제기할 수 있다(부가형). 혹은 해당 배상문제에 관해서만 단독으로 소를 제기할 수도 있다(단독형).

후자의 상황에서는, 피해자는 반드시 사전에 배상문제에 관하여 배상의무기관에 청구하여야 한다. 배상의무기관이 규정된 기한 내에 배상여부의 결정을 내리지 않거나 배상청구인이 배상의 방식·항목·액수에 이견이 있는 경우, 혹은 배상의무기관이 배상하지 않기로 결정한 경우, 청구인은 인민법원에 소를 제기할 수 있다.

方世荣 主编, 行政法与行政诉讼法学(第四版), 北京: 中国政法大学出版社, 2010年

林鸿潮, 行政法入门, 北京: 中国法制出版社, 2012年

杨解君 等, 行政法与行政诉讼法(上, 下), 北京: 清华大学出版社, 2009年

藤田宙靖, 行政法入門(第五版), 東京: 有斐閣, 2006年

정이근, 중국 행정법 쟁점 연구, 오름, 2011년

제 5 장

중국의 형사법 제도

제 5 장

중국의 형사법 제도

I 중국 형법의 제정과 법원체계

1. 중국 형법의 제정

1949년 사회주의 중국은 「형법」을 포함한 국민당의 법률을 전면폐기하고 우선 일부 단행單行 형사 법률을 제정하였다. 예를 들면 「반혁명처벌조례懲治反革命條例」, 「탐오징계조례懲治貪汚條例」 등이 있다. 1950년대 이후, 중국 정부는 사회주의 형법전을 기초하기 시작하였는데, 나중에 반우파운동反右運動(1957-1959)과 문화대혁명(1966-1976)으로 인하여 이 작업은 중단되었다.

문화대혁명이 끝난 후, 형법전을 포함한 기본 법률의 제정은 사회주의법제 건설에 있어 주요임무가 되었다. 1979년 7월 1일 제5기第5屆 전국인민대표대회 제2차 회의는 「중화인민공화국형법中華人民共和國刑法」을 통과시켜 1980년 1월 1일부터 시행하였다. 1997년 전국인민대표대회는 이 「형법」을 한차례 대폭 개정하여 내용을 크게 확충하고, 조문 수를 192조에서 452조까지 증가시켰으며, 죄명을 128개에서 450여 개까지 늘렸다(죄명의 수효는 조금씩 늘어나고 있음). 개정 후의 형법은 일반적으로 '97년 형법'이라 불리며, 이 「형법」은 아홉 차례의 부분 개정을 거쳐 지금까지 실시되고 있다.

2. 중국 형법의 법원체계

중국에서는 형법전(협의의 '형법') 외에도, 다음과 같은 범죄 및 형벌에 관련된 규범이 「형법」의 법원法源체계를 형성한다.

첫째, 전국인민대표대회 상무위원회가 제정한, 범죄를 규정하고 있는 법률, 즉 단행單行 형법. 97년 형법의 시행 전에, 1979년 형법의 내용상 부족한 부분을 보충하기 위하여 전국인민대표대회 상무위원회는 「직책위반군인징계임시조례懲治軍人違反職責暫行條例」, 「마약단속에 관한 규정關與禁毒的規定」 등 20여 개의 단행 형법을 잇달아 제정하였다. 이러한 단행 형법의 내용은 후에 97년 형법에 기본적으로 삽입되었고, 1997년 이후 새로 제정한 단행 형법 중 대표적인 것으로는 「외환사기, 외화 도피 및 불법외환거래범죄의 처벌에 관한 결정關與懲治騙購外匯、逃匯和非法買賣外匯犯罪的決定」(1998년)이 있다.

둘째, 민사법률 등 기타 비非형사법률에 부대된 범죄 및 처벌에 관한 규정, 즉 부대형법附帶刑法(부속형법)은 「형법」의 법원에 속한다. 97년 형법이 반포된 이후, 비非형사법률에서 「형법」의 내용을 부대로 규정하는 경우, 일반적으로 범죄와 처벌을 새롭게 창설하거나 형법의 내용을 실질적으로 변경하는 규정을 두지 않고 단지 형식적인 규정, 예를 들어 법률책임 부분에 '범죄를 구성하는 경우, 「형법」에 따라 형사책임을 추궁한다'라고 하는 규정을 추가하는데 그치고 있다. 따라서 중국에는 현 시점에서 진정한 의미에서의 부대형법은 없다고 여겨진다.

이밖에, 전국인민대표대회 상무위원회의 「형법」 조문에 관한 해석이 「형법」의 법원에 속한다. 「헌법」 규정에 따르면, 법률에 대한 해석권은 전국인민대표대회 상무위원회에 속한다. 「형법」 조문 또는 문구의 이해에 관하여, 전국인민대표대회 상무위원회는 정기적으로 공식적인 해석을 내놓고 있다. 예를 들어, 「〈중화인민공화국형법〉 제294조 제1항에 관한 해석關與 〈中華人民共和國刑法〉 第294條 第1款的解釋」(2002년 4월)은 이 조항 중 '黑社會性質的組織(조직폭력집단 성격을 지닌 조직)'의 함의와 관련하여 내놓은 해석이고, 「〈중화인민공화국형법〉 수출세환급・세금공제 관련 기타 인보이스규정에 관한 해석關與 〈中華人民共和國刑法〉 有關出口退稅・抵扣稅款的其他發票規定的解釋」(2005년)은 「형법」 중 '기타 인보이스'의 내용에 대한 확정이다.

마지막으로, 최고인민법원과 최고인민검찰원의 「형법」 적용 문제에 관한 사법해석도 「형법」의 법원에 속한다고 할 수 있다. 중국에서 형사 법률의 적용과 관련된 문제는 최고인민법원이 단독으로 사법해석으로 처리하거나 최고인민검찰원과 연명하여 처리할 수 있다. 전자의 예가 「최고인민법원의 자수 및 입공立功(立功贖罪(공을 세워 속죄함)) 처리 시 법률의 구체적 응용에 있어서 약간의 문제에 관한 해석最高人民法院關與處理自首和立功具體應用法律若干問題的解釋」(1998년 4월)이고, 후자의 예가 「최고인민법원·최고인민검찰원의 지식재산권 침해 형사사건 처리 시 법률의 구체적 응용에 있어서 약간의 문제에 관한 해석最高人民法院·最高人民檢察院關與辦理侵犯知識産權刑事案件具體應用法律若干問題的解釋」(2004년 12월)이다.

Ⅱ 중국 형법의 기본원칙

중국 「형법」의 총칙 부분에서는 세 가지 기본원칙을 규정하고 있다. '죄형법정원칙罪刑法定原則'(제3조), '형법의 평등적용원칙適用刑法平等原則'(제4조) 및 '죄형균형원칙罪刑均衡原則'(제5조)이 그것이다. 이하에서 주로 죄형법정원칙을 살펴보겠다.

죄형법정원칙은 근대 이후 각국 형법에 공통되는 보편적인 원칙인데, 그 연원은 1215년의 「영국대헌장英國大憲章, Magna Carta」까지 거슬러 올라간다. 죄형법정원칙의 기본적 함의는 '법에 명문의 규정이 없으면 죄가 되지 않고, 법에 명문의 규정이 없으면 처벌하지 않는다'는 것이다.

1979년 제정된 중국 「형법」에는 죄형법정원칙과 관련된 규정이 없었고, 도리어 유추類推를 허용하는 규정이 있었다. "이 법 각칙에 명문으로 규정하고 있는 범죄가 없으면, 이 법 각칙의 가장 유사한 조문에 비추어 죄와 형을 선고定罪判刑할 수 있다. 단 최고인민법원의 심사 비준核准을 서면으로 요청하여야報請 한다"(1979년 「형법」 제79조). 즉, 법률에 명확한 규정이 없는 범죄행위를 저지른 자에 대해서도 기타 가장 유사한 규정에 따라 죄와 형을 선고할 수 있었다. 이 조문에 관하여 중국 학자들은 줄곧 비판적인 태도를 견지해 왔고, 「형법」에서 명확하게 죄형법정원칙을 규정할 것을 요구해왔다.

1997년 「형법」은 학자들의 의견을 받아들여 형법전에 죄형법정원칙을 규정하였고, 유추와 관련된 규정을 폐기하였다. 97년 형법은 이 원칙에 관하여 다음과 같이 설명하였다. "법률에 명문으로 규정하고 있는 범죄행위를 저지른 자에게는 법률에 따라 죄와 형을 선고한다. 법률에 명문의 규정이 없는 범죄행위를 저지른 자에게는 죄와 형을 선고해서는 안 된다"(1997년 「형법」 제3조).

죄형법정원칙에 따르면 우선 범죄 및 형벌이 필수적으로 성문 법률로 명확하게 규정되어야 하고, 법률의 규정이 없다는 전제 하에서는 새로운 죄명을 창설하거나 처벌을 가해서는 안 된다. 아울러 법률 이외의 기타 규범을 통하여 범죄 및 형벌을 규정해서는 안 된다.

이밖에 죄형법정원칙은 과거로의 소급을 금지하는데, 즉, 사후법事後法을 적용할 수 없으며 유추적용을 금지한다. 마지막으로 실질적인 차원에서 죄형법정원칙은 「형법」 규정의 명확성을 요구한다. 지나치게 모호하고 광범위한 내용으로 규정하여 사람들로 하여금 그 위법행위의 한계나 처벌받아야 하는 범위를 정확하게 이해할 수 없게 해서는 안 된다.

Ⅲ 중국 형법의 효력범위

「형법」의 효력은 「형법」의 적용범위가 되며, 공간적 효력과 시간적 효력을 포함한다.

1. 형법의 공간적 효력범위

「형법」의 공간적 효력범위는 구체적으로 「형법」이 어느 지역에서 어떤 사람에게 적용되고 효력을 발생하는지의 문제를 가리킨다. 중국 「형법」은 공간적 효력에 관하여 속지관할屬地管轄을 주主로 하고 속인관할屬人管轄·보호관할保護管轄 및 보편관할普遍管轄을 부副로 하는 것을 기본적 적용원칙으로 채택하였다.

우선, 중국 「형법」의 지역에 관한 관할, 즉 속지관할권은 세 가지의 기본적 내용을 담고 있다. ① 중국의 영역 내의 범죄에는 중국 「형법」을 적용하며, 영역은 영토·영공 및 영해를 포함한다. ② 중국의 선박이나 항공기 내에서의 범죄에는 중국 「형법」을 적용한다. ③ 범죄의 행위나 결과에 중국의 영역 내에서 발생한 것이 있는 경우에는 중국 「형법」을 적용한다(「형법」 제6조).

둘째, 사람에 관한 관할, 즉 속인관할권은 중국인범죄의 경우와 외국인범죄의 경우로 구분할 수 있다.

① 중국인범죄, 더 정확하게는 중국인이 국외에서 범죄를 저지른 경우, 중국 「형법」을 적용한다. 다만 중국 「형법」의 규정에 따라 최고형이 3년 이하의 유기징역인 경우에는 형사책임을 추궁하지 않을 수 있다. 그러나 국가공무원과 군인은 예외이다. 즉, 국가공무원과 군인이 국외에서 범죄를 저지르면, 범죄행위의 경중에 관계없이 모두 중국 「형법」을 적용한다.

② 외국인범죄에 관해, 우선 외국인이 중국의 영역 내에서 범죄를 저지른 경우, 속지관할권의 원칙에 따라 중국 「형법」을 적용한다. 그 외 외국인이 국외에서 범죄를 저지른 경우에는 다시 두 가지 경우로 나뉜다.

(a) 외국인이 국외에서 중국인에 대해 범죄를 저지른 경우, 보호관할권원칙에 따라 그 최저형이 3년 이상의 유기징역인 경우 중국 「형법」을 적용할 수 있다. 다만 범죄지의 법률에 의하여 처벌되지 아니하는 경우에는 그러하지 아니하다.

(b) 외국인이 중국인에 대해 범죄를 저지른 것이 아닌 경우, 즉 외국인이 국외에서 저지른 일반적인 범죄에는 원칙적으로 중국 「형법」을 적용하지 않으나, 보편관할권의 원칙에 따라 중국이 체결하거나 참가한 국제조약에 규정된 범죄에 관해서는, 중국이 부담하는 조약상 의무의 범위 내에서 형사 관할권을 행사하는 경우 중국 「형법」을 적용한다 (「형법」 제7조–제9조).

마지막으로, 이미 다른 국가에서 심판을 거쳐 처벌을 받은 범죄행위에 관해서 중국 「형법」은 소위 소극승인消極承認의 태도를 채택하였다. 즉, 중국의 영역 외에서 죄를 범하여 중국 「형법」에 따라 형사책임을 져야하는 경우, 외국에서 심판을 거쳤더라도 중국 「형법」에 따라 그 법률적 책임을 추궁할 수 있다. 다만, 외국에서 이미 형사처벌을 받은 경우에는 처벌을 면제하거나 감경할 수 있다(「형법」 제10조).

2. 형법의 시간적 효력범위

형법의 시간적 효력은 형법의 발효시점과 실효失效시점 및 형법의 소급효
遡及力의 문제를 포함한다. 형법의 발효시점에 관해 중국의 입법실무에서는 일
반적으로 두 가지 모델을 채택하고 있다. 즉, 법률공포일이 발효시점이라는 모
델과 법률공포 후 일정한 시간이 지난 뒤가 발효시점이라는 모델이 있는데, 후
자가 더 보편적이다.

형법의 실효失效에 관해서는, 새로운 법률에서 이를 명시하는 방법으로 구법
의 효력을 종결할 수 있고, 혹은 이를 명시하지 않더라도 신법을 시행함으로써
구법이 자연스럽게 실효되도록 할 수 있다.

형법의 소급효는, 형법 규정의 효력발생 후, 그 규정의 효력발생 이전에 발
생하였으나 아직 심판을 거치지 않았거나 판결이 확정되지 않은 행위에 대해
그 규정이 적용되는지 여부의 문제이다.

형법의 소급효에 관해 중국 「형법」은 소위 '구법우선 및 관대한 처벌의 원칙
從舊兼從輕原則'을 채택하였다. 즉, ① 행위시의 법률이 범죄로 인정하지 않는 경
우, 행위시의 법률을 적용한다. ② 행위시의 법률이 범죄로 인정하고, 현행 형
법의 총칙 규정에 의하여 소추하여야 하는 경우에는 행위시의 법률에 따라 형
사책임을 추궁한다. ③ 다만 현행 형법이 범죄로 인정하지 아니하거나 또는 형
이 비교적 가벼운 경우에는 현행 형법을 적용한다(「형법」 제12조).

제2절   중국에서 범죄와 형벌

Ⅰ 범죄의 개념과 구성

1. 범죄의 개념

중국 「형법」은 범죄의 정의定義에 관해 '실질적 정의' · '형식적 정의' 및 '배제

규정'을 결합한 방식을 채택하였다.

우선, 사회적 위해危害성은 범죄의 개념에 있어서 실질적인 요소이다. 즉, "국가주권과 영토의 완전성 및 안보를 위해危害하거나, 국가를 분열시키고, 인민민주독재專政정권을 전복시키고 사회주의 제도를 무너뜨리거나, 사회질서와 경제질서를 파괴하거나, 국유재산이나 노동군중집단集體 소유의 재산을 침범하거나, 공민 개인 소유의 재산을 침범하거나, 공민의 인신에 관한 권리와 민주적 권리 및 기타 권리를 침범하거나, 기타 사회에 위해를 가하는 일체의 행위"는 모두 범죄이다. 둘째, 형식적으로 범죄라 함은 법률의 규정에 따라 처벌을 받아야 하는 행위이다. 마지막으로, 사안이 현저히 경미하여 위해가 크지 아니한 경우에는 범죄로 인정하지 아니한다(「형법」제13조).

이렇게 중국에서 범죄의 기본특징은 심각한 사회적 위해성·형사적 위법성 및 형사처벌을 받아야 한다는 특징 등 세 가지이다. 주목할 만한 것은, 중국에서 범죄는 일반적으로 사회적 위해성을 가진 행위 중에서도 사안이 비교적 심각한 행위를 가리킨다는 점이다.

사안이 비교적 경미하다면, 범죄로 인정하지 않고 '치안관리 위반행위'로 분류되어, 「중화인민공화국치안관리처벌법中華人民共和國治安管理處罰法」에 따라 공안기관이 단독으로 처벌한다. 한국 등 국가에서 '경범죄'로 인정되는 많은 위법행위가 중국에서는 '범죄행위'가 아닌 '치안관리 위반행위'로 분류된다. 이러한 의미에서, 다른 나라에 비하면 중국에서 범죄개념의 범위는 비교적 제한적이라고 할 수 있다.

2. 범죄의 구성

전통적인 중국 「형법」에서 범죄는 네 가지 요건으로 구성된다고 여겨진다. 즉, 범죄의 객체, 범죄의 객관적 요소, 범죄의 주체 및 범죄의 주관적 요소가 그것이다. 소련의 형법이론에서 비롯되었다고 알려진 이러한 범죄구성의 4요건설四要件說에 관해 현재 중국의 많은 학자들이 의문을 제기하고 있지만, 4요건설은 중국 「형법」 이론에서 여전히 주류적인 지위를 차지하고 있다(최근에는 4요건설 대신, 3요건설(구성요건해당성, 위법성, 책임)이 중국학계의 주류라고 하는 견해도 있음).

그중에서, 범죄의 객체란 형법이 보호하고 범죄행위로 인하여 침해를 받는 사회적 관계나 이익을 말한다. 중국 「형법」의 각칙 중 각종 범죄에 관한 분류는, 기본적으로 범죄가 침해하는 사회적 관계나 이익에 따라 이루어진다.

범죄의 객관적 요소란 범죄활동의 외재적 표현을 말하는데, 여기에는 위해행위·위해의 결과 및 양자의 인과관계가 포함된다.

범죄의 주관적 요소란 범죄의 주체가 자신이 실행한 행위에 관하여 갖는 심리적 태도를 가리킨다. 범죄의 주관적 요소에는 두 가지 형식, 즉 고의·과실이 포함된다. 행위자의 행위가 객관적으로 손해의 결과를 야기했다고 하더라도, 고의·과실에서 비롯된 것이 아니라면 범죄를 구성하지 않는다.

3. 범죄의 주체

범죄의 주체문제는 중국 「형법」에서 주로 반드시 형사책임을 부담하여야 하는 법정연령, 특수한 형사책임능력 및 자연인 이외의 조직이나 법인이 범죄의 주체가 될 수 있는지 여부 등의 문제와 관련된다.

1) 우선, 중국 「형법」은 형사책임과 관계된 연령제한을 만 14세, 만 16세, 만 18세, 만 75세 등으로 다르게 설정하였다. 즉, "만 16세 이상인 자가 죄를 범하면 형사책임을 져야 한다. 만 14세 이상 16세 미만인 자가 고의살인, 고의상해를 범하여 사람을 중상 또는 사망에 이르게 한 경우, 강간, 강도, 마약판매, 방화, 폭발, 독극물투입 등의 죄를 범한 경우에는 형사책임을 져야 한다.

만 14세 이상 18세 미만인 자가 죄를 범하면 처벌을 관대히 하거나 감경하여야 한다. 만 75세 이상인 자가 고의로 범죄를 저지르면, 처벌을 관대히 하거나 감경할 수 있다. 과실로 범죄를 저지르면, 처벌을 관대히 하거나 감경하여야 한다(「형법」 제17조, 제17조의1)."

2) 둘째, 중국 「형법」의 특수한 형사책임능력에 관한 규정은 정신장애인, 청각장애·언어장애·시각장애인, 알코올중독자, 이 세 가지 부류에 관계된다.

중국 「형법」의 규정에 따르면,

① 정신장애인이 자신의 행위를 변별할 수 없거나 통제할 수 없을 때 위해
危害한 결과를 야기하였으나, 법정절차에 따른 감정을 거쳐 그러한 사정
이 확인된 경우에는 형사책임을 지지 아니한다.

그러나 간헐적 정신장애인이 정신이 정상일 때 죄를 범한 경우, 형사책
임을 져야 한다. 자신의 행위에 관한 변별능력이나 통제능력을 완전히는
상실하지 아니한 정신장애인이 죄를 범한 경우에는 형사책임을 져야 한
다. 다만 처벌을 관대히 하거나 감경할 수 있다.
② 청각장애인·언어장애인이나 시각장애인이 죄를 범하면 처벌을 관대히
하거나 감경하거나 면제할 수 있다.
③ 술에 취한 자가 죄를 범하면 형사책임을 져야 한다.

3) 마지막으로, 중국 「형법」은 자연인 이외의 조직, 즉 법인을 범죄 및 형사
책임의 주체로 인정하며, 법인의 범죄에 관해서 소위 '양벌제雙罰制'를 시행한다.
즉, 법인이 범죄를 구성하는 경우 법인자체(벌금부과) 및 범죄행위의 직접책임자를
함께 처벌한다.

중국 「형법」에 따르면 회사·기업·사업법인·기관·단체 등은 법인범죄의
주체가 될 수 있다. 다만 「형법」에 규정된 모든 범죄에 있어서 법인이 범죄의
주체가 될 수 있는 것은 아니고, 「형법」에 명문으로 규정된 특수한 범죄의 경
우에만 법인이 범죄의 주체가 될 수 있다.

4. 사회위해성 배제행위

형식적으로 범죄의 구성요건에 부합하는 행위 중, 일부 행위는 특수한 사유
(위법성 조각사유)로 인하여 범죄로 인정되지 않고 행위자가 형사책임을 부담할 필
요가 없게 되는데, 중국 형법학에서는 이를 일반적으로 '사회위해성 배제행위排除
社會危害性行爲'라 부른다. 중국 「형법」 규정의 사회위해성 배제행위에는 정당방
위와 긴급피난緊急避險이 포함된다.

1) 정당방위에 관한 중국 「형법」의 규정에는 주로 다음의 세 가지 내용이

포함된다.

① 정당방위행위에 속하면 형사책임을 지지 않는다. 즉, 국가와 공공의 이익, 본인 또는 타인의 인신, 재산과 기타 권리가 현재 진행 중인 불법침해를 받지 않도록 하기 위하여 행한 불법침해 제지행위가 불법침해자에 대하여 손해를 발생시킨 경우, 이는 정당방위에 속하여 형사책임을 지지 아니한다.

② 정당방위가 필요한 정도를 현저히 초과하여 중대한 손해를 야기한 경우에는 형사책임을 져야 한다. 다만 처벌을 감경 또는 면제하여야 한다.

③ 현재 진행 중인 흉포한 행위, 살인, 강도, 강간, 납치 및 기타 인신의 안전을 중대하게 위협하는 기타 폭력범죄에 관해서는, 방위행위를 행하여 불법침해자의 사상을 초래한 경우라도 과잉방위에 속하지 않으면 형사책임을 지지 아니한다(「형법」 제20조).

2) 중국 「형법」에 따르면, 국가와 공공의 이익, 본인 또는 타인의 인신, 재산과 기타 권리가 현재 발생한 위험을 당하지 않도록 하기 위하여 부득이 행한 긴급피난행위는 손해를 발생시킨 경우라도 형사책임을 지지 아니한다.

긴급피난이 필요한 정도를 초과하여 있어서는 안 될 손해를 발생시킨 경우에는 형사책임을 져야 한다. 다만 처벌을 감경 또는 면제하여야 한다. 이중 본인의 위험회피에 관한 규정은 직무상, 업무상 특정한 책임을 지는 자에게는 적용하지 아니한다(「형법」 제21조).

5. 범죄의 특수 형태

범죄의 특수한 형태에 관한 중국 「형법」의 구체적인 규정은 다음과 같다.

1) 우선, 「형법」은 범죄의 일반적인 형태인 기수범既遂犯에 비하여, 범죄의 특수한 형태인 예비범·미수범·중지범에 관해 처벌방식을 각각 다르게 규정하고 있다.

① 범죄를 위하여 도구를 준비하고, 조건을 만드는 것을 범죄의 예비라 한

다. 예비범에 대하여는 기수범에 비하여 처벌을 관대히 하거나 감경 또
는 면제할 수 있다(「형법」 제22조).

② 범죄의 실행에 착수하였으나 범인의 의지 이외의 다른 원인에 의하여 목
적을 달성하지 못한 것을 범죄의 미수라 한다. 미수범에 대하여는 기수범
에 비하여 처벌을 관대히 하거나 감경 또는 면제할 수 있다(「형법」 제23조).

③ 범죄의 과정 중에 스스로 범죄를 포기하거나 스스로 범죄결과의 발생을
효과적으로 방지한 것을 범죄의 중지라 한다. 중지범에 대하여는 피해가
없는 경우에는 처벌을 면제하여야 하고, 피해가 야기된 경우에는 처벌을
감경하여야 한다(「형법」 제24조).

2) 다음으로, 2인 이상이 공동하여 고의로 죄를 범하는 공동범죄에서, 공동
범죄에서의 역할에 따라 처벌을 달리하는데, 구체적으로는 주범·종범·협종脅從
범 및 교사범으로 구분한다.

① 주범은 두 가지로 구분한다. 범죄 집단을 조직하고, 이끌어 범죄활동을
한 자와 일반적인 공동범죄에 있어 주요역할을 한 자를 주범이라 한다.
범죄 집단을 조직하고, 이끄는 수괴에 대하여는 그 집단이 범한 모든 범
죄에 따라 처벌한다. 기타 주범에 대해서는 그가 참여 또는 조직하거나
지휘한 모든 범죄에 따라 처벌한다(「형법」 제26조).

② 공동범죄에 있어서 부차적 또는 보조적 역할을 한 자를 종범이라 한다.
종범에 대하여는 처벌을 관대히 하거나 감경 또는 면제하여야 한다(「형법」
제27조).

③ 협박을 당하여 범죄에 가담한 협종범에 대해서는 그의 범죄 정상에 따라
처벌을 감경 또는 면제하여야 한다(「형법」 제28조).

④ 타인을 교사하여 죄를 범하게 한 자에 대하여는 공동범죄에 있어서 그가
한 역할에 따라 처벌하여야 한다. 만 18세 미만인 자를 교사하여 죄를
범하게 한 자에 대하여는 무겁게 처벌하여야 한다(「형법」 제29조).

Ⅱ 구체적인 범죄 유형

중국 「형법」은 각칙에서, 구체적인 범죄 유형을 범죄행위가 침해하는 법익에 따라 크게 열 가지로 구분하였다. 「형법」이 보호하는 법익은 차례대로 국가안보 · 공공안보 · 경제질서 · 공민의 권리 · 재산 제도 · 사회질서 · 국방의 이익 · 청렴 제도 · 공무원의 책임公務職責 · 군인의 책임軍人職責이다.

그중에서 경제질서 파괴범죄(「형법」 각칙 제3장)는 다시 침해하는 법익에 따라 가짜 · 불량상품의 생산 · 판매죄, 밀수죄, 회사 · 기업의 관리질서 방해죄, 금융관리질서 파괴죄, 금융사기죄, 세금징수관리위해죄危害稅收徵管罪, 지식재산권 침범죄, 시장질서 교란죄 등 여덟 가지로 구분된다.

사회질서 방해범죄(「형법」 각칙 제6장)는 공공질서 교란죄, 사법방해죄, 국경國境 · 변경邊境관리방해죄, 문화재관리방해죄, 공공위생 위해죄, 환경자원파괴죄破壞環境資源保護罪, 마약의 밀수 · 판매 · 운반 · 제조죄, 매춘의 조직 · 강요 · 유인 · 장소제공 · 소개죄, 음란물품의 제작 · 판매 · 전파죄 등 아홉 가지로 구분된다.

중국 「형법」에서 범죄의 구체적인 죄명은 조문에 직접적으로 명시되어 있지는 않으나, 죄상罪狀에 관한 구체적인 서술 중에 체현되어 있다. 「형법」 각칙의 매 조항이 규정하고 있는 범죄의 죄명을 명확히 하기 위하여, 최고인민법원과 최고인민검찰원은 이를 사법해석의 방법으로 확정하고 있다.

1997년 형법이 반포된 이후, 최고인민법원은 《〈중화인민공화국형법〉 집행 시 죄명 확정에 관한 규정關與執行〈中華人民共和國刑法〉確定罪名的規定》(1997년 12월)을 제정하였다. 이후, 형법 내용의 개정에 따라 최고인민법원과 최고인민검찰원은 《〈중화인민공화국형법〉 집행 시 죄명 확정에 관한 보충규정關與執行〈中華人民共和國刑法〉確定罪名的補充規定》을 여러 차례 반포하였다.

최고인민법원과 최고인민검찰원의 최신 규정에 따르면, 현재 중국 「형법」에는 총 452개의 법정法定 죄명이 있다. 예를 들어 「형법」 각칙 제1장의 국가안보 위해죄에 포함된 법정죄명으로는 국가배반죄(제102조), 국가분열죄(제103조), 국가분열선동죄(제103조), 무장반란 · 폭동죄(제104조), 국가정권전복죄(제105조), 국가정권전복선동죄(제105조), 국가안보 위해자금제공 범죄활동죄(제107조), 적에 투항 · 배반죄

(제108조), 도피죄(제109조), 간첩죄(제110조) 등이 있다.

Ⅲ 중국의 형벌체계

중국 「형법」에 규정된 형벌과 그 구체적인 내용은 다음과 같다.

[표 3] 중국 「형법」에 규정된 형벌, 기한, 집행기관 및 주요 내용

형벌		기한	집행기관	주요 내용
주형主刑	관제管制	3개월~2년, 최장 3년	공안기관	수감하지 않으나, 상당한 자유 제한, 지역사회 개조
	단기징역 (구역(拘役))	1개월~6개월, 최장 1년	공안기관	인신의 자유 단기 박탈, 인근 노동개조 시행
	유기징역	6개월~15년, 최장 25년	교도기관 (1년 이하인 경우, 구치소 등)	노동능력이 있는 경우, 반드시 노동
	무기징역	감형 후 유기징역이 되더라도 최소 13년	교도기관	노동능력이 있는 경우, 반드시 노동
	사형 · 즉각집행	–	원심인민법원	중급이상 인민법원 1심, 최고인민법원 비준
	사형 · 집행유예	2년 유예	교도기관	2년 내 고의범죄가 없으면 무기징역, 중대한 공적立功이 있으면 25년 유기징역
부가형附加刑	벌금	–	인민법원	독립적용 가능, 주형에 부가하여 부가적용도 가능
	재산몰수	–	인민법원	
	정치적 권리 박탈	1~5년(유기징역이나 단기징역에 독립적용 · 부가) 3~10년(사형집행유예 및 무기징역에서 유기징역으로 바뀐 경우) 종신(사형 또는 무기징역)	공안기관	
	국외추방	–	공안기관	외국인 대상

중국의 형벌은 주형과 부가형으로 구분한다. 주형은 자유를 제한하는 처벌인 관제·단기징역·유기징역 및 무기징역과 생명에 관한 처벌인 사형과 사형집행유예로 구분한다. 부가형은 재산형(벌금 및 재산몰수)과 권리형(정치적 권리 박탈과 국외추방)으로 구분한다.

1) 상술한 형벌 중, 관제管制와 사형집행유예死刑緩期執行는 중국「형법」특유의 제도이다. 관제는 범죄자를 수감하지 않으나, 상당한 자유를 제한하고, 범죄자의 거주지에서 교정을 진행하는 형벌이다. 관제를 선고 받은 범죄자는 반드시 관제기간에 특정한 의무를 준수하여야 하는데, 거주지의 공안기관이 집행을 담당한다. 관제를 선고 받은 범죄자가 반드시 준수해야 하는 의무는 다음과 같다.
① 법률과 행정법규를 준수하고, 감독에 복종한다. ② 집행기관의 비준을 거치지 아니하고는 언론, 출판, 집회, 결사, 시위행진, 시위의 자유 등의 권리를 행사하지 못한다. ③ 집행기관의 규정에 따라 자신의 활동상황을 보고한다. ④ 집행기관의 면회규정을 준수한다. ⑤ 거주하고 있는 시, 현을 벗어나거나 이주할 경우, 집행기관에 보고하여 비준을 받아야 한다(「형법」제39조).

2) 사형집행유예는, 사형을 선고하여야 하지만 즉각 집행하여야 하는 경우가 아닌 범죄자에 대하여 집행유예를 선고하여, 유예기간 내 고의범죄가 없으면 무기나 유기 징역으로 바꾸어주는 형벌이다.
사형집행유예를 선고 받은 자가 집행유예기간 중에 만일 고의범죄가 없으면 2년 만기 후 무기징역으로 감형하고, 만일 중대한 공적立功이 확실히 있으면 2년 만기 후 25년의 유기징역으로 감형하며, 만일 고의범죄가 있고, 사안이 악랄惡劣한 경우에는 최고인민법원에 서면 보고하여 비준 후에 사형을 집행한다(「형법」제50조).
중국의 사법 실무에서 사형집행유예를 선고 받은 범죄자는 2년이 지나면 일반적으로 모두 무기징역이나 유기징역으로 감형된다. 이렇듯 사형집행유예 제도는 사형의 억지력을 담보함과 동시에 사형집행건수를 감소시키고, 범죄자들이 사형집행유예기간에 공적을 세우기 위해 타인의 범죄행위를 폭로하도록 유도한다.

Ⅳ 중국의 양형 제도

1. 양형量刑과 양형정상情節

양형量刑이란 범죄자에 대하여 법에 따라 형벌재량을 행사하여, 형벌을 최종 확정하는 제도이다. 중국 「형법」에서 양형의 기본원칙은 '범죄사실을 근거로 하고, 형사 법률규정을 기준으로 하는 것以犯罪事實爲根據, 以刑事法律爲准繩'이다. 중국 「형법」의 양형 제도에 따르면, 법정法定 형벌규정의 전제 하에, 사법기관은 각종 구체적인 정상에 따라 무겁게 처벌하거나 관대하게 처벌하거나 감경처벌 할 수 있다.

그중에서 무겁게 처벌하는 것과 관대하게 처벌하는 것從重處罰與從輕處罰은 법정형의 한도 내에서 비교적 무겁거나 관대한 처벌을 선택하는 것인데 비해, 감경처벌減輕處罰은 법정형보다 낮은 처벌을 선고하는 것이다.

「형법」에 규정된, 사법기관이 형 선고 시 반드시 고려하여야 하는 정상은 법정정상法定情節과 참작정상酌定情節이다.

법정정상은 「형법」에 명확하게 규정되어 있는데, 양형 시 반드시 고려하여야 하는 정상은 ① 무겁게 처벌하여야 하는 정상으로는 누범, 만 18세 미만인 자를 교사하여 죄를 범하게 한 경우 등이 있고 ② 관대하게 처벌하거나 감경처벌하여야 하는 정상으로는 범죄의 중지, 자수 등이 있으며 ③ 형 면제가 가능한 정상으로는 중대한 공을 세운 경우 등으로 구분된다.

그러나 참작정상은 「형법」에 명문의 규정이 없이 심판실무에서 고려하는 정상으로, 범죄의 동기, 범죄의 수단, 범죄의 위해危害적 결과, 범죄자의 태도 등이 있다.

2. 병과數罪并罰 제도

1인이 수죄數罪를 범한 경우의 처벌에 관해 중국 「형법」은 병과數罪并罰 제도를 채택하였는데, 기본적인 내용은 다음과 같다. 판결 선고 전에 1인이 수죄를 범한 경우에는 사형과 무기징역을 제외하고 합산한 형기 이하, 수 개의 형 중 최고형기 이상의 범위 내에서 정상을 참작하여 집행할 형기를 결정하여야 한다.

다만 관제는 최고 3년을 초과할 수 없고, 단기징역은 최고 1년을 초과할 수 없으며, 유기징역은 합산한 형기가 35년 미만인 경우 최고 20년을 초과할 수 없고, 합산한 형기가 35년 이상인 경우 최고 25년을 초과할 수 없다(「형법」 제69조).

즉, 1인이 수죄를 범한 상황에서, 사형이나 무기징역을 선고 받은 경우에는 흡수원칙을 채택하여, 사형이나 무기징역만 집행한다. 유기징역·단기징역(구역)이나 관제를 선고 받은 경우 가중제한원칙을 채택하여, 각 징역을 합산하나 일정한 최고기한을 설정한다. 이밖에, 수죄 중 부가형이 선고된 경우, 각 부가형은 구분하여 집행하여야 하고, 부가형이 서로 같은 경우에는 병합하여 집행한다.

3. 집행유예 · 감형 및 가석방 제도

1) 중국 「형법」에 따르면, 단기징역이나 3년 이하의 유기징역을 선고 받은 범죄자에 대해 정상에 따라 집행유예를 선고하여, 형벌의 집행을 임시로 유예할 수 있다.

단기징역 집행유예의 시찰考驗기간은 원판결의 형기 이상 1년 이하로 한다. 다만 2개월 이하로 할 수는 없다. 유기징역 집행유예의 시찰기간은 원판결의 형기 이상 5년 이하로 한다. 다만 1년 이하로 할 수는 없다. 누범 및 범죄 집단의 수괴에게는 집행유예를 적용하지 아니한다(「형법」 제73조, 제74조).

2) 관제, 단기징역, 유기징역 또는 무기징역을 선고 받은 범죄자가 집행기간 중에 열심히 감독규정을 준수하고, 교육개조를 받아들이며 확실히 개전悔改의 정이 있거나 또는 공적이 있을 때에는 감형할 수 있다. 다음에 열거한 중대한 공적 중 하나가 있을 때에는 감형하여야 한다.

① 타인의 중대한 범죄활동을 제지한 경우 ② 감옥 내외의 중대한 범죄활동을 신고하고, 조사 결과 그것이 사실인 경우 ③ 발명, 창조 또는 중대한 기술혁신을 한 경우 ④ 일상의 생산, 생활에서 자신을 희생하여 남을 구해준 경우 ⑤ 자연재해를 제압하거나 중대한 사고를 막는 데 있어 특별한 공을 세운 경우 ⑥ 기타 국가나 사회에 중대한 공헌을 한 경우.

감형 이후 실제 집행하는 형기는 관제·단기징역·유기징역을 선고한 경우

에는 원판결 형기의 2분의 1 이하로 낮출 수 없고, 무기징역을 선고한 경우에
는 13년 이하로 낮출 수 없다(「형법」 제78조).

범죄자의 감형에 관해서는 집행기관이 중급 이상의 인민법원에 감형건의서
를 제출한다. 인민법원은 합의부를 구성하여 심리하고, 개전의 정 또는 공을 세
운 정이 확실히 있는 경우에는 감형하는 결정을 한다. 법정절차를 거치지 않으
면 감형할 수 없다(「형법」 제79조).

3) 마지막으로, 유기징역을 선고 받은 범죄자는 원판결 형기의 2분의 1 이
상을, 무기징역을 선고 받은 범죄자는 13년 이상을 실제 각 집행하고, 감독규정
을 성실히 준수하고, 교육개조를 받아들이며, 개전의 정이 확실히 있고, 재범의
위험이 없는 경우에는 가석방할 수 있다. 특별한 상황이 있는 경우에는 최고인
민법원의 심사비준을 거쳐 상술한 형기집행의 제한을 받지 않을 수 있다.

다만 누범 및 고의살인·강간·강도·납치·방화·폭발·위험물질 투척이나
조직폭력 범죄로 인하여 10년 이상 유기징역, 무기징역을 선고 받은 범죄자는
가석방해서는 안 된다(「형법」 제81조).

범죄자의 가석방에 관해서는 집행기관이 중급 이상의 인민법원에 가석방건
의서를 제출한다. 인민법원은 합의부를 구성하여 심리하고, 개전의 정 또는 공
을 세운 정이 확실히 있는 경우에는 가석방 결정을 한다. 법정절차를 거치지
않으면 가석방할 수 없다(「형법」 제82조).

4. 시효 및 사면 제도

1) 중국 「형법」에 규정된 시효 제도는 일종의 소추시효 제도이다. 즉, 법률
이 범죄소추기한을 명확하게 규정하고 있고, 그 기한을 도과하였는데도 소추하
지 않았다면, 사법기관은 더 이상 소추할 수 없다. 중국 「형법」의 규정에 따르
면, 범죄가 다음에 열거한 기간을 경과하면 소추하지 아니한다.

① 법정최고형이 5년 미만의 유기징역인 경우에는 5년이 경과한 때 ② 법
정최고형이 5년 이상 10년 미만의 유기징역인 경우에는 10년이 경과한 때 ③
법정최고형이 10년 이상의 유기징역인 경우에는 15년이 경과한 때 ④ 법정최

고형이 무기징역, 사형인 경우에는 20년이 경과한 때. 만일 20년 이후 반드시 소추해야 한다고 인정하는 경우에는 최고인민검찰원에 보고하여 그 심사비준을 얻어야 한다(「형법」 제87조).

그러나 인민검찰원, 공안기관, 국가안보기관이 입안立案수사하거나 인민법원이 사건을 접수한 이후에 수사 또는 심판을 피해 도주한 자에 대해서는 소추기한의 제한을 받지 아니한다. 이밖에, 피해자가 소추기한 내에 고소하여, 인민법원, 인민검찰원, 공안기관이 입안하여야 하는데도 입안하지 않았을 경우에는 소추기한의 제한을 받지 아니한다(「형법」 제88조).

2) 일반사면大赦과 특별사면特赦 제도를 함께 규정한 1954년 헌법에 비해, 현행 1982년 헌법은 단지 특별사면 제도만을 규정하고 있다.

일반적으로 일반사면은 특정한 시기에 발생한 특정한 종류의 범죄에 대하여 소추를 면제하거나 형 집행을 면제하는 제도로, 범죄도 사면하고 형 집행도 사면하게 된다. 그러나 특별사면은 특정한 범죄자에 대하여 형 집행을 전부 또는 일부 면제하는 제도로, 단지 형 집행만 면제되고, 범죄 자체는 면제되지 않는다.

「헌법」 규정에 따르면, 특별사면은 전국인민대표대회 상무위원회가 결정하고, 중화인민공화국 주석이 특별사면령을 발포하여 실시한다. 1979년 형법 및 1982년 헌법 시행 후, 중국은 줄곧 특별사면을 실시하지 않았다(1975년 이전에는 일곱 차례 특별사면 실시).

2015년 항일전쟁 및 세계반파시즘전쟁 승리 70주년을 기념하기 위하여, 중국정부는 일부 재소자들에 대해 특별사면을 실시할 것을 결정하였다. 2015년 8월 29일 시진핑 국가주석은 「주석특별사면령」에 서명하고, 제12기 전국인민대표대회 상무위원회 제16차 회의에서 통과한 「전국인민대표대회 상무위원회의 일부 재소자 특별사면에 관한 결정全國人大常委會關與特赦部分服刑罪犯的決定」에 따라 항일전쟁·해방전쟁 등에 참가했던 자 등 다음 네 부류의 재소자들에 대해 특별사면을 실시하였다.

① 중국인민 항일전쟁·중국인민 해방전쟁에 참가했던 재소자

② 중화인민공화국 성립 후, 국가주권·안보 및 영토의 완전성을 보위하는 대외전쟁에 참가했던 재소자. 단, 부패수뢰범죄·고의살인·강간·강도·납치·방화·폭발·위험물질 투척이나 조직폭력 범죄·범죄조직성 조직범죄·국가안보위해危害범죄·테러범죄를 저지른 자와 조직범죄의 주범 및 누범은 제외한다.

③ 만 75세 이상이고 중증장애인으로서 생활능력이 없는 재소자

④ 범행 당시 나이가 만 18세 미만이고 3년 이하의 유기징역을 선고 받았거나 남은 형기가 1년 이하인 재소자. 단, 고의살인·강간 등 심각한 폭력성 범죄·테러범죄·마약매매범죄를 저지른 자는 제외한다.

제3절 중국 형사소송법 개론

I 중국 형사소송법의 입법과 기본원칙

1. 중국 형사소송법의 입법

1949년 이후 전국인민대표대회는 「인민법원조직법」(1954년)·「체포·구류조례拘留逮捕條例」(1954년) 등 형사소송절차와 관련된 단행 법률의 제정 외에, 형사소송법의 제정을 준비하기 시작하였다. 1954년 중앙인민정부는 「중화인민공화국형사소송조례」(초안)를 기초하고, 1957년 「중화인민공화국 형사소송법 초안」을 사회에 공포하여 의견을 구하였다. 그 후 중국 국내 정치정세로 인하여 형사소송법의 입법계획은 유보되었다. 이렇게 사회주의 중국의 첫 번째 형사소송법의 제정은 문화대혁명 이후로 연기되었다.

1979년 제5기 전국인민대표대회 제2차 회의에서 「중화인민공화국 형사소송법」을 정식으로 통과시켰고, 1980년부터 시행되었다. 이 법률은 1996년과 2012년에 대폭 개정되었다. 중국에서는 일반적으로 개정 전후의 형사소송법을 각각 79년 형소법·96년 형소법·12년 형소법이라고 부른다.

2. 중국 형사소송법의 기본원칙

1) 중국 「형사소송법」의 총칙 규정에 따르면, 중국 「형사소송법」의 기본원칙에는 다음과 같은 내용이 포함된다.

① 사실에 근거하고, 법률을 기준으로 하며, 모든 공민에 대해 법률 적용에 있어서 일체 평등하다.

② 각 기관은 형사소송에서 책임분담, 상호협력, 상호제약한다.

③ 인민검찰원은 법에 따라 형사소송에 대해 법률 감독을 실시한다.

④ 각 민족의 인민은 자신의 민족어를 사용하여 소송을 진행할 권리가 있다.

⑤ 인민법원은 심판권을 독립적으로 행사하고, 인민검찰원은 검찰권을 독립적으로 행사한다.

⑥ 인민법원의 법에 따른 판결을 거치지 않고 유죄를 확정해서는 아니 된다.

⑦ 심판은 공개한다.

⑧ 2심제를 실시한다.

⑨ 범죄피의자·피고인은 변호를 받을 권리가 있고, 소송참여자의 소송권리를 보장한다.

상술한 기본원칙 중 중국 형사소송구조의 특징을 잘 나타내는 내용은, 각 사법기관의 형사소송에서의 지위 및 책임분담에 관련된 두 번째 원칙이다.

2) 중국 「형사소송법」은 인민법원, 인민검찰원과 공안기관이 형사소송을 진행하는 경우에 책임분담, 상호협력, 상호제약하여 반드시 정확하고 효과적으로 법률을 집행하여야 한다고 규정하고 있다(「형사소송법」 제7조). 이는 중국 형사소송에서 각 기관의 지위에 관한 원칙적인 규정이다.

구체적으로 각 기관의 책임분담에 관하여 살펴보면, 공안기관은 일반 형사사건의 수사·범죄피의자에 대한 구류·체포집행 및 예심預審을 담당하고, 인민검찰원은 체포비준·직접 접수한 사건에 관한 수사·인민법원에의 공소제기를 담당하며, 인민법원은 심판을 담당한다.

상호협력에 관하여 살펴보면, 공안기관이 체포 및 송치 심사를 제청하면 인

민검찰원은 심사 및 결정을 한다. 인민검찰원이 공소를 제기하면 법원은 심리
및 판결을 한다. 인민검찰원의 체포비준·체포결정 및 인민법원의 체포결정은
공안기관이 집행한다.

마지막으로 상호제약에 관하여 살펴보면, 인민검찰원에는 공안기관의 수사
활동과 인민법원의 심리에 대해 법률 감독을 실시하고, 인민법원에 교정의견을
제출할 권한이 있다(「형사소송법」 제203조). 그리고 공안기관에는 인민검찰원의 체포
결정에 대해, 해당 인민검찰원에 재의復議를 제출하거나 직상급 인민검찰원에
재심사復核를 제출할 권한이 있다(「형사소송법」 제90조).

3) 이렇듯 중국 형사소송에서 인민법원·인민검찰원과 공안기관은 원칙적으
로 상호독립 및 상호제약의 관계에 있고, 상급·하급 또는 복종·피복종관계가
아니다. 중국 형사소송에서 인민검찰원이 공안기관을 지휘한다거나, 인민법원이
인민검찰원 등 기타 사법기관으로부터 완전히 독립하는 상황은 존재하지 않는다.

각 전문기관의 지위와 직능에 관한 이러한 안배는, 중국 특유의 사법체제와
관계가 있고(인민법원과 인민검찰원을 두 개의 병렬적인 사법기관으로 인정), 중국 「형사소송법」
이 설정한 기본이념과 임무와도 서로 부합한다. 형사소송법의 임무에 관해, 중
국 「형사소송법」은 우선 '범죄사실을 정확하고 신속하게 조사하여 밝히고, 법
률을 정확하게 적용하며, 범죄자를 처벌하는 것을 보증'하고, '범죄행위와 적극
적으로 투쟁하며 사회주의 법제를 수호'할 것을 강조하였다. 이를 위하여 각 기
관은 적극적으로 협력하여, 범죄자를 처벌하고 사회질서를 수호하며 실체적 정
의를 추구하여야 한다. 물론, '죄 없는 자가 형사추궁을 받지 않도록 보장'하며,
'인권을 존중하고 보장'하는 것도 형사소송법의 임무에 속한다.

그러나 실체적 정의와 절차적 정의가 서로 충돌하는 경우, 즉, '범죄자를 처
벌하고 사회치안을 수호'하여야 하는 요구와 '공민의 인권을 존중하고 보장'하
여야 하는 가치가 서로 모순되는 경우, 중국 「형사소송법」은 여전히 전자를 더
욱 중시하고 있는 것으로 보인다.

Ⅱ 중국 형사소송의 주체와 소송참가자

1. 중국 형사소송의 주체 및 권한

중국 형사소송의 주체는 형사소송 전문기관이라고도 부르는데, 법에 따라 직권을 행사하여 형사소송활동을 진행하는 국가기관을 말한다. 중국 형사소송 전문기관으로는 인민법원·인민검찰원 및 공안기관이 있다.

중국 「형사소송법」에 따른 인민법원·인민검찰원 및 공안기관의 업무분담은 다음과 같다.

[표 4] 중국 「형사소송법」에 규정된 인민법원·인민검찰원 및 공안기관의 업무분담

	형사소송에서의 지위	주요 직권
공안기관	수사偵察기관 형벌집행기관	① 수사·예심 ② 구류·체포 제청 및 집행 ③ 관제 등 일부 형벌 집행
인민검찰원	공소기관 및 법률감독기관 일부 형사사건 수사기관	① 직접 접수한 사건의 수사 ② 공안기관 수사 사건에 관한 체포 여부·기소여부 결정 ③ 공소 제기 및 지지支持 ④ 기타기관 법률감독
인민법원	심판기관	① 형사사건 심판 ② 필요시, 수사 활동 보완, 체포 등 강제조치 결정

위와 같이 중국 형사소송의 과정에서 공안기관은 일반 형사사건의 수사를, 인민검찰원은 공소를, 인민법원은 심판을 담당한다.

공안기관은 입안수사 활동에 있어서 인민검찰원으로부터 법률감독을 받지만, 비교적 독립적이고 인민검찰원의 지휘를 받지는 않는다. 수사단계에서 공안기관은 구류 등 체포 이외의 강제조치를 취할 권한이 있으나, 체포에는 인민검찰원의 비준이나 인민법원의 결정이 필요하다.

특수한 형사사건에서는 공안기관 이외의 기타 국가기관이 공안기관과 같은 직능을 행사한다. 구체적으로 ① 국가안보기관國家安全機關은 국가안보를 위해危害하는 형사사건을 처리하고 ② 군대보위기관은 군대내부에서 발생하는 형사사건을 처리하며 ③ 교도기관은 교도기관 내부에서 발생하는 형사사건을 처리하고 ④ 세관海關의 밀수범죄 수사부서는 밀수범죄를 처리한다.

2. 중국 형사소송의 소송참가자

형사소송 전문기관 외에 형사소송에서 일정한 권리를 향유하고 일정한 소송의무를 부담하는 사람을 소송참가자라고 부른다. 중국 「형사소송법」에 따르면 소송참가자는 당사자와 기타소송참가자로 구분된다. 당사자로는 범죄피의자 및 피고인, 피해자, 고소·고발인自訴人, 부대민사소송의 원고와 피고가 있고, 기타소송참가자로는 구체적으로 법정대리인, 소송대리인, 변호인, 증인, 감정인 및 통역인이 있다「형사소송법」 제106조).

96년 형사소송법 개정으로 소송당사자 중 '범죄피의자犯罪嫌疑人'와 '피고인'을 명확하게 구별하였다. 즉, 공소사건에서 검찰기관이 인민법원에 공소제기를 하기 이전에 형사소추를 받은 자는 '범죄피의자'로, 공소제기 후에는 '피고인'으로 부른다. 판결과 재정에 법률적 효력이 발생한 후, 이미 유죄판결을 선고 받은 피고인은 일반적으로 '범죄자罪犯'라 부른다. 이렇듯 중국 「형사소송법」에서 '범죄피의자', '피고인', '범죄자'는 형사소송의 각 단계별로 형사소추를 받은 당사자를 구별하는 호칭이라고 하겠다.

소송대리인과 변호인은 다음과 같이 구별한다. 소송대리인은 ① 공소사건의 피해자(및 그 법정대리인이나 근친족), ② 고소·고발사건의 고소·고발인(및 그 법정대리인), ③ 부대민사소송의 당사자(및 그 법정대리인)가 소송참가를 위탁한 자이고, 변호인은 범죄피의자 및 피고인(및 그 법정대리인)이 변론을 위탁하거나 인민법원이 변론을 지정한 자이다.

중국 「형사소송법」의 규정에 따르면 ① 변호사, ② 인민단체나 범죄피의자·피고인의 소재단위所在單位가 추천한 자, ③ 범죄피의자·피고인의 후견인·친척과 친구親友 등(그러나 형 집행 중이거나 법에 따라 인신의 자유가 박탈·제한된 자는 제외)이 소송대리인이나 변호인이 될 수 있다. 즉, 중국 형사소송에서 소송대리인이나 변호인은 오직 변호사에만 국한되지는 않고, 범죄피의자 소속 직장에서 추천한 자 및 범죄피의자의 친척이나 친구도 변호인의 역할을 맡을 수 있다. 마지막으로, 형사소송에서 법정대리인은 피대리인의 부모·양부모·후견인 및 보호책임을 지고 있는 기관·단체의 대표가 맡을 수 있다(「형사소송법」 제32조, 제45조, 제106조).

Ⅲ 중국 형사소송법의 주요 제도

1. 관할 제도

관할은 국가전문기관이 법에 따라 형사사건을 접수하는 경우의 직권범위에 따른 업무분담을 가리키는데, 중국 「형사소송법」상 관할은 입안관할과 심판관할로 구분한다.

1) 그중에서 입안관할立案管轄은 중국 「형사소송법」에서 비교적 특수한 제도로, 형사사건을 직접 접수하는 경우의 공안기관·인민검찰원 및 인민법원의 권한분담을 가리킨다. 구체적으로 공안기관은 일반적인 형사사건을 접수한다(국가안보위해危害관련 범죄·군대내부범죄·교도기관내부범죄·밀수범죄는 국가안보기관·군대보위기관·교도기관 및 세관이 각각 접수).

인민검찰원은 국가공무원범죄를 직접 접수하는데, 구체적으로 ① 부패수뢰범죄 ② 국가공무원 독직범죄 ③ 국가기관의 공무원이 직권을 이용하여 실행한 불법非法구금·고문에 의한 자백 강요刑訊逼供·모해보복報復陷害·불법非法수사로 공민의 인신의 권리를 침해한 범죄 및 공민의 민주적 권리를 침해한 범죄 ④ 국가기관의 공무원이 직권을 이용하여 실행한 기타 중대한 범죄사건에 관해 성급 이상 인민검찰원의 결정을 거친 사건을 접수한다.

인민법원은 자소사건自訴案件(고소·고발사건)을 직접 접수한다. 자소사건은 구체적으로 세 가지인데, ① 「형법」상 고소가 있어야 비로소 처리하는 사건, ② 피해자가 입증할 증거를 가지고 있는 경미한 형사사건, ③ 피해자가 자신의 인신, 재산에 관한 권리를 침해하는 피고인의 행위에 관하여 형사책임을 추궁해야 함을 입증할 증거를 가지고 있으나 공안기관 또는 인민검찰원이 피고인의 형사책임을 추궁하지 않는 사건이 이에 해당한다.

  2) 입안관할에서는 각 전문기관이 형사사건을 접수하는 경우의 권한배분을
규정하고 있는 데 비해, 심판관할에서는 인민법원이 제1심 사건을 심판하는 경
우의 권한배분을 규정하고 있다. 인민법원의 심판관할과 관련하여 중국 「형사소
송법」은 심급관할 · 지역관할 · 지정관할 및 전문관할의 네 가지를 규정하고 있다.
  심급관할에 있어서, 형사사건은 일반적으로 기층인민법원이 관할하고, 중급
인민법원은 ① 국가안보위해危害 · 테러 사건과 ② 무기징역 · 사형에 처할 가능
성이 있는 사건, 이 두 가지 사건만 관할한다. 96년 형사소송법이 중급인민법원
의 관할로 규정하였던 외국인범죄 조항은 삭제되었다. 고급인민법원과 최고인
민법원은 각각 해당지역의 중대한 형사사건과 전국적으로 중대한 형사사건을
관할한다.
  지역관할에 있어서, 중국 「형사소송법」은 '범죄지법원 우선관할, 피고인거주지
법원 보조관할'의 원칙을 채택하였고, 같은 사건에 대해 여러 법원이 관할권을 가
진 경우 '최초접수법원 우선관할, 주요범죄지법원 보조관할'의 원칙을 적용한다.
  이밖에, 상급인민법원은 하급인민법원으로 하여금 관할권이 불분명한 사건
을 관할하도록 지정指定할 수 있고, 하급인민법원으로 하여금 사건을 다른 인
민법원에 이송하도록 지정할 수도 있다(지정관할). 마지막으로 전문관할이란 특수
한 사건에서 일반인민법원이 아닌 전문인민법원이 관할하는 경우를 말한다.
현재 중국의 전문법원으로는 주로 군사법원 · 철로운수법원 및 삼림법원 등이
있다(「형사소송법」 제18조-제27조).

2. 회피 제도

  회피란 형사소송에서 사건과 모종의 이해관계가 있는 전문기관의 관계자
人員 및 기타 관계자를 당해 사건처리과정에 참가할 수 없게 하는 제도를 말한
다. 회피 제도의 적용을 받는 자로는 심판관계자 · 검찰관계자 · 수사관계자 · 기록원
書記員 · 통역인 · 감정인이 있다. 회피는 자진회피도 가능하고, 당사자 등의 회피
신청도 가능하며, 인민법원원장 등의 회피명령으로도 가능하다.

회피사유는 구체적으로 다음의 다섯 가지이다.

① 관계자가 당해 사건의 당사자이거나 당사자의 근친족인 경우

② 관계자 본인이나 본인의 근친족이 당해 사건과 이해관계가 있는 경우

③ 관계자가 당해 사건의 증인·감정인·변호인·소송대리인을 담당하였을 경우

④ 관계자가 당해 사건의 당사자와 다른 관계가 있어, 공정한 사건처리에 영향을 미칠 수 있는 경우

⑤ 관계자가 당사자 및 그 수탁인의 접대나 선물을 받거나 규정을 위반하여 당사자 및 그 수탁인을 접견한 경우.

이 중에서 마지막 항목은 96년 형사소송법에 새로 추가된 내용으로, 관계자가 사건처리과정에서 당사자의 접대나 선물을 받은 경우나 사적으로 당사자 및 그 수탁인을 접견한 경우, 상대편 당사자는 회피신청을 할 수 있다.

당사자 등이 신청한 회피청구 중,

① 심판관계자·검찰관계자·수사관계자에 대한 회피는 각각 원장·검찰장檢察長·공안기관책임자가 결정하여야 한다.

② 원장의 회피는 당해 법원 심판위원회가 결정하며, 검찰장 및 공안기관책임자의 회피는 동급 인민검찰원 검찰위원회가 결정한다.

③ 기록원·감정인 및 통역인의 회피는 소송단계에 따라 소송 중인 심급의 전문기관책임자가 결정하여야 한다.

당사자의 회피신청 후 유관 기관이 회피여부의 결정을 내리기 전까지, 당사자의 신청을 받은 관계자는 당해 사건의 소송절차를 잠시 정지하거나 당해 사건의 소송절차에서 물러나야 한다.

그러나 중국「형사소송법」은 형사사건 수사 활동의 특수성에 관한 고려에서 수사관계자에 대해서는 예외규정을 두었다. 즉, 수사관계자에 대한 회피여부의 결정이 내려지기 전이라도, 수사관계자는 사건수사를 정지하지 않을 수 있다. 회피신청의 결정에 대해 당사자 및 그 법정대리인은 당해 결정을 내린 개인이나 조직에 대하여 한차례 재의復議를 신청할 수 있다(「형사소송법」 제28조-제31조).

3. 변호 제도

1) 상술한 대로, 중국 「형사소송법」에 따르면 변호사 외에도 인민단체나 범죄피의자·피고인의 소재단위가 추천한 자, 범죄피의자·피고인의 후견인·친척과 친구도 변호인이 될 수 있다. 이는 주로 중국의 국내상황을 고려한 규정이다.

1949년 이후 중국에서는 오랫동안 독립적인 직업으로서의 변호사가 존재한 적이 없었다. 현행 변호사 제도는 1990년대 이후에 형성되었고, 최근 변호사자격증을 가진 변호사의 수가 꾸준히 증가하고는 있지만, 변호임무를 수행할 수 있는 변호사는 많은 지역에서 여전히 부족하다. 이리하여 12년 형사소송법에 이전의 규정을 여전히 유보해두었고, 필요한 경우 '인민단체나 범죄피의자·피고인의 소재단위가 추천한 자'도 형사소송에서 변호인이 될 수 있다.

그러나 전문법조인으로서 변호사와 변호사가 아닌 변호인의 소송상 지위는 완전히 동일하지는 않으며, 개입시점 및 구체적인 권리 부분에서 어느 정도 차이가 있다. 개입시점 상 범죄피의자는 수사기관으로부터 제1차 신문을 받거나 강제조치가 채택된 날로부터 변호인을 선임할 권리가 있으나, 수사기간에는 변호사만 변호인으로 선임할 수 있다(「형사소송법」 제33조).

새로 개정된 「형사소송법」 및 「변호사법律師法」(2007년 개정)의 규정에 따르면, 변호인의 주요 권리는 ① 열람권閱卷權 ② 접견통신권會見通信權 ③ 조사·증거수집권調查取證權 ④ 사건의 경위 조사·법률조력제공권 ⑤ 탄원申訴·고소控告·의견제출 등의 권리 ⑥ 법정조사 참가 및 법정 변론권 ⑦ 기타의 권리이다.

그중에서 변호사인 변호인은 인민검찰원이 사건에 관한 기소심사를 하는 날부터 당해 사건의 사건기록案卷材料을 열람·발췌복사·복제할 수 있으며, 구금되어 있는 범죄피의자·피고인과 접견 및 통신을 할 수 있다. 그러나 변호사가 아닌 변호인은 사전에 인민법원·인민검찰원의 허가를 얻어야만 구금되어 있는 범죄피의자·피고인과 접견 및 통신을 할 수 있고, 상술한 자료를 열람·발췌복사·복제할 수 있다.

조사·증거 수집에 관해 「형사소송법」은 단지 변호사인 변호인만 증인 또는 그밖의 관련 단위單位나 개인의 동의를 얻어 그들을 상대로 당해 사건과 관련된 자료를 수집하거나, 인민법원이나 인민검찰원의 허가를 얻고, 아울러 피해자나 그 근친족, 피해자가 내세운 증인의 동의를 얻어 그들을 상대로 당해 사건과 관련된 자료를 수집할 수 있다고 규정하고 있다(변호사의 조사·증거 수집 시 동의가 필요한 지 여부의 문제에 관해 「형사소송법」 규정과 다르게 「변호사법」은 사전 동의가 필요하지 않다고 규정하고 있음). 그러나 변호사가 아닌 변호인에게는 이러한 권리가 없다.

만일 변호인이 수사·기소 심사기간 중 공안기관·인민검찰원이 범죄피의자· 피고인의 무죄 또는 경한 죄를 입증할 증거자료를 수집하였으나 제출하지 않았 다고 판단한 경우, 인민검찰원·인민법원에 증거조사調取를 신청할 권리가 있다.

2) 변호인의 의무는 주로 다음과 같다.

① 범죄피의자·피고인이 증거를 은닉·훼손·위조하거나 공모하여 허위진 술을 하는 것을 도와서는 안 되고, 증인을 위협·유인하여 위증을 하도 록 해서는 안 되며, 그밖의 사법기관의 소송활동을 방해하는 행위를 해 서는 안 된다.

② 변호사인 변호인은 업무수행 중 알게 된 의뢰인의 비밀을 지켜야 한다. 단, 의뢰인 등이 국가안보위해危害, 공공안보위해危害 및 타인의 신변안전 에 심각한 위해를 끼치는 범죄를 계획하거나 실행하는 것을 알게 된 경 우에는, 사법기관에 이를 즉시 알려야告知 한다(「형사소송법」 제42조, 제46조).

이밖에, 「변호사법」에 따르면 형사소송에서 다음과 같은 변호사의 행위는 위법행위에 속한다.

① 사적으로 청탁을 받고, 비용을 받으며, 의뢰인으로부터 금품이나 기타 이익을 얻은 경우

② 법률서비스를 제공한다는 편리를 이용하여 당사자가 다투는 권익을 도 모한 경우

③ 상대방 당사자로부터 금품이나 기타 이익을 얻고, 상대방 당사자나 제3 자와 악의로 결탁하여, 의뢰인의 권익을 침해한 경우

④ 규정을 위반하여 판사·검사·중재인仲裁員 및 기타 업무관계자를 접견한 경우

⑤ 판사·검사·중재인 및 기타 업무관계자에게 뇌물을 제공하여 뇌물을 수
  수하도록 소개하거나 혹은 당사자가 뇌물을 제공하도록 지시·유도하거
  나 또는 기타 정당하지 않은 방법으로 판사·검사·중재인 및 기타 업무
  관계자가 법에 따라 사건을 처리하는 데 영향을 미친 경우

⑥ 고의적으로 허위증거를 제공하거나 또는 타인이 허위증거를 제공하도록
  위협·유도하여 상대방 당사자가 합법적으로 증거를 획득하는 것을 방해
  한 경우

⑦ 당사자가 공공질서를 교란하거나 공공안보를 위해危害하는 등의 불법적인
  非法 수단을 사용하여 다툼을 해결하도록 선동, 교사한 경우

⑧ 법정·중재심판정의 질서를 어지럽히거나 소송·중재활동의 정상적인 진
  행을 방해한 경우(「변호사법」 제40조).

4. 증거 제도

중국 「형사소송법」은 다음의 증거자료는 조사를 거쳐 진실한 것으로 입증된
경우 사건의 사실을 확정하는 근거로 삼을 수 있다고 규정하고 있다. 물증, 서
증, 증인의 증언, 피해자의 진술, 범죄피의자·피고인의 자백과 해명, 감정결과,
검증·검사·식별辨認·수사실험 등의 기록, 시청각자료 및 전자자료가 그것이다.

입증책임, 즉 법원에 제출된 증거의 입증책임은 이를 주장한 자에게 있는
데, 중국 「형사소송법」은 다음과 같이 규정하고 있다. 공소사건에서 피고인이
유죄라는 점에 관한 입증책임은 공소기관이 부담하고, 자소사건에서 피고인이
유죄라는 점에 관한 입증책임은 자소인自訴人이 부담하며, 부대민사소송에서의
배상청구에 관한 입증책임은 부대민사소송의 원고가 부담한다.

2012년 형사소송법은 증거 제도와 관련하여 다음의 두 가지를 비교적 크게
개정 및 보완하였다.

첫째, 소위 '강요에 의한 범죄인정 금지' 원칙을 「형사소송법」에 명확하게
규정하였다(「형사소송법」 제50조). 즉, 어떠한 자도 강요를 받아 자신의 진술로 자신
의 유죄를 입증해서는 안 된다. 이는 유엔국제인권협약 및 대다수국가의 헌법
이나 형사소송법이 요구하는 기본원칙이다. 중국 「형사소송법」이 강요에 의한

범죄인정 금지원칙을 명확히 하여야 하는지 여부를 둘러싸고 중국에서 줄곧 논쟁이 있어 왔다. 2012년 이 내용을 법률에 명시하기는 하였으나, 중국 「형사소송법」은 범죄피의자의 묵비권 및 자발적 진술의 원칙을 규정하지 않았고, 도리어 범죄피의자에게 '사실대로 답할 의무'를 요구하고 있다(「형사소송법」 제118조). '강요에 의한 범죄인정 금지' 및 '사실대로 답할 의무' 사이의 모순을 어떻게 해결할 것인지 및 사실대로 답할 의무 조항의 삭제나 개정 요구에 따를 것인지 여부가 이후 중국 「형사소송법」의 쟁점 중의 하나가 될 것이다.

둘째, 위법非法증거배제 제도의 개선이다. 새로운 「형사소송법」은 증거 수집 절차에서 고문에 의한 자백 강요刑訊逼供 및 위협·유인·기만 및 기타 위법적인 방법을 통한 증거 수집을 엄격하게 금지할 것을 국가전문기관에 요구하였을 뿐 아니라, 아울러 위법으로 수집한 증거는 반드시 배제하여야 한다고 명확하게 규정하였다. 이 조항의 실효성을 제고하기 위하여 「형사소송법」은 나아가 인민법원·인민검찰원 및 공안기관이 위법증거배제의무를 진다고 규정하였고, 법정 심리절차에 위법증거배제에 관한 조사절차를 규정하였다. 증거 수집의 합법성에 관한 조사절차에서 인민검찰원은 증거의 합법성을 입증할 책임을 진다. 법정심리를 거쳐, 위법적인 방법으로 증거를 수집한 정황의 존재가 확인되거나 이를 배제할 수 없는 경우, 관련 증거는 배제되어야 한다(「형사소송법」 제50조, 제54조, 제58조).

5. 강제조치

강제조치란 공안기관·인민검찰원 및 인민법원이 형사소송의 원활한 진행을 위하여 법에 따라 범죄피의자·피고인의 인신의 자유를 제한하거나 박탈하는 각종 강제적인 방법을 말한다. 중국 「형사소송법」은 다섯 가지의 강제조치를 규정하였는데, 각각 구인拘傳, 보석取保候審, 주거감시, 구류, 체포이다. 다섯 가지 강제조치의 내용·결정기관·기한 등은 아래 [표 5]와 같다.

중국 형사실무에서는 오랫동안 구금기한 초과超期羈押 현상이 심각하게 만연해 있었다. 구금기한 초과란 범죄피의자와 피고인을 구류·체포한 후 법정法定 수사·기소심사 및 심판 기한을 준수하지 않고, 유죄판결이 내려지지 않은 상황에서

[표 5] 중국 「형사소송법」에 규정된 다섯 가지 강제조치의 내용·결정기관·기한 등

종류	정의	결정기관	요건	기한
구인	강제출두 및 조사	공안기관·인민검찰원·인민법원	미구금 범죄피의자·피고인	12시간·최장 24시간 초과 못함
보석	보증금 납입 또는 보증인 세워 출두	공안기관·인민검찰원·인민법원 (공안기관집행)	사회적 위험성 기준 (「형사소송법」제65조에 규정된 네 가지 경우)	최장 12개월
주거 감시	거주지와 활동에 관한 감시와 통제 진행	공안기관·인민검찰원·인민법원 (공안기관집행)	체포조건에 부합하나 특수한 상황인 경우 (「형사소송법」제72조)	최장 6개월
구류	인신의 자유 임시박탈	공안기관·인민검찰원 (공안기관집행)	긴급한 경우 (「형사소송법」제80조에 규정된 일곱 가지 경우)	3일·7일까지 연장, 최장 30일/ 인민검찰원은 7일 내 체포여부 결정·비준
체포	인신의 자유 박탈	인민검찰원 비준·결정, 인민법원 결정 (공안기관집행)	유기징역 이상 가능, 일정한 사회적 위험성	수사·기소심사· 1심·2심의 법정기한

계속하여 범죄피의자와 피고인을 구금하는 위법행위를 말한다.

중국 최고인민검찰원의 통계에 따르면, 2013년 4월 30일까지 전국에서 3년 이상 구금된 장기구금미결사건이 총 1,845건 4,459명이며, 수감기간이 심지어 길게는 5년에서 8년에 달하는 경우들도 있었다. 구금기한 초과 문제를 해결하기 위하여, 2012년 형사소송법은 구금에 관한 감독조치를 강화하였다.

예를 들어, 범죄피의자와 피고인의 체포 후에도 인민검찰원은 구금의 필요성에 관해 심사를 진행하여야 한다. 계속 구금할 필요가 없는 경우, 석방이나 강제조치의 변경을 건의하여야 한다. 유관 기관은 10일 내로 처리상황을 인민검찰원에 통지하여야 한다. 범죄피의자·피고인 및 그 법정대리인·근친족이나 변호인은 강제조치의 변경을 신청할 권리가 있다. 인민법원·인민검찰원 및 공안기관은 신청을 받으면 3일 내로 결정을 내려야 한다. 강제조치 변경에 부동의_{不同意}하는 경우, 신청인에게 고지하고 부동의하는 사유를 설명하여야 한다(「형사소송법」 제93조, 제95조).

「형사소송법」의 개정 외에, 최고인민법원과 최고인민검찰원 등은 여러 차례 통지를 하달하고 규칙을 제정하여 구금기한 초과문제를 해결하고자 하였다.

1998년 최고인민법원·최고인민검찰원·공안기관은 공동으로 《범죄피의자·피고인의 구금기한에 관한 〈형사소송법〉 규정의 엄격 집행, 구금기한 초과문제 엄정 대처에 관한 통지關與嚴格執行〈刑事訴訟法〉關與對犯罪嫌疑人、被告人羈押期限的規定, 堅決糾正超期羈押問題的通知》를 하달하였고, 2003년에 또 3개 기관 공동으로 《〈형사소송법〉의 엄격 집행, 구금기한 초과문제 엄정 대처에 관한 통지關與嚴格執行〈刑事訴訟法〉, 切實糾防超期羈押的通知》를 공포하였으며, 같은 해 최고인민법원은 《10개 항목 제도 추진, 새로운 구금기한 초과문제 엄정 대처에 관한 통지關與推行十項制度, 切實防止産生新的超期羈押的通知》를 공포하였다.

최근 2015년 8월, 최고인민검찰원은 《인민검찰원 형사 집행 검찰부서의 구금기한 초과 및 장기구금미결사건 예방 및 대처 사무규정人民檢察院刑事執行檢察部門豫防和糾正超期羈押和久押不決案件工作規定(시행)》을 하달하였는데, 구금기한 초과가 중국의 사법실무에서 여전히 근본적으로 해결되지는 못하였다는 점을 알 수 있다.

제4절   중국 형사소송의 일반절차

중국 형사소송의 기본절차는 다음과 같다.

[그림 6] 중국 형사소송의 기본절차

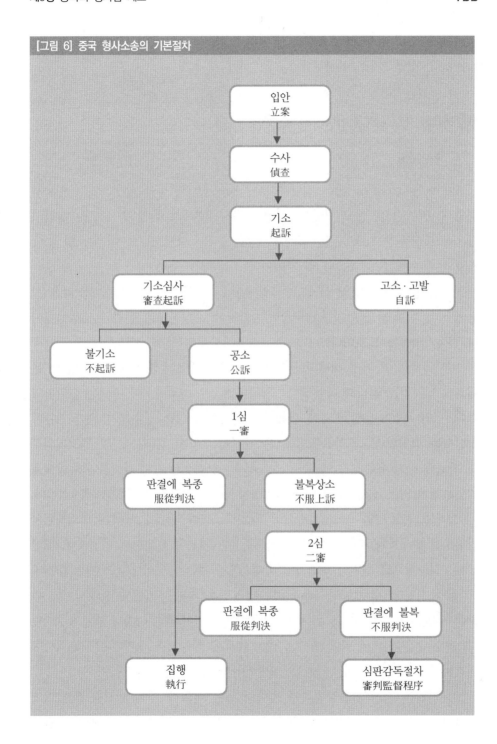

이렇듯 중국의 형사소송절차는 대체로 전심절차(입안, 수사, 기소), 심판절차(1심, 2심, 심판감독) 및 집행절차로 구성된다.

I 심판 전前 절차: 입안, 수사, 기소

1. 입안立案

입안은 관련 국가기관이 입안 자료에 따라 범죄사실이 발생하였고 형사책임의 추궁이 필요하다고 판단하여, 이를 형사사건으로 삼아 수사 또는 심판이라는 소송활동의 진행을 결정하는 것인데, 중국 「형사소송법」에 따르면 입안 자료의 출처는 주로 다음의 네 가지이다.

① 단위單位나 개인의 신고報案·고발擧報 ② 피해자의 신고報案·고소控告 ③ 범죄자의 자수 ④ 공안기관이나 인민검찰원이 자체적으로 발견한 범죄사실이나 범죄피의자가 그것이다.

여기에서는 몇 가지 개념의 구분이 필요하다. 우선, '신고報案'와 '고발擧報'은 범죄의 인지정도에 따라 구분된다. 즉, 신고報案는 범죄사실의 발생은 발견하였으나, 범죄피의자 등의 정황에 관해서는 분명하지 않은 상황에서 유관 기관에 고발하는 행위이다. 그러나 고발擧報은 자신이 파악한 범죄사실 및 범죄피의자의 정보를 관련 유관 기관에 폭로·보고하는 행위이다. 단지 범죄사실의 발생을 막연하게 알리는 신고報案에 비해, 고발擧報자료는 비교적 상세하고 구체적이다.

둘째, '고발擧報'과 '고소控告'는 그 주체가 다르다. 즉, 고소控告는 범죄행위의 직접적인 피해자가 자신의 이익을 위하여 유관 기관에 보고하는 행위이나, 고발擧報은 일반적으로 사건과 직접적인 이해관계가 없는 개인이나 조직이 제출한다.

입안 자료에 대해 공안기관·검찰·법원 3개 기관은 자신의 관할범위에 속하는지 여부에 관계없이 모두 우선 접수하여야 하며, 회피하거나 거부할 수 없다. 접수 후 자신의 관할에 속하지 않는 자료에 대해서는 주관기관에 송치하여 처리하여야 하며, 신고인·고소인·고발인에게 통지하여야 한다.

각 기관은 자신의 관할범위에 속하는 입안 자료에 대해 심사를 진행하고, 입안이나 불不입안 결정을 내린다. 고소인이 제출한 사건자료에 대해 각 기관이 불입안 결정을 하는 경우, 고소인은 재의復議를 신청할 수 있다.

이밖에, 인민검찰원은 공안기관이 입안, 수사하여야 할 사건에 대하여 입안, 수사를 하지 아니하였다고 인정하는 경우, 또는 피해자가 공안기관이 입안, 수사하여야 할 사건에 대하여 입안, 수사하지 아니하였다고 판단하여 이러한 사실을 인민검찰원에 제기하는 경우에는 공안기관에 대하여 불입안 이유를 설명할 것을 요구하여야 한다.

인민검찰원은 공안기관의 불입안 이유가 이유 없다不能成立고 인정하는 경우, 공안기관에 입안할 것을 통지하여야 하고, 공안기관은 그 통지를 받으면 입안하여야 한다. 마지막으로, 고소인은 공안기관과 인민검찰원이 불입안하는 경우, 「형사소송법」에 규정된 세 가지 고소 · 고발 사건에 해당하면 인민법원에 직접 제소할 수 있다(「형사소송법」 제204조).

2. 수사

1) 수사는 중국 형사소송절차에서 독립적인 단계로, 공안기관 · 인민검찰원이 사건처리절차에서 법률에 따라 전문적인 조사 작업 및 관련된 강제조치를 진행하는 것이다. 이렇게 중국의 수사기관은 공안기관과 인민검찰원, 2개의 주체로 구분된다. 수사기관과 기소기관의 관계에 관해 중국 「형사소송법」은 범죄사건의 성격에 따라 각기 다른 모델을 채택하였다고 할 수 있다.

일반적인 형사사건에 관해서는 소위 '수사 · 기소 분리체계', 즉, 공안기관이 수사기관이 되어 기소기관으로부터 독립하여 수사 활동을 책임지는 형식을 취하고 있다. 한편으로, 국가공무원 부패수뢰 및 독직 범죄 등에 관해서는 '수사 · 기소 결합체계'를 채택하여, 기소기관이 동시에 수사 임무를 담당한다.

「형사소송법」이 규정하고 있는 수사 활동은 구체적으로 범죄피의자 신문訊問, 증인 · 피해자 신문詢問, 검증 · 검사, 수색, 물증 · 서증 압수 및 압류, 감정, 기술수사技術偵査, 지명수배 등이다. 공안기관은 수사 종결한 사건에 대해 범죄사실과 증거에 근거하여 인민검찰원이 기소여부를 심사하도록 송치결정을 내리거나 사건취소撤銷결정을 내린다. 인민검찰원이 직접 접수한 사건에 대해 인민검찰원은 공소제기, 불기소 또는 사건취소의 결정을 내린다.

구체적으로는 기소나 불기소 조건에 부합하는 경우, 인민검찰원의 수사부서가 '기소의견서'나 '불기소의견서'를 작성하여 인민검찰원의 공소부서에 송치한다. 사건을 취소하여야 하는 경우, 인민검찰원의 수사부서가 '사건취소의견서'를 작성하여 검찰장 또는 검사위원회에 보고하여 토론·결정 후 사건을 취소한다.

2) 중국 「형사소송법」에는 수사기간에 관한 명확한 규정이 없다. 이론상 수사 활동은 무기한으로 진행해나갈 수 있다. 그러나 범죄피의자가 체포되어 있는 경우, 법률에서 일정한 기한 내에 수사의 종결을 요구한다. 일반적인 상황에서 범죄피의자 체포 후의 구금수사는 2개월을 초과해서는 안 되며, 2개월 내에 사건을 종결하거나 체포된 범죄피의자를 석방하여야 한다.

2개월의 구금수사기간은 구체적인 상황에 따라 다음과 같이 연장할 수 있다.
① 사건의 내용이 복잡하여 기간만료 전에 종결할 수 없는 사건은 직상급 인민검찰원의 비준을 거쳐 1개월 연장할 수 있다.
② 일부 중대하고 복잡한 사건에서 상술한 규정의 기한이 만료되어 수사를 종결할 수 없는 경우, 성급인민검찰원의 비준이나 결정을 거쳐 2개월 연장할 수 있다.
③ 10년 이상의 유기징역에 처할 수 있는 범죄피의자에 대하여 상술한 규정에 따라 연장된 기간이 만료되었으나 여전히 수사종결이 불가능한 경우, 성급인민검찰원의 비준이나 결정을 거쳐 다시 2개월을 연장할 수 있다.
④ 특수한 사유로 인하여 비교적 긴 시간이 지나도 심판에 회부하기 어려운 특별히 중대하고 복잡한 사건은 최고인민검찰원이 전국인민대표대회 상무위원회에 심리연기의 비준을 신청한다(「형사소송법」 제154조-제157조).

3. 기소

1) 중국 「형사소송법」은 일부 자소사건을 인정하므로, 기소는 기소주체에 따라 공소公訴와 자소自訴로 구분할 수 있다.

공소사건에서 수사기관이나 수사부서가 수사종결·기소 송치하는 사건에 대해 인민검찰원은 범죄사실과 증거 등에 대해 심사·사실조회 후 기소나 불기소

결정을 내린다. 인민검찰원은 기소단계 심사에서, 범죄피의자 신문, 피해자 · 변호인 의견 청취, 기타 증거의 조사 · 사실조회를 하여야 하고, 공안기관에 상응하는 증거의 제출, 증거 수집과정의 합법성에 관한 설명을 요구할 수 있다.

필요시 인민검찰원은 사건을 공안기관으로 돌려보내어 보충수사를 하게 하거나 인민검찰원이 자체적으로 수사할 수 있다. 인민검찰원은 공안기관이 기소 송치한 사건에 대하여 1개월 이내에 결정을 내려야 하며, 중대하고 복잡한 사건은 반 개월 연장할 수 있다.

2) 불기소는 법정불기소, 참작불기소 및 미결存疑불기소(증거부족불기소)의 세 가지 상황으로 구분한다.

「형사소송법」 규정에 따르면 ① 사안이 현저히 경미하고, 위해危害가 크지 아니하여 범죄로 인정되지 아니한 경우 ② 범죄가 이미 소추시효기간을 경과한 경우 ③ 특별사면에 의하여 형벌이 면제된 경우 ④ 「형법」상 고소가 있어야만 처리되는 범죄에 있어서 고소가 없거나 고소를 취하한 경우 ⑤ 범죄피의자나 피고인이 사망한 경우 ⑥ 그밖의 법률이 형사책임의 추궁을 면제하도록 규정하고 있는 경우 법정불기소결정을 하여야 한다(「형사소송법」 제15조).

참작불기소란 범죄의 정황이 경미하여 「형법」 규정에 의하여 형벌에 처할 필요가 없거나 또는 형벌을 면제하는 경우에 있어서 인민검찰원이 불기소결정을 할 수 있는 경우를 말한다.

이밖에 보충수사사건에 있어서 보충수사는 2차에 한하여 할 수 있다. 보충수사를 한 사건에 관하여 인민검찰원이 여전히 증거가 부족하여 기소요건에 부합하지 않는다고 인정하는 경우에는 불기소결정을 하여야 하며, 이것이 증거부족불기소이다(「형사소송법」 제171조, 제173조).

공안기관은 인민검찰원의 불기소결정에 잘못이 있다고 인정하는 때에는 재의復議를 요구할 수 있으며, 의견이 받아들여지지 아니할 경우에는 직상급 인민검찰원에 재심사復核를 신청할 수 있다. 피해자가 인민검찰원의 불기소결정에 불복하는 경우 직상급 인민검찰원에 탄원申訴할 수 있고, 직접 인민법원에 제소할 수도 있다. 인민검찰원의 참작불기소(가벼운 죄(輕罪)를 처벌하지 않음)에 대해 불기소된

자가 불복하는 경우에도 인민검찰원에 탄원할 수 있다.

Ⅱ 심판절차審判程序: 1심, 2심, 심판감독절차

1. 형사심판 개관

형사심판의 모델이나 형사심판의 구조는, 심판절차審判程序에서 판사와 양 변론당사자의 지위와 역할에 따라 일반적으로 '당사자주의심판모델'과 '직권주 의심판모델'로 구분된다.

96년 형사소송법 개정 전의 중국 형사소송법은 비교적 강한 직권주의 색채를 띤 심판모델을 채택했던 것으로 판단된다. 이러한 직권주의적 특징은 주로 판사 가 형사심판절차를 완전히 주도하고 통제하며, 판사가 사실조사 및 증거조사를 적극적이고 능동적으로 진행하고, 피고인의 소송상 지위가 효과적으로 보장을 받 지 못하고 심판 중 단순하게 판사의 심문대상이 되는 등의 측면에서 나타났다.

96년 형사소송법과 12년 형사소송법은 기존의 심판모델을 개혁하여 주로 당사자주의심판모델의 요소를 흡수하였다. 그 중점은 양 변론당사자의 심판에 서의 지위를 강화하고, 판사는 사실과 증거 조사를 더 이상 주도하지 않으며, 변론당사자의 권리를 확대하여 법정심문의 대립성을 강화하는 데 있다.

다만 중국 형사심판 제도에는 여전히 직권주의모델의 특징이 적지 않게 남 아 있다. 학자들은 일반적으로 중국 현행 심판모델을 '직권주의를 우선으로 하 고, 당사자주의를 보조로 하는 혼합형모델' 또는 직권주의모델에서 당사자주의 모델로 넘어가는 과도기 단계에 있는 것으로 이해하고 있다.

중국 「헌법」과 「형사소송법」의 규정에 의하면, 형사심판은 공개적으로 진행 하여야 한다. 심판공개원칙에는 심리공개와 선고공개가 있다. 「형사소송법」의 규정에 의하면 1심 형사사건에서 ① 국가기밀 관련 사건 ② 개인 사생활 관련 사건 ③ 미성년자의 범죄사건 ④ 영업비밀 관련 사건(당사자가 비공개를 신청한 경우)은 비공개로 심리한다. 비공개로 심리하는 사건은 법정에서 비공개심리의 이유를 발표하여야 한다. 심리의 공개여부와 관계없이, 판결의 선고는 반드시 모두 공 개한다(「형사소송법」 제183조, 제196조, 제274조).

2. 1심 절차

1) 형사사건의 1심 절차는 일반적으로 변론준비단계와 변론단계의 두 단계로 구성된다.

변론준비단계에서는 주로 ① 합의부의 구성원을 확정하고 ② 늦어도 개정 10일 이전에 피고인 및 그 변호인에게 인민검찰원의 공소장 부본을 송달하며 ③ 인민검찰원에 개정시간과 장소를 통지하고 ④ 당사자를 소환하고, 변호인·소송대리인·증인·감정인 및 통역인에게 통지하며, 늦어도 개정 3일 이전까지 소환장과 통지서를 송달한다. ⑤ 심판을 공개하는 사건인 경우에는 개정 3일 이전에 먼저 사건의 개요, 피고인의 성명, 개정시간과 장소를 공포한다.

변론단계에서는 주로 ① 개정 ② 법정조사 ③ 법정변론 ④ 피고인 최후진술 ⑤ 평의 및 판결 선고 등의 다섯 가지 절차를 밟게 된다. 심리기간과 관련하여, 인민법원은 공소사건을 접수한 후 2개월 이내에 판결을 선고하여야 하고, 늦어도 3개월을 초과할 수 없다.

사형선고가 가능한 경우나 부대민사소송의 경우 및 법정法定상황 중 하나를 갖춘 경우에는 직상급 인민법원의 비준을 거쳐 3개월을 연장할 수 있고, 특수한 상황으로 재연장하는 경우에는 최고인민법원의 비준을 신청하여야 한다(「형사소송법」 제202조).

2) 인민법원은 심리종결 후 사건의 실체적 문제에 관해 처리하고 결정하여야 한다. 즉, 판결을 내려야 한다. 판결은 유죄판결과 무죄판결로 구분한다. 무죄판결은 두 가지로 구분한다. ① 법률에 의하여 피고인의 무죄가 인정되는 경우에는 무죄판결을 하여야 한다. ② 증거부족으로 피고인의 유죄를 인정할 수 없는 경우에는, 증거부족으로 적시된 범죄가 성립하지 않는다는 무죄판결을 하여야 한다(「형사소송법」 제195조).

인민법원이 실체적 문제에 관해 '판결'로 결정을 내리는 데 비해, 심리과정에서 소송의 절차적 문제와 일부 실체적 문제에 관해 내리는 결정을 '재정裁定'이라 한다. 예를 들어 소송기한의 회복恢復訴訟期限, 심리의 중지, 공소나 고소·

고발에 대한 기각, 2심법원의 원판결 유지나 원판결 취소撤銷·파기환송, 사형의
심사·비준 등의 결정 시 재정을 적용한다.

  이밖에 중국 「형사소송법」 규정에서는 일부 소송의 절차적 문제의 처리에
있어 '결정'을 적용한다. 재정과 결정의 구별은 주로 상소와 항소의 가능여부에
있다. 일반적으로 재정에 대해서는 당사자 등이 상소나 항소를 제기할 수 있으
나, 결정의 경우에는 즉시 효력이 발생하였으므로, 상소나 항소의 가능성이 없
다(일부 결정에 대해서는 한차례 재의(復議)를 신청할 수 있음).

  중국 「형사소송법」은 '결정'을 적용할 수 있는 상황을 다음과 같은 경우로
규정하고 있다. ① 회피 관련 결정 ② 각종 강제조치의 채택이나 변경에 관한
결정 ③ 수사 중 범죄피의자 구금기한의 연장 결정 ④ 심리연기 결정 ⑤ 심판
감독절차의 제기 등이다.

3. 2심 절차

  1) 1심 인민법원이 내린 판결이나 재정裁定에 관해 아직 법률적 효력이 발
생하지 않은 경우, 상소인이 상소하거나 인민검찰원이 항소하면 직상급 인민법
원은 다시 심판하여야 하며, 2심절차가 개시된다. 상소를 제기할 권리가 있는
상소인으로는 1심사건의 당사자(피고인과 고소·고발인), 당사자의 법정대리인, 피고인
의 동의를 받은 변호인과 근친족이 있다.

  항소의 주체는 1심 인민법원의 동급 인민검찰원인데, 사건의 피해자는 인민
검찰원에 인민검찰원이 항소를 제기할 것을 요청할 수 있다. 판결에 불복하는
상소와 항소의 기간은 10일이고, 재정에 불복하는 상소와 항소의 기간은 5일이
며, 판결문 또는 재정문을 받은 다음날부터 기산한다.

  인민법원은 2심 심판의 심리 시 '전면심사원칙'에 따라야 하는데, 사건의 사
실 및 법률 적용의 실체적·절차적 문제에 관하여 전면적인 심사를 하여야 하
고, 상소 또는 항소 범위의 제한을 받지 아니한다.

  이밖에 중국 「형사소송법」은 '불이익변경금지원칙上訴不加刑原則'을 2심 심판
의 기본원칙으로 삼는다. 즉, 1심 심판에서 피고인만 상소를 제기한 경우, 2심
인민법원은 2심 절차에서 어떠한 이유로도 피고인의 형벌을 가중해서는 안 된

다(「형사소송법」 제226조).

2) 2심법원은 심리를 거쳐 판결에 불복하는 상소와 항소 사건을 상황에 따라 다음과 같이 처리한다.

① 재정으로 상소 또는 항소를 기각하고 원판결을 유지한다.

② 판결을 변경한다.

③ 원판결을 취소撤銷하고, 파기환송한다.

그중에서 판결의 변경은 두 가지로 구분한다. 하나는 원판결이 사실인정에는 잘못이 없으나 법률 적용에 잘못이 있거나 또는 양형이 부당한 경우라고 2심판결이 인정하면 판결 변경을 하여야 한다. 나머지 하나는 원판결의 사실이 명확하지 아니하거나 또는 증거가 충분하지 아니할 경우에는 사실을 조사하여 분명히 한 후 판결을 변경할 수 있다. 또한 원판결을 취소하고, 파기환송할 수 있다.

이밖에, 2심 인민법원은 1심 인민법원이 심리과정에서 다음의 법정소송절차를 위반한 것을 발견한 경우, 재정으로 판결을 취소하고, 파기환송하여야 한다.

① 「형사소송법」의 심판공개에 관한 규정을 위반한 경우 ② 회피 제도를 위반한 경우 ③ 당사자의 법정法定 소송상 권리를 박탈 또는 제한하여 공정한 심판에 영향을 미칠 수 있었던 경우 ④ 심판조직의 구성이 합법적이지 않았던 경우 ⑤ 법률에 규정된 소송절차를 위반하여 공정한 심판에 영향을 미칠 수 있었던 기타의 경우(「형사소송법」 제225조, 제227조).

2심의 심리기한에 관해 「형사소송법」에서는 다음과 같이 규정하고 있다. 2심 인민법원은 2개월 이내에 심리를 종결하여야 하고, 사형선고가 가능한 경우나 부대민사소송의 경우 및 법정法定상황 중 하나를 갖춘 경우에는 성급인민법원의 비준이나 결정으로 2개월을 연장할 수 있으며, 특수한 상황으로 재연장하는 경우에는 최고인민법원의 비준을 신청하여야 한다(「형사소송법」 제232조).

4. 심판감독절차

1) 중국 「형사소송법」은 2심제를 규정하고 있다. 즉, 2심 인민법원이 내린

판결과 재정이 종심 판결과 재정이 되며, 2심법원의 판결 후 바로 법률적 효력
이 발생하여, 집행단계에 들어가게 된다. 아울러 형벌권의 정확한 실시를 담보
하고 당사자의 합법적 권익을 보장하기 위하여 중국 「형사소송법」에서는 재심
절차, 즉 심판감독절차를 규정하였다.

심판감독절차는 인민법원, 인민검찰원이 이미 효력이 발생한 판결이나 재정
에 관해 사실인정이나 법률 적용에 확실히 잘못이 있음을 발견한 경우 제기提出
할 수 있으며, 관련 인민법원이 사건진행에 관해 다시 심판하는 특별심판절차
이다.

이미 법률적 효력이 발생한 판결·재정에 대해 당사자 및 그의 법정대리인·
근친족 등은 탄원申訴의 방식을 통하여 인민법원·인민검찰원에 재심을 요구할
수 있으나, 판결·재정의 집행을 정지할 수는 없다.

당사자 및 그의 법정대리인·근친족의 재심의 탄원이 다음의 상황에 부합하
는 경우 인민법원은 재심을 결정하여야 한다.

① 원래의 판결이나 재정이 인정한 사실에 확실히 잘못이 있다는 것을 입증
하는 새로운 증거가 발견되어 정죄양형定罪量刑에 영향을 미칠 수 있는
경우

② 유죄 인정과 양형의 근거가 된 증거가 불확실·불충분하여 법에 의하여
배제하여야 하거나 혹은 사건의 사실을 입증하는 주요증거 간에 모순이
있는 경우

③ 원래의 판결이나 재정의 법률 적용에 있어서 확실히 잘못이 있는 경우

④ 법률에 규정된 소송절차를 위반하여 공정한 심판에 영향을 미칠 수 있었
던 경우

⑤ 심판관계자가 당해 사건을 심리할 때 부패수뢰, 사적인 정에 얽매인 부
정행위, 법을 왜곡한 재판행위를 한 경우.

2) 심판감독절차를 제기할 수 있는 권한을 가진 주체는 다음과 같다.

① 각급인민법원의 법원장은 이미 법률적 효력이 발생한 해당 법원의 판결
및 재정에 관하여, 사실인정이나 법률 적용상 확실히 잘못이 있음을 발

견한 경우, 이를 심판위원회에 제출하여 처리하여야 한다.

② 최고인민법원은 이미 법률적 효력이 발생한 각급인민법원의 판결 및 재정에 관하여, 상급 인민법원은 이미 법률적 효력이 발생한 하급 인민법원의 판결 및 재정에 관하여 확실히 잘못이 있음을 발견한 경우, 자판自判하거나 또는 하급 인민법원에 재심할 것을 명할 권한이 있다.

③ 최고인민검찰원은 이미 법률적 효력이 발생한 각급인민법원의 판결과 재정에 관하여, 상급 인민검찰원은 이미 법률적 효력이 발생한 하급 인민법원의 판결과 재정에 관하여 확실히 잘못이 있음을 발견한 경우, 심판감독절차에 따라 동급 인민법원에 항소를 제기할 권한이 있다. 인민검찰원이 법정절차에 따라 재심의 항소를 제기한 경우 인민법원은 반드시 접수하여야 한다.

3) 인민법원이 심판감독절차에 따라 다시 심판하는 사건의 경우 원심인민법원이 심리하며, 별도로 합의부를 구성하여 진행하여야 한다. 원래 1심 사건이었던 경우에는 1심 절차에 따라 심판하여야 하고, 이에 따라 내려진 판결·재정에 대해서는 상소 또는 항소할 수 있다. 원래 2심 사건이었거나 또는 상급 인민법원이 자판한 사건인 경우에는 2심 절차에 따라 심판을 진행하여야 하며, 이에 따라 내려진 판결·재정은 종심의 판결·재정이다.

인민법원은 심판감독절차에 따라 다시 심판하는 사건의 경우, 자판하거나 재심하기로 결정한 날로부터 3개월 이내에 심리를 종결하여야 하며, 기간의 연장이 필요한 경우에는 6개월을 초과할 수 없다(「형사소송법」 제245조, 제247조).

Ⅲ 집행절차 등

1. 집행절차

1) 인민법원이 내린 판결과 재정의 효력이 발생하면 집행절차에 들어가게 되는데, 각 집행기관이 집행을 담당한다. 중국 「형사소송법」에 따르면, 법률적 효력이 발생한 인민법원의 판결과 재정 및 그 집행기관은 다음과 같다.

① 이미 법정기간이 지났는데도 상소 또는 항소되지 아니한 판결과 재정

② 종심의 판결과 재정

③ 최고인민법원이 심사·비준한 사형판결과 고급인민법원이 심사·비준한 사형집행유예 2년의 판결.

집행기관은 형벌의 종류와 경중에 따라 달라지는데, 구체적으로 사형·벌금 및 재산몰수의 판결과 재정은 인민법원이 스스로 집행한다. 사형집행유예·무기징역·유기징역의 경우에는 공안기관이 교도기관에 회부하여 집행하며, 형벌의 회부집행 시 남은 형기가 3개월 이내인 경우 구치소에서 대신 집행하고, 단기징역·관제를 선고 받은 경우와 정치적 권리를 박탈당한 경우에는 공안기관이 집행한다. 미성년범죄자에 대해서는 소년원에서 형벌을 집행하여야 한다.

2) 「형사소송법」에서는 각종 형벌의 집행 중 사형집행절차에 관해 비교적 상세한 규정을 두었다. 생명을 박탈하는 처벌이므로, 잘못을 방지하기 위하여 사형집행은 반드시 엄격하게 절차에 따라 진행하여야 한다.

「형사소송법」 규정에 따르면 사형의 집행은 최고인민법원 법원장이 서명하여 사형집행명령을 발부하여야 한다. 원심인민법원은 최고인민법원으로부터 사형집행명령을 받은 후 7일 이내에 집행하여야 한다.

집행법원은 집행 시 다음 상황 중의 하나가 발견된 경우에는 집행을 정지하고, 즉시 최고인민법원에 보고하여야 하며, 최고인민법원은 재정裁定을 내려야 한다.

① 집행 전에 판결에 잘못이 있을 수 있음을 발견한 경우

② 집행 전에 범죄자가 중대한 범죄사실을 폭로하거나 또는 기타 중대한 공적이 있어 다시 판결을 변경할 필요가 있을 수 있는 경우

③ 범죄자가 임신 중인 경우.

이에 관해 최고인민법원 법원장은 상황에 따라 심사·사실조회를 거쳐 법에 따라 판결을 변경할 수 있고, 사형을 비준하지 않고 원판결을 취소撤销하여 파기환송하기로 재정할 수 있으며, 다시 서명하여 사형집행명령을 발부할 수도 있다.

인민법원은 사형을 집행하기 전에 동급 인민검찰원에 직원을 파견하여 입회·감독할 것을 통지하여야 한다. 사형은 총살 또는 주사의 방법으로 집행한다. 사형집행은 공포하여야 하나 군중에게 공개示衆해서는 안 된다. 즉, 사형집행과정을 일반 사람들에게 공개해서는 안 된다(「형사소송법」 제250조~제252조).

2. 사형재심사절차

사형의 적용을 통일하고 사형의 남용을 방지하기 위하여 중국 「형사소송법」은 사형에 관해 사형재심사절차死刑復核程序를 특별히 규정하였다. 이는 피고인에게 사형을 선고한 사건에 대해서 최고인민법원이나 고급인민법원이 재심·비준하는 특별심판절차이다.

구체적으로 사형은 최고인민법원이 심사·비준하고, 사형집행유예판결은 고급인민법원이 심사·비준한다. 사형재심사절차는 다시 두 가지로 구분한다.

① 중급인민법원이 사형을 선고한 1심 사건에 대하여 피고인이 상소하지 아니한 경우, 고급인민법원이 재심사를 한 후 최고인민법원에 심사·비준을 요청하여야 한다. 고급인민법원은 사형판결에 동의하지 아니할 경우, 자판하거나 또는 환송하여 다시 심판하도록 한다.

② 고급인민법원이 사형을 선고한 1심 사건에 대하여 피고인이 상소하지 아니한 경우와 사형을 선고한 2심 사건은 모두 최고인민법원에 심사·비준을 요청하여야 한다(「형사소송법」 제235조, 제236조).

'2심이 종심'인 일반적인 형사사건에 비해 사형판결을 선고하는 사건은 1심·2심 및 사형재심사절차의 세 가지 단계를 거친다고 할 수 있다. 1979년 이후 중국에서는 사형의 심사·비준 권한을 가진 주체가 변화하여 왔다. 1979년 형사소송법은 최고인민법원이 사형을 심사·비준한다고 규정하였고, 이후 전국인민대표대회 상무위원회가 여러 차례 결정으로 일부 특수범죄에 관해서는 최고인민법원이 성급인민법원에 사형의 심사·비준을 수권할 수 있다고 하였다. 2006년 개정된 「인민법원조직법」은 사형은 법에 따라 최고인민법원이 판결한 것 이외에는 모두 최고인민법원이 심사·비준한다고 규정하였고, 이 원칙은 12년 형사소송법에서 다시 확인되었다.

3. 부대민사소송절차

부대민사소송附帶民事訴訟이란, 형사소송에서 피고인의 형사책임을 추궁함과 동시에 피해자의 참여 하에 범죄행위가 초래한 물질적 손해의 배상문제를 부대하여 해결하는 소송활동을 말한다. 부대민사소송은 위법한 권리침해 행위로 초래된 손해의 경제적 배상문제를 해결하기 위한 것으로, 본질적으로 민사소송에 속한다.

아울러 부대민사소송을 제기하려면 반드시 형사소송이 진행 중일 것이 전제되며, 부대민사소송은 독립적으로 진행할 수 없다. 만일 형사소송이 시작되기 전이거나 이미 종결된 후라면 부대민사소송을 제기할 수 없고, 피해자는 다른 독립된 민사소송을 통하여 배상청구를 실현할 수밖에 없다.

피고인의 범죄행위로 인하여 물질적 손해를 입은 피해자 및 그 법정대리인·근친족은 부대민사소송을 제기할 권리가 있다. 국가의 재산 및 집단集體의 재산에 손해를 입은 경우에는, 인민검찰원이 공소를 제기할 때 부대민사소송을 제기할 수 있다.

부대민사소송의 피고는 일반적으로 형사소송의 피고인이다. 특수한 상황에서는 형사피고인의 후견인, 사형수의 유산상속인, 형사책임을 미처 추궁당하지 않은 다른 공동침해인 등도 부대민사소송의 피고가 될 수 있다.

부대민사소송은 원칙적으로 형사소송과 병합하여 심리하여야 한다. 다만 형사소송의 심리기한에 영향을 미치지 않기 위하여 인민법원은 먼저 사건의 형사적인 부분에 관하여 심판을 진행할 수 있다. 형사적인 부분의 심리가 종결된 후, 민사적인 부분에 관해 동일한 심판조직이 계속하여 심리할 수 있다.

陈光中 主编, 刑法诉讼法(第三版), 北京: 北京大学出版社, 2009年

程荣斌·王新清, 刑事诉讼法(第五版), 北京: 中国人民大学出版社, 2013年

杨春洗·杨敦先, 中国刑法论(第二版), 北京: 中国政法大学出版社, 2001年

张明楷, 刑法学(第四版), 北京: 法律出版社, 2011年

张小虎, 刑法学, 北京: 北京大学出版社, 2015年

한대원 외, 중국법개론(개정판), 박영사, 2009년

제 6 장

중국의 민사법 제도

제 6 장

중국의 민사법 제도

Ⅰ 중국 민법의 입법 역사

1. 1949년 이전의 중국 민법

중국은 오랜 성문법 전통을 가지고 있으나, 그 법률은 일반적으로 형사법 위주였고, 민사관계를 조정하는 내용은 줄곧 독립적인 법률분야를 형성하지 못한, 이른바 '제법합체, 이형위주諸法合體, 以刑爲主(각 법이 한데 모여 있고, 형법이 중심이 됨)'의 형태였다. 따라서 현재 중국에서 말하는 민법과 민법 관련 각종 개념은 근대 이후 서양에서 계수해 온 것이다.

중국이 1894년 갑오전쟁에서 일본에게 패하면서, 서양의 선진과학기술을 배워 독립부강을 실현하고자 했던 이른바 '양무운동洋務運動'이 실패로 돌아갔다. 이에 당시 통치자들은 정치 제도의 변혁 및 법률 제도의 도입이 불가피하다는 점을 인식하였고, 1908년 청나라 정부는 정식으로 민법전의 기초起草에 착수하였다. 당시 일본유학경험을 가진 중국 학자들과 일부 일본 학자들이 초안 제정에 참여하여 1910년 '대청민율초안大淸民律草案'을 완성하였는데, 이는 총칙·채권·물권·친족親屬 및 상속繼承 5편으로 구분되었고, 총 1,569조이다. 이 초안은 체제와 내용에서 주로 독일과 일본의 민법을 모방하였다. 그런데 1911년 신해

혁명의 발발로 청나라 정부가 전복되자, 이 민법초안은 공포되지 못하였다.

중화민국 성립 후 북양北洋정부는 민법전의 기초 작업을 이어나갔는데, 기존의 '대청민율초안'에 기초하여 1925년 총 1,745조의 '중화민국민율초안中華民國民律草案'을 완성하였다. 그러나 이 초안도 정식 법률이 되지는 못하였다.

1929년 남경南京국민정부는 5인으로 구성된 민법기초위원회를 설립하여, 민법제정을 시작하였다. 당시 민법기초위원회는 민법을 각 편별로 기초하고, 각 편별로 입법원에 제출하여 심의를 통과하는 방식을 채택하여, 1929년부터 1930년 말까지 민법의 각 편이 연이어 공포되었고, 나중에 「중화민국민법中華民國民法」으로 통일되었다. 이 법전은 총칙·채권·물권·친족 및 상속으로 구성되었고, 총 1,225조이다. 이것이 중국 역사상 첫 번째 민법전이고, 현재 대만에서 시행되고 있는 민법은 이 민법전을 기초로 하고 있다.

2. 1949년 이후의 중국 민법

1949년 이후 성립된 중화인민공화국은 민법을 포함한 국민정부의 모든 법률을 폐기하였다. 1950년 소련의 법률을 참고하여 「혼인법婚姻法」을 반포하였고, 1954년 전국인민대표대회 상무위원회(전인대상무위원회)가 민법을 기초하기 시작하였다. 1956년 민법초안을 완성하였는데, 이 초안은 주로 소련의 민법을 모방하여, 총칙·소유권·채권과 상속 4편으로 구성되었고 모두 525조이다. 정치적 이유로 인하여 민법제정 작업은 한때 중단되었다가 1962년 전인대상무위원회가 다시 민법제정을 시작하여, 1964년 「중화인민공화국민법초안試擬稿(시안)」을 완성하였다. 이 초안도 이후의 정치적 정황으로 인하여 심의·반포되지 못하였다.

10년간 지속된 문화대혁명(1966-1976)이 끝난 뒤, '의법치국依法治國과 사회주의 법치국가 건설'이 중국공산당과 중국 정부의 주요 목표 중 하나가 되었다. 1979년 전국인민대표대회는 다시 민법제정 작업에 착수하여 민법기초소조小組를 설립하였고, 1982년 「중화인민공화국민법초안第四稿」을 완성하였다. 이 초안은 민법의 임무와 기본원칙·민사주체·재산소유권·계약合同·지력성과권智力成果權·상속권繼承權·민사책임·기타 규정(소송시효 등)의 8편으로 구성되며, 총 465조이다.

이 민법초안의 토론과정에서, 중국의 개혁개방초기 사회변동상황을 고려할
때 하나의 통일되고 체계화된 민법전의 제정은 부적절하고, 오히려 먼저 단행
법률單行法律과 규장規章을 제정하여, 조건이 성숙되기를 기다려 다시 민법전을
제정해야 한다는 주장이 제기되었다. 이렇게 하여 민법기초소조는 해산되었고,
민법전의 기초 작업도 계속되지 못하였다.

1986년에 이르러 상술한 민법초안의 일부 내용에 기초하여 「민법통칙民法通則」
이 제정되었다. 1980년대 이후 오늘날까지 「민법통칙」을 제외하고 중국이 제정한
주요 민사 법률로는 「담보법擔保法」(1995년), 「계약법合同法」(1999년), 「물권법物權法」
(2007년), 「불법행위법侵權責任法」(2009년), 「혼인법婚姻法」(1980년 제정, 2001년 개정), 「상속법
繼承法」(1985년), 「입양법收養法」(1998년) 등이 있다.

중국은 이러한 민사 법률의 제정 시 주로 대만, 독일 및 일본 등 대륙법계
국가 법률의 내용을 참고하였다.

Ⅱ 중국 민법전民法典의 제정

1. 민법전 논쟁

이렇게 1949년 이후 중국은 1954년, 1962년에 두 차례 민법전을 편찬하고
자 하였으나 실현하지 못하였다. 1979년 시작한 민법제정 작업은 「민법통칙」을
먼저 제정하고, 수요에 따라 다시 기타 단행 민사 법률을 제정하는 방식을 채
택하였다. 따라서 아직까지 중국에는 통일된 민법전이 없다.

1990년대 이후 중국의 민법학자들은 하나의 체계화된 민법전을 편찬하여야
한다고 잇달아 주장하며 각종 방안을 제시하였고, 민법전의 체제와 내용을 둘
러싸고도 여러 차례 논쟁이 벌어졌다. 민법전을 둘러싼 논쟁에는 크게 세 가지
주요 쟁점이 있다.

하나는 민법전의 체제를 어떻게 구성할 것인지, 즉 민법전과 단행 민사 법
률과의 관계를 어떻게 처리할 것인지 하는 것이다. 예를 들어 통일된 민법전을
제정하자는 의견에 대해, 어떤 학자는 「민법통칙」 등 기존의 민사 단행 법률을
남겨두는 것을 전제로 비교적 느슨하게 통합하면 충분하고, 전통적인 대륙법적

의미에서의 엄격하게 체계화된 민법전의 제정은 불필요하다고 주장하고 있다.

둘째는 민법의 구체적인 내용을 어떻게 규정할지에 관한 것들이다. 예를 들면 인격권 조항에 관해, 구체적으로 인격권을 독립시켜 각칙分則 중 '인격권편'을 설치해야 하는지 여부에 관해 중국 민법학을 대표하는 두 명의 학자인 량후이싱梁慧星과 왕리밍王利明은 서로 상반된 주장을 하고 있다. '인격권편'의 설치에 대해 량후이싱은 부정적인 견해를, 왕리밍은 긍정적인 견해를 피력하고 있다.

셋째는 외국의 이론·경험과 중국의 특수성 사이의 관계를 어떻게 처리할 것인지에 관한 것으로, 더욱 근본적인 문제이다. 민법학자가 제시한 민법전의 초안에 대해 어떤 이들은 비판을 제기하면서, 그 초안이 외국의 입법을 지나치게 모방하고 참고하였을 뿐 중국의 특수성은 고려하지 않았다고 지적하며, 중국 민법은 중국의 실제에서 출발하여 중국사회와 경제의 발전상황을 반영하여야 한다고 주장하고 있다.

2. 민법전의 제정 작업

1998년 전인대상무위원회는 학자들의 건의에 따라 민법전의 기초 작업을 다시 시작할 것을 결정하고, 9명으로 구성된 민법기초 작업소조小組를 설립하였다. 1999년 10월, 민법기초 작업소조의 구성원인 중국사회과학원의 량후이싱 교수는 「중국민법대강中國民法大綱」을 책임지고 완성하였다.

그 후 2000년에 26명의 민법학자들로 구성된 '중국 민법전 입법연구과제조課題組'가 설립되었다. 이 과제조는 전국인민대표대회 법제공작위원회法制工作委員會의 위탁을 받아 「중국민법대강」에 따라 중국 민법전 초안을 기초하기 시작하였다. 2002년 「중국민법전초안中國民法典草案」을 완성하였는데, 총 7편 81장 1,947조이다. 이 민법초안은 크게 총칙·물권·채권(채권총칙·계약(合同)·불법(侵權)행위)·친족親屬·상속繼承 등의 부분으로 구성되었다. 이후 토론과 수정을 거쳐, 전국인민대표대회 법제공작위원회는 전인대상무위원회의 심의를 위해 제출한 민법초안, 즉 「중화인민공화국민법(초안)」을 확정하였다.

이 초안의 체제는 9편으로 구분되는데, 각각 총칙·물권법·계약법·인격권법·혼인법·입양법·상속법·권리침해책임법·섭외민사관계법률적용법이다. 이

민법초안에 대해 심의하는 과정에서 전국인민대표대회는, 민법전의 내용이 복잡하고 여러 문제들에 대한 견해차가 비교적 크다는 점을 고려하여 전인대상무위원회가 먼저 「물권법」 등의 법률을 제정하고 조건이 성숙되기를 기다려 다시 하나의 완전한 민법전을 연구하여 제정하기로 결정하였다. 이후 민법전의 편찬 작업은 일시적으로 지지부진한 단계에 진입하게 되었다.

2014년 중공 제18기 4중 전회는 「중공중앙의 의법치국 전면추진에 있어서 약간의 중대 문제에 관한 결정中共中央關與全面推進依法治國若干重大問題的決定」을 심의하여 통과시켰는데, 그중 민사 입법과 관련하여 "시장 법률 제도의 건설을 강화하고 민법전을 편찬한다"고 명확히 언급하여, 중국공산당 지도자의 민법전 편찬에 대한 의지를 밝혔다. 이로써 중국 민법전의 편찬은 다시 의사일정에 상정되었다.

중공중앙판공청과 국무원판공청의 방안에 따라 민법전의 편찬은 전인대상무위원회 법제공작위원회法制工作委員會가 주도하고, 참가단위로는 최고인민법원·최고인민검찰원·국무원법제판공실·중국사회과학원과 중국법학회가 있다.

전국인민대표대회의 입법계획에 따라 민법전의 편찬은 두 단계로 나뉘는데, 1단계는 민법총칙의 제정이고, 2단계는 민사 법률을 본격적으로 통합하여 하나의 체계화된 민법전을 제정하는 것이다.

민법총칙에 대해서는 '중국법학회 민법전편찬프로젝트 지도소조'가 「중화인민공화국 민법전·민법총칙 전문가 건의본稿」을 작성하여 공표하였다. 2016년 전국인민대표대회 법제공작위원회는 각종 의견을 통합하여 「민법총칙 의견수렴본徵求意見稿」을 확정하였고, 2016년 하반기 사회공개 및 인민대표대회 심의제청을 준비하였다.

중국의 민법전 총칙은 2017년 3월 전국인민대표대회에서 통과되었으며, 통일된 민법전은 2020년경 정식으로 통과될 것으로 예상된다. 중국의 정치체제와 종전의 입법경험을 고려할 때, 이번 민법전이 예정대로 제정될 수 있을지 여부는 중국공산당 및 관련 입법기관 주요지도층의 결심과 의지에 달려있다고 할 수 있다.

제2절 중국 민법 개요

민법은 평등한 주체 사이의 재산관계와 인신관계人身關係를 조정하는 법률규
범으로서, 그 내용은 사회생활의 모든 방면에 관련되고 관련 법률 조항도 매우
풍부하고 방대하다. 중국은 비록 하나의 통일된 민법전을 제정하지는 못하였지
만, 1986년 「민법통칙」의 제정 이후 지금까지 각종 단행單行 민사 법률을 잇달
아 제정함으로써, 중국 특유의 민사법률체계가 어느 정도 완성되었다고 할 수
있다.

이하에서는 「민법통칙」을 중심으로 중국 민법의 개황을 간단히 소개하고,
「물권법」·「계약법合同法」 등 구체적인 민사법의 내용에 관해서는 생략하기로
한다.

Ⅰ 중국 민법의 기본원칙

「민법통칙」의 규정에 의하면, 중국 민법의 기본원칙으로는 평등의 원칙·
자원自願의 원칙·신의성실誠實信用의 원칙·공서양속公序良俗의 원칙 등이 있다.

1. 평등의 원칙

평등은 민사법률관계의 가장 핵심적인 원칙이자 상징이다. 민법은 "평등한
주체인 공민公民간, 법인法人간, 공민과 법인간의 재산관계와 인신관계를 조정하
는" 법률규범이다(「민법통칙」 제2조).

민법의 평등원칙은 첫째, 민사주체 자격의 평등, 즉 권리능력의 평등을 의
미한다. "공민의 민사권리능력은 일률적으로 평등하다(「민법통칙」 제10조)." 평등은
일체의 특권에 반대할 것과 권리·지위에 있어 어떠한 공민이나 법인도 차별하
지 않을 것을 요구한다.

둘째, 평등의 원칙은 민사관계에서 당사자 지위의 평등을 요구한다. 구체적
인 민사 법률관계에서 민사주체는 서로 예속되지 않으며, 각자 독립적으로 자

신의 의지를 표현할 수 있고, 어느 일방도 자신의 의지를 상대방에게 강요해서
는 안 된다.

마지막으로, 평등은 또한 당사자의 권익이 평등한 보호를 받아야 함을 의미
한다. 예를 들어 당사자 재산의 보호는 소유제 형태의 차이로 인하여 서로 다
른 대우를 받지 아니한다.

2. 자원自願의 원칙

중국의 「민법통칙」 제4조가 규정하고 있는 "민사활동은 반드시 자원의 원칙
自願原則을 준수하여야 한다"는, 대륙법 민법의 이른바 '사적私的자치私法自治' 또
는 '의사자치意思自治' 원칙의 체현으로 해석된다. 자원의 원칙은 민사주체가 자
신의 의사에 따라 자주적으로 민사권리를 행사하고 민사 법률관계에 참여하며,
국가가 당사자의 자유의지에 최대한 개입하지 말고 당사자 각자의 선택을 존중
하고 보호할 것을 요구한다.

자원의 원칙의 핵심은 계약자유의 원칙으로, 당사자가 자유롭게 체결한 각
종 협의나 자유롭게 내린 각종 승낙은 법률의 금지조항에 위반되지 않는다는
전제 하에 최고의 효력을 가진다. 자원의 원칙 역시 법률에 대한 시장경제의
요구이다. 시장에서 상품교환의 전제는 쌍방이 자유롭게 판단하고 결정할 능력
을 갖추었다는 점이고, 동시에 당사자는 자신의 이익에 대한 최선의 판단자로
가정된다.

3. 신의성실의 원칙

「민법통칙」 제4조에 규정된 신의성실의 원칙誠實信用原則은 당사자가 민사활
동 중에 성실하고 남을 속이지 말 것과, 자신의 이익을 추구함과 동시에 타인
의 이익을 고의로 침해하지 말 것을 요구한다. 신의성실의 원칙은 로마법에서
비롯되었으나, 이후 프랑스·독일 등 대륙법계 국가의 민법전에는 모두 신의성
실의 원칙에 관한 규정을 두고 있다.

신의성실원칙의 내용과 운용에 관해서는 중국에서도 서로 다른 견해가 있
지만, 그 핵심은 민사관계 각 당사자의 이익균형에 있어 기본준칙을 제공하는

것으로 당사자들이 법에 명문의 규정이 없는 상황이라 하더라도 선의에 입각하여 민사활동을 진행하여야 하며, 자신의 이익을 얻기 위해 상대방이나 사회의 이익을 고의로 침해해서는 안 된다는 등의 내용이 포함된다.

「민법통칙」 외에도, 중국 「계약법合同法」은 총칙에서 "당사자의 권리의 행사와 의무의 이행은 반드시 신의성실의 원칙을 준수하여야 한다(제6조)"고 명확하게 규정하였으며, 계약 각칙의 각 규정에 이 원칙을 체현하였다. 예를 들어 계약체결상의 과실 책임에 관해서는, 계약당사자가 계약을 체결하는 과정에서 다음의 행위 중 하나가 있으면 배상책임을 져야 한다고 규정하였다.

① 거짓으로 계약을 체결하고 악의적으로 협상을 진행한 경우 ② 고의로 계약체결과 관련된 중요한 사실을 은폐하거나 또는 허위 사실을 제공한 경우 ③ 기타 신의성실의 원칙에 위배되는 행위가 있는 경우(「계약법」 제42조).

4. 공서양속의 원칙

중국 「민법통칙」에서는 '공서양속'을 명문으로 규정하지는 않았지만, "민사활동은 공중도덕을 존중해야 하고 사회공공이익에 피해를 주어서는 아니 되며 사회경제질서를 교란하지 말아야 한다(제7조)"고 규정하고 있다. 이 조항은 일반적으로 다른 나라의 민법에 규정된 이른바 '공서양속'의 체현으로 해석된다.

공서양속의 원칙은 민사활동이 공공질서와 미풍양속, 즉 사회의 존재와 발전에 필요한 일반적인 질서와 일반적인 도덕을 준수할 것을 요구한다. 중국의 「계약법合同法」과 「물권법」에도 유사한 규정이 있다. "당사자가 계약을 체결·이행하는 데 있어서는 반드시 법률·행정법규를 준수하고 사회의 공중도덕을 존중하여야 하며, 사회경제질서를 교란하거나 사회 공공의 이익을 해하여서는 아니 된다(「계약법」 제7조)." "물권의 취득과 행사에 있어서는 법률을 준수하고 사회의 공중도덕을 존중하여야 하며, 공공의 이익과 타인의 합법적인 권익을 침해해서는 안 된다(「물권법」 제7조)." 다만, 공서양속의 내용을 어떻게 확정할 것인가의 문제와 이를 위반한 관련 민사행위의 효력을 어떻게 판단해야 할 것인가의 문제에 관해서는 이론과 실무에서 여러 가지 의견이 있다.

Ⅱ 중국 민사 법률관계의 주체

중국의 「민법통칙」에 규정된 민사 법률관계의 주체에는 공민(자연인), 법인 및 기타 비非법인조직이 있다.

1. 공민(자연인)

원래 '공민公民'과 '자연인自然人'은 서로 다른 개념이다. 중국에서 공민은 일반적으로 중화인민공화국 국적을 가진 자를 말한다. 그에 비하여 자연인은 법인에 상대적인 개념으로, 국적과 필연적인 관계가 없다. 그러나 현행 중국 민법에서 공민과 자연인은 일반적으로 혼용되며, 구분하지 않는다. 「민법통칙」에서 사용하는 '공민'이라는 단어는 소련의 영향을 받은 탓이라고 한다. 앞으로 중국에서는 민법전 등 법률에서 점차 통일하여 '자연인'이라는 표현을 사용하고, '공민'이라는 말은 쓰지 않게 될 것이다.

1) 자연인의 민사권리능력과 민사행위능력

자연인의 민사권리능력은 출생에서 시작하고 사망 시에 종료한다. 출생은 자연적 사실이며, 어떠한 법정수속의 이행도 필요하지 않다. 그러나 사망에는 신체적 사망과 사망선고 제도가 있다. 중국의 「민법통칙」 규정에 따르면, 자연인이 다음의 상황 중 하나에 해당하는 경우 이해관계자는 인민법원에 그 사람의 사망선고를 신청할 수 있다.

① 행방불명이 된 후 만 4년이 경과한 경우

② 불의의 사고로 행방불명이 되고, 사고발생일로부터 만 2년이 경과한 경우.

이밖에 전쟁기간에 행방불명이 된 경우에는, 행방불명인 기간을 전쟁종료일부터 계산한다.

자연인이 사망선고를 받은 것과 자연사망한 것은 동일한 효력을 가진다. 즉, 사망선고를 받은 사람은 민사주체의 자격을 상실하고, 그 민사권리능력이 종료되며, 관련 민사 법률관계는 소멸한다. 물론 그 사람이 실제로 사망하지 않았다면, 그 사망선고기간에 실시한 민사 법률행위는 유효하다.

중국 민법에서는 민사행위능력에 따라 자연인을 완전민사행위능력자完全民事行爲能力人, 제한민사행위능력자限制民事行爲能力人와 민사행위불능자無民事行爲能力人 등 세 가지로 구분하고 있다.

① 만 18세 이상의 공민은 성년이며 완전한 민사행위능력을 가지고 있고 독립적으로 민사활동을 할 수 있는 완전민사행위능력자이다. 만 16세 이상 만 18세 미만의 공민이지만 자신의 노동소득을 주요 생계의 원천으로 하는 경우 완전민사행위능력자로 간주한다.

② 제한민사행위능력자로는 만 10세 이상의 미성년자와 자신의 행위를 완전하게 분별할 수 없는 정신질환자가 있다. 제한민사행위능력자는 그의 연령, 지능, 정신건강상태에 상응하는 민사행위에만 종사할 수 있다. 기타 민사행위를 하려면 그의 법정대리인이 대리하거나 법정대리인의 동의를 거쳐야 한다.

③ 민사행위불능자로는 만 10세 미만의 미성년자와 자신의 행위를 분별할 수 없는 정신질환자가 있다. 민사행위불능자의 민사활동은 그의 법정대리인이 대리한다.

민사행위불능자와 제한민사행위능력자의 후견인監護人은 그의 법정대리인이다.

2) 후견

후견이란 제한민사행위능력자와 민사행위불능자의 인신, 재산 기타 합법적인 권익을 감독·보호하는 민사 법률 제도를 말한다. 그 목적은 주로 제한민사행위능력자와 민사행위불능자의 합법적인 권익을 보호하여 사회질서를 수호하는 데 있다. 「혼인법」을 포함한 현행 중국의 민사 법률은 후견 제도만 규정하고 있고, 친권에 관한 내용은 규정하고 있지 않다.

후견인을 확정하는 방식에 따라, 후견은 주로 법정후견과 지정후견으로 나뉜다. 미성년자인 경우,

① 법정후견인은 우선 그 부모이다.

② 부모가 이미 사망하였거나 후견인 자격을 박탈당한 경우 조부모, 외조부

모, 형, 누나가 법정후견인이 된다.

③ 이상의 법정후견인이 없는 경우 관계가 밀접한 기타 친척, 친구가 후견 책임의 부담을 희망하고, 미성년자의 아버지, 어머니 소재단위 또는 미성년자 주소지의 주민위원회, 촌민위원회의 동의를 거치면 후견인이 될 수 있다.

④ 이상의 후견인이 없는 경우 미성년자의 아버지, 어머니 소재단위 또는 미성년자 주소지의 주민위원회, 촌민위원회나 민정 부서_{民政部門}가 후견인이 된다.

⑤ 후견인 임명에 다툼이 있을 경우 미성년자의 아버지, 어머니 소재단위 또는 미성년자 주소지의 주민위원회, 촌민위원회가 근친 중에서 지정한다. 지정에 불복하여 소를 제기할 경우 인민법원에서 재결한다.

정신질환자에 관해서는,

① 그 법정후견인으로는 배우자, 부모, 성년자녀, 기타 근친이 있다.

② 관계가 밀접한 기타 친척, 친구가 후견 책임의 부담을 희망하고, 정신질환자의 소재단위 또는 주소지의 주민위원회, 촌민위원회의 동의를 거치면 후견인이 될 수 있다.

③ 이상의 후견인이 없는 경우 정신질환자의 소재단위 또는 주소지의 주민위원회, 촌민위원회나 민정 부서가 후견인이 된다.

④ 후견인 임명에 다툼이 있을 경우 정신질환자의 소재단위 또는 주소지의 주민위원회, 촌민위원회가 근친 중에서 지정한다. 지정에 불복하여 소를 제기할 경우 인민법원에서 재결한다.

후견은 본질적으로 일종의 직책으로, 후견인의 직책은 주로 다음과 같다.

① 피후견인의 생활을 돌보고, 피후견인에 대한 불법적인 침해를 방지한다.

② 피후견인의 재산을 관리·보호하고, 피후견인의 이익을 위한 경우가 아니면 피후견인의 재산을 처분하지 못한다. 후견인이 후견 직책을 이행하지 않거나 피후견인의 합법적인 권익을 침해한 경우, 피후견인의 재산손실을 초래한 경우 배상책임을 져야 한다(「민법통칙」 제16조–제18조).

후견인은 피후견인을 대리하여 민사활동을 진행하는데, 여기에는 피후견인을 대리하여 소송을 진행하고, 그의 합법적인 권익을 수호하는 것도 포함된다.

2. 법인

1) 개요

민법에서 자연인 외에는 법인이 가장 주요한 민사주체이다. 중국 「민법통칙」
의 정의에 따르면, 법인이란 민사권리능력과 민사행위능력이 있으며 법에 따라
독립적인 민사권리를 가지고 있고 민사의무를 부담하는 조직을 말한다. 법인의
민사권리능력과 민사행위능력은 법인의 설립과 함께 발생하며 법인의 종지終止
와 함께 소멸된다. 법인이 갖추어야 하는 요건은 다음과 같다.

① 법에 따라 설립되어야 함.
② 필요한 재산 또는 경비가 있어야 함.
③ 자신의 명칭, 조직기구와 장소가 있어야 함.
④ 독립적으로 민사 책임을 질 수 있어야 함(「민법통칙」 제36조, 제37조).

2) 법인의 분류

중국의 민법 및 관련 법률의 규정에 따르면, 법인은 다음의 몇 가지로 분류
할 수 있다.

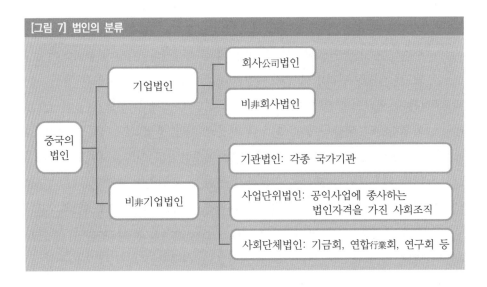

[그림 7] 법인의 분류

중국에서 법인은 우선 기업법인과 비기업법인으로 구분하는데, 양자는 영리를 목적으로 하는 생산경영활동을 영위하는지 여부로 구별한다. 기업법인 중 전형적인 것이 회사, 즉 회사법에 따라 설립한 유한책임회사有限責任公司와 주식회사股份有限公司이다.

한편으로 중국에는 여전히 기타 회사의 자격을 갖추지 못한 기업법인이 존재한다. 기업법인은 여러 가지 기준에 따라 분류할 수 있는데, 과거 중국에서는 기업 재산의 출처와 귀속에 근거하여 기업을 전민소유제기업법인全民所有制企業法人·집단소유제기업법인集體所有制企業法人·사영기업법인私營企業法人·외상투자기업법인外商投資企業法人(중외합자기업법인(中外合資企業法人)·중외합작기업법인(中外合作企業法人)·외상독자기업법인(外商獨資企業法人))으로 구분하였다.

3. 기타 비법인조직

자연인과 법인 이외에, 「민법통칙」이 인정한 기타 민사주체로는 개인조합個人合伙·자영업자個體工商戶·농촌도급경영자農村承包經營戶가 있다.

그중에서 개인조합이란 두 명 이상의 공민이 협의에 따라 각자 자금·실물·기술 등을 제공하여 공동 경영·공동 노동하는 경영형식을 말한다. 개인조합은 상호를 등록할 수 있고, 법에 따른 심사·등록을 거쳐 심사·등록한 사업범위經營範圍 내에서 경영에 종사한다. 개인조합이 민사주체로서의 지위를 가지고 있는지 여부에 관해서는 학계에 서로 다른 견해가 있다. 현재 비교적 주류적인 관점은 개인조합의 민사주체로서의 지위를 인정하여야 한다는 것이다.

자영업자란 법에 따라 심사 등록한, 공상工商경영관리활동에 종사하는 자연인이나 가정을 말한다. 자영업자는 법에 따라 경영권을 향유하고, 상호를 등록할 수 있으며, 법에 따라 납세의무를 부담하고 관련 감독과 검사를 받는다. 이러한 의미에서 자영업자는 법인과는 구별되는 민사권리능력과 민사행위능력을 가지므로, 자연인이나 법인과는 다른 민사주체로서의 지위를 부여할 필요가 있다.

농촌도급경영자란 법률이 허가한 범위 내에서 도급계약의 규정에 따라 상품경영에 종사하는, 농촌집단경영조직의 구성원이다. 이러한 경영자는 도급계약에 근거하여 독립적인 상품경영에 종사하므로 법적 성격상 일반적인 가정단위와 다소 차이가 있어, 독립적인 민사주체로서의 지위를 부여받을 수 있다.

Ⅲ 중국의 민사권리체계

　민사권리란 민사주체가 법에 따라 향유하고 법률의 보호를 받는 이익 또는 모종의 이익을 실현할 가능성을 말한다. 민사권리는 서로 다른 기준에 따라 다르게 분류할 수 있어, 중국 민법이 보장하는 민사권리체계에 대한 학자들의 분류도 서로 일치하지 않는다.

　가장 흔한 2종류의 구분법은 다음과 같다. 첫째는 민사권리를 민사권리의 객체나 내용에 따라 재산권과 인신권人身權으로 구분하는 것으로, 재산권에는 물권, 채권과 상속권繼承權이 포함되며, 인신권에는 인격권과 신분권身份權이 포함된다. 둘째는 민사권리를 민사권리의 역할作用이나 기능功能에 따라 지배권, 청구권, 항변권과 형성권으로 구분하는 것이다.

　1986년 제정한 「민법통칙」(2009년 개정)은 민사권리를 어느 하나의 기준에 따라 엄격하게 구분하지 않았다. 「민법통칙」은 민사권리를 (1) 재산소유권 및 재산소유권 관련 재산권 (2) 채권 (3) 지식재산권知識産權 (4) 인신권 등 네 가지로 크게 분류하였다.

　그중에서 재산소유권으로는 ① 국가재산소유권 ② 집단재산소유권 ③ 개인재산소유권이 있고, 기타 재산소유권 관련 재산권으로는 ① 재산상속권 ② 토지사용권 및 도급경영권 ③ 자연자원사용권 및 도급경영권 ④ 전민소유제기업경영권 등이 있다.

　채권으로는 ① 계약 ② 부당이득不當得利 ③ 사무事務관리無因管理 등 세 가지를 규정하였고, 지식재산권으로는 저작권·특허권·상표전용권商標專用權·발견권發現權 등이, 인신권으로는 생명건강권·성명 및 명칭권·초상권·명예권·영예권榮譽權·혼인자주권婚姻自主權 등이 있다.

　2007년 제정한 「중국물권법」이 설정한 물권의 종류로는 (1) 소유권 (2) 용익물권 (3) 담보물권이 있다. 소유권으로는 ① 국가소유권 ② 집단소유권 ③ 개인私人소유권 ④ 기타소유권이 있고, 용익물권으로는 ① 토지도급경영권 ②

건설용지사용권 ③ 대지宅基地사용권 ④ 지역권地役權이 있으며, 담보물권으로는 ① 저당권抵押權 ② 질권 ③ 유치권 등이 있다.

이와 같이 「물권법」 등 민사 법률의 규정에 따라 중국의 대표적인 민법교과서에서는 민사권리를 ① 물권(소유권, 용익물권, 담보물권) ② 채권 ③ 상속권 ④ 인신권(인격권과 신분권)으로 구분하고 있다(魏振瀛 主编, 民法, 2010년).

일부 학자들은 앞으로 중국이 민사권리체계를 수립하여야 하고, 그 체계는 민사권리의 내용이 보호하는 이익에 따라야 하므로, 민사권리를 ① 인격권 ② 친족권親屬權(신분권) ③ 재산권(물권과 채권) ④ 지식재산권 ⑤ 사원권社員權의 다섯 가지 큰 부류로 나눌 수 있다고 주장하고 있다.

Ⅳ 민사행위와 대리

1. 민사행위

1) 민사행위와 민사법률행위

「민법통칙」에서는 '민사행위'와 '민사법률행위'라는 두 가지 개념을 사용한다. 일반적으로 민사행위는 민사 법률적 결과를 발생시키는 행위이고, 단순한 민사사실행위와는 구분된다. 그중에서 합법적인 민사행위는 민사법률행위가 되고, 민사법률행위란 "공민이나 법인이 민사권리와 민사의무를 창설設立, 변경, 종지終止하는 합법적인 행위"를 말한다. 이렇듯 중국 민법에서 '민사행위'는 '민사법률행위'의 상위개념으로, 민사법률행위 외에 무효인 민사행위·취소 가능한 민사행위·효력 미정인 민사행위는 모두 민사행위의 범주에 속한다.

민사행위의 효력발생요건, 즉 민사법률행위의 요건은 실질적 요건과 형식적 요건으로 구분되는데, 실질적 요건은 다음의 세 가지이다.

① 행위자가 상응하는 민사행위능력을 갖추어야 하고
② 의사표시가 진실하여야 하며
③ 내용이 법률과 사회공공이익에 위반되지 않아야 한다.

형식적 요건은 법률에 특수한 규정이 있는 경우 반드시 그 형식을 갖추어야 한다는 것인데, 예를 들어 반드시 서면형식을 채택해야 하는지 여부 등이다

(「민법통칙」 제54조-제56조).

2) 무효인 민사행위와 취소 가능한 민사행위

상술한 세 가지 실질적 요건 중 하나에 위반되는 민사행위는 무효인 민사행위가 되며, 민사법률행위로서의 효력을 발생시키로서의 않는데, 이는 다음과 같다.

① 행위자가 상응하는 민사행위능력을 갖추지 못한 민사행위. 민사행위불능자가 행한 민사행위와 제한민사행위능력자가 행한 독립하여 행할 수 없는 민사행위를 포함한다.

② 의사표시가 진실하지 않은 상황에서 행한 민사행위. 일방이 사기·강박脅迫의 수단을 사용하거나 상대방의 궁박을 이용하여乘人之危 상대방으로 하여금 진실한 의사에 위배되는 상황에서 행하게 한 행위를 포함한다.

③ 내용이 위법한 민사행위. 악의적인 결탁행위惡意串通, 국가·집단 혹은 제3자의 이익을 침해하는 행위, 법률이나 사회공공이익에 위반되는 행위, 합법적인 형식으로 불법적인非法 목적을 엄폐하는 행위 등을 포함한다.

취소 가능한 민사행위란 민사행위가 이미 성립되어 효력이 발생하였으나, 의사표시의 진부眞否 등 법정 원인으로 인하여 행위자에게 취소할 권한이 있는 민사행위를 말한다.

「민법통칙」은 취소나 변경 가능한 민사행위를 주로 두 가지로 규정하였는데, 이는 다음과 같다.

① 행위자가 행위 내용에 대해 중대한 착오誤解를 한 민사행위.

② 현저하게 공정을 잃은 민사행위(「민법통칙」 제58조, 제59조).

일부 학자들은 「계약법合同法」의 관련 내용에 따라 일방이 사기·강박의 수단을 사용하거나 상대방의 궁박을 이용하여 행한 민사행위는 일반적으로 취소 가능한 민사행위로 인정되어야 하고 당연 무효인 민사행위가 아니며, 이러한 행위가 국가이익을 침해하는 경우에만, 즉, 의사표시가 진실하지 않고 내용상 국가이익을 침해하는 경우에만 이 민사행위가 무효인 민사행위가 된다고 주장하고 있다.

2. 대리

1) 대리의 개념과 분류

대리란 대리인이 대리권한 내에서 피대리인의 명의로 제3자와 민사법률행위를 행하고, 그 법률적 결과는 직접적으로 피대리인이 승계하는 민사 법률제도를 말한다.

대리에는 우선 협의의 대리와 광의의 대리 두 가지가 있다. 협의의 대리는 직접대리라고도 하며, 대리인이 피대리인의 명의로 민사법률행위를 행하는 것을 말한다. 이에 대해 광의의 대리는 간접대리의 일종이며, 대리인이 자신의 명의로 민사행위를 행하지만, 그 결과는 피대리인에게 귀속되는 경우를 말한다. 중국 「민법통칙」은 협의의 대리만을 규정하고 있다.

「민법통칙」은 이러한 협의의 대리를 대리권이 발생한 원인에 따라 위탁대리, 법정대리 및 지정대리의 세 가지로 구분하였다. 그중 위탁대리는 의정意定 대리라고도 하며, 대리인이 피대리인의 위탁수권에 의하여 행하는 대리이다.

법정대리는 법률의 규정에 의하여 직접 발생하는 대리관계이며, 주로 민사행위불능자와 제한민사행위능력자의 합법적인 권익을 보호하기 위하여 설정된다. 지정대리는 대리인이 관련기관(인민법원이나 지정단위)의 지정에 의하여 행하는 대리이다(「민법통칙」 제64조).

2) 무권대리와 표현대리

무권대리無權代理란 행위자가 대리권 없이 피대리인의 명의로 민사행위를 행하여, 그 법률적 결과를 행위자 자신이 부담하게 되는 상황을 말한다. 그러나 만일 상대방이 행위자에게 대리권이 있다고 믿을 만한 이유가 있는 때에는 표현대리表見代理를 구성하며, 이에 대해서는 피대리인이 상응하는 법률적 결과를 부담하여야 한다.

「민법통칙」에서는 무권대리의 세 가지 상황을 규정하고 있는데, 행위자에게 대리권이 없거나, 행위자가 대리권을 초월하였거나, 대리권이 종지終止된 후의 대리가 그것이다. 무권대리는 피대리인의 사후 추인을 받지 못하면 피대리인에게 법률적 효력이 발생하지 않고, 이를 행위자 자신이 부담하게 된다. 이때 피대리인에게 초래된 손해에 대해서는 행위자가 권리침해에 대한 민사책임을 져야 한다. 만일 상대방이 행위자에게 대리권이 없거나 행위자가 대리권을 초월하였거나 대리권이 종지終止되었음을 명백하게 알면서도 행위자와 민사행위를 행하여 타인에게 손해를 초래한 경우, 상대방과 행위자가 연대책임을 진다(「민법통칙」 제66조).

　　표현대리란 행위자에게 대리권이 없으나, 피대리인의 행위로 인하여 선의의 상대방이 행위자에게 대리권이 있다고 믿을 만한 이유가 있어, 피대리인이 그 대리의 결과에 대해 책임을 지게 되는 상황을 말한다. 표현대리는 광의의 무권대리의 특수한 경우라고 할 수 있다. 무권대리의 경우 오로지 피대리인의 추인 여부만으로 대리행위의 효력을 결정하게 되면, 선의의 제3자에게 손해를 초래할 가능성이 있으므로 표현대리 제도가 필요하게 된다. 중국의 「민법통칙」에는 표현대리에 관한 명확한 규정이 없으나, 1999년 제정한 「계약법合同法」에서 다음과 같이 계약체결 상 표현대리의 법률적 결과를 확인하였다.

　　"대리권이 없거나 대리권을 초월하였거나 대리권이 종지終止된 후에 행위자가 피대리인의 명의로 체결한 계약은 상대방이 행위자에게 대리권이 있다고 믿을 만한 이유가 있는 경우, 이 대리행위는 유효하다(「계약법」 제49조)."

제3절　중국 민사소송법 개론

Ⅰ 중국 민사소송의 기본원칙

　　현행 중국의 「민사소송법」은 1991년에 제정되었고, 2007년과 2012년 두 차례 대폭 개정되었다. 1991년 이전에는 민사소송과 관련하여 1982년 제정한 「중화인민공화국민사소송법(시행)」을 적용하였다.

　　「민사소송법」은 총칙부분에서 중국 민사소송에서 반드시 준수하여야 하는 원칙적인 규정(제6조–제16조)을 두고 있는데, 그중 일부는 중국 심판 제도에 공통적으로 적용되는 원칙이고, 일부는 민사소송에만 적용되는 원칙이다. 민사소송 고유의 원칙으로는 주로 당사자평등원칙當事人平等原則, 변론원칙辯論原則과 처분 원칙處分原則 등이 있다.

1. 당사자평등원칙

당사자평등원칙이란 당사자, 즉 원고와 피고가 민사소송에서 평등한 소송상 권리를 향유하는 것을 말하며, 인민법원은 민사사건 심리 시 당사자의 소송상 지위의 평등과 각종 권리의 평등한 행사를 보장하여야 한다(「민사소송법」 제8조).

우선, 당사자평등원칙은 당사자의 소송상 지위의 평등을 요구한다. 쌍방 당사자는 소송대리인 위탁, 증거 제공, 변론 진행, 상소 제기 및 재심 신청 등에 있어서 서로 같은 소송상 권리를 보유한다. 이밖에, 원고와 피고 쌍방은 소송에서 대등한 지위에 있고, 일방의 공격에 대해 다른 일방은 동등한 방어 및 반증의 권리를 보유한다. 따라서 인민법원은 민사소송에서 쌍방 당사자에게 평등한 기회를 제공하여야 하고, 쌍방이 제출한 주장 및 증거를 동등하게 다루어야 한다.

당사자평등원칙은 민사소송의 본질을 나타내는 중요한 특징 중 하나이다. 물론, 당사자가 소송에서 부담하는 임무가 다르므로, 당사자평등원칙은 결코 쌍방이 똑같은 소송상의 권리와 의무를 가지는 것을 의미하지는 않는다.

2. 변론원칙

변론원칙이란 중국에서 일반적으로 소송당사자에게 사건의 사실과 쟁점사항에 대해 변론할 권리가 있고, 소송당사자는 인민법원의 주관 하에 자신의 주장과 근거를 진술하며, 상호 반박과 답변을 진행하여, 자신의 합법적인 권익을 수호한다는 원칙을 가리킨다(「민사소송법」 제12조). 당사자 쌍방은 분쟁이 있는 문제에 대해 상호 논박을 진행하고, 변론을 통하여 사건의 진실한 상황을 드러내며, 법원은 변론을 통하여 확인된 사실만을 판결의 근거로 삼을 수 있다.

중국 「민사소송법」에서의 변론원칙이 대륙법계국가 민사소송에서의 소위 '변론주의辯論主義'와 차이가 있는지 여부에 관해서는 학자들 사이에 견해가 갈린다.

변론주의에 따르면 일반적으로 ① 법률효과의 발생이나 소멸을 직접적으로 결정하는 요건사실必要事實을 반드시 당사자가 변론에서 진술할 것을 요구하고, 당사자가 변론에서 진술하지 않은 사실은 법원재판의 근거로 삼을 수 없으며, ② 당사자 일방이 제출한 사실을 상대방 당사자가 다투지 않으면 심판기관은 이를 재판의 근거로 삼아야 하고, ③ 법원의 사건 증거에 대한 조사는 당사자 쌍방이 변론에서 제출한 증거에만 국한된다.

일부 학자들은 향후 중국 「민사소송법」상 변론원칙의 내용을 더욱 명확히 하여, 상술한 변론주의를 중국의 민사소송 제도에 도입하여야 한다고 주장하고 있다.

3. 처분원칙

민사소송에서 처분원칙이란, 민사소송에서 당사자가 자신의 민사상 권리와 소송상 권리를 자유롭게 지배하고 처분할 권리가 있다는 원칙을 말한다(「민사소송법」 제13조 제2항).

그 내용은 주로 다음과 같은데, 당사자는 ① 소訴 제기여부, 소 제기시기, 소 취하여부 ② 청구의 종류, 소 제기의 상대방, 소송청구의 포기나 변경 여부 ③ 조정調解여부, 상소나 재심신청 여부, 강제집행 신청여부 등을 자주적으로 결정할 권리가 있다. 인민법원은 당사자의 상술한 처분결정을 강제하거나 이에 개입할 수 없다.

중국 「민사소송법」에서는 당사자의 처분권處分權利을 규정하는 동시에, '법률규정의 범위 내'라는 일정한 제한을 두었다. 따라서 일반적으로 중국에서 당사자의 처분권은 절대적이지 않고, 당사자의 처분권 행사는 법률의 금지규정에 위반되어서는 안 되며, 국가와 사회공공이익 및 타인의 합법적인 권익을 침해해서는 안 된다고 알려져 있다. 인민법원은 상술한 범위에 속하는 당사자의 처분행위에 대해 개입할 수 있고, 경우에 따라서는 당사자의 처분행위를 무효화시킬 수 있다.

Ⅱ 중국 민사소송의 기본 제도

중국 민사소송의 기본 제도에는 합의 제도, 회피 제도, 심판공개 제도, 2심제 등이 있다(「민사소송법」 제10조). 그 기본적인 내용은 중국 「형사소송법」, 「행정소송법」의 관련 내용과 크게 다르지 않으므로, 이에 관한 자세한 설명은 생략한다. 이하에서는 주로 중국 「민사소송법」의 관할 제도와 증거 제도를 살펴보겠다.

1. 관할 제도

민사소송에서 관할이란 각급인민법원 간 및 동급인민법원 간의 제1심 민사사건의 수리권한의 분담을 말한다. 중국 「민사소송법」의 규정에 의하면, 관할은 우선 심급級別관할, 지역관할, 이송관할 및 지정관할로 구분된다. 그중에서 지역관할은 다시 일반지역관할, 특수지역관할, 전속관할 및 협의協議관할 등으로 구분된다.

1) 심급관할

심급관할은, 상하급 인민법원 간 제1심 민사사건의 수리권한을 배분한 것이다. 중국 「민사소송법」은 주로 사건의 성질, 사건의 복잡성, 사건의 영향범위에 따라 인민법원의 관할권權限을 심급별로 규정하였다.

우선, 법률에 별도의 규정이 있는 경우를 제외하고, 기층인민법원이 제1심 민사사건을 관할한다. 중급인민법원은 중대한 섭외사건, 해당 관할구역에 중대한 영향을 미치는 사건 및 최고인민법원이 중급인민법원의 관할로 확정한 사건을 관할한다.

최고인민법원의 사법해석에 따라 최고인민법원이 중급인민법원의 관할로 확정한 사건으로는 주로 ① 해사海事, 해상海商사건 ② 특허분쟁사건 ③ 저작권분쟁사건 ④ 홍콩, 마카오 및 대만 관련 중대 민사사건 ⑤ 소송물 가액이 큰 사건 ⑥ 증권 허위진술 민사배상사건 등이 있다.

이밖에 고급인민법원은 해당 관할구역에 중대한 영향을 미치는 제1심 민사

사건을 관할하는데, 중대한 영향을 미치는지 여부를 어떻게 인정할 것인가에 관해서는 통일된 기준이 없다. 일반적으로 소송목적의 값訴訟標的金額이 하나의 중요한 참고요소라고 알려져 있다.

마지막으로, 최고인민법원은 ① 전국적으로 중대한 영향을 미치는 사건 ② 반드시 최고인민법원이 심리하여야 한다고 판단한 사건을 관할한다.

2) 지역관할

지역관할은 구역관할이라고도 하는데, 동급인민법원 간의 제1심 민사사건의 수리권한의 분담을 말한다. 중국 「민사소송법」이 규정하고 있는 지역관할은 다시 일반지역관할, 특수지역관할, 전속관할 및 협의관할로 구분할 수 있다.

일반지역관할은 주로 당사자의 주소지에 따라 관할이 확정된다. 그 기본원칙은 '원고가 피고에 따라야 한다原告就被告'. 즉, 원칙적으로 민사사건은 피고주소지의 인민법원이 관할한다. 그러나 다음의 경우에는 원고소재지 인민법원이 관할할 수 있다.

① 중화인민공화국 영역 내에 거주하지 않는 자에 대해 제기된 신분관계에 관한 소송

② 행방불명되거나 실종선고를 받은 자에 대해 제기된 신분관계에 관한 소송

③ 강제교육조치에 처해진 자에 대해 제기된 소송

④ 감금된 자에 대해 제기된 소송.

특수지역관할은 당사자의 주소지 및 기타 요소에 의하여 확정된 관할이다. 중국 「민사소송법」은 다음과 같이 몇 가지의 특수지역관할 제도를 규정하고 있다.

① 일반적인 계약분쟁은 피고주소지나 계약이행지의 인민법원이 관할한다.

② 보험계약분쟁은 피고주소지나 보험목적물標的物 소재지의 인민법원이 관할한다.

③ 어음票據분쟁은 어음지급지나 피고주소지의 인민법원이 관할한다.

④ 회사설립·주주자격확인·이윤분배·해산 등의 분쟁으로 인하여 제기된 소송은 회사주소지의 인민법원이 관할한다.

⑤ 운송계약분쟁, 즉, 철도·도로·수상·항공운송 및 복합운송계약분쟁으로 인하여 제기된 소송은 운송 출발지·목적지나 피고주소지의 인민법원이 관할한다.

⑥ 권리침해행위로 인하여 제기된 소송은 권리침해행위지나 피고주소지의 인민법원이 관할한다.

⑦ 교통사고손해배상분쟁, 즉, 철도·도로·수상 및 항공사고 손해배상청구로 인하여 제기된 소송은 사고발생지나 차량·선박의 최초목적지·항공기의 최초착륙지나 피고주소지의 인민법원이 관할한다.

⑧ 해사·해상분쟁은 구체적으로 다음의 몇 가지 경우로 구분한다.

(a) 선박충돌이나 기타 해사손해사고 손해배상청구로 인하여 제기된 소송은 충돌발생지·충돌선박의 최초목적지·가해선박의 억류지나 피고주소지의 인민법원이 관할한다.

(b) 해난구조비용으로 인하여 제기된 소송은 구조지나 피구조선박의 최초목적지의 인민법원이 관할한다.

(c) 공동해손으로 인하여 제기된 소송은 선박의 최초목적지·공동해손정산지나 항행종료지航程終止地의 인민법원이 관할한다.

전속관할이란 일부 특수한 유형의 사건을 특정 인민법원이 관할하도록 법률에서 규정한 것을 말한다. 중국 「민사소송법」에서는 전속관할을 세 가지 경우로 규정하였다.

① 부동산분쟁으로 인하여 제기된 소송은 부동산소재지의 인민법원이 관할한다.

② 항구작업 중 발생한 분쟁으로 인하여 제기된 소송은 항구소재지의 인민법원이 관할한다.

③ 유산상속분쟁으로 인하여 제기된 소송은 피상속인의 사망 시 주소지나 주요유산소재지의 인민법원이 관할한다.

협의관할은 약정約定관할이나 합의合意관할이라고도 하는데, 당사자 쌍방이 민사 분쟁의 발생 전이나 발생 후에 약정한 방식으로 제1심 사건의 관할법원을 확정하는 것을 말한다. 협의관할은 민사소송 제도에서 비교적 특수한 제도이다.

중국 「민사소송법」은 "계약이나 기타 재산권익분쟁의 당사자는 서면협의로 피고주소지, 계약이행지, 계약체결지, 원고주소지, 목적물소재지 등 분쟁과 실제로 관련된 장소의 인민법원의 관할을 선택할 수 있으나, 본법의 심급관할 및 전속관할 규정은 위반할 수 없다"고 규정하고 있다(「민사소송법」 제34조).

즉, 중국 「민사소송법」이 규정하고 있는 협의관할은 몇 가지 조건에 부합하여야 하는데, ① 그 분쟁이 반드시 계약분쟁 및 기타 재산분쟁과 관련이 있어야 하고 ② 협의관할 중 약정한 관할법원은 반드시 법에 정한 몇 가지 관련 법원 중에서 선택하여야 하며 ③ 심급관할과 전속관할에 관련된 「민사소송법」 규정을 위반할 수 없다.

3) 이송관할 및 지정관할

이송관할이란 인민법원이 사건수리 후, 자신이 사건에 대해 관할권이 없음을 발견한 경우 재정裁定의 방식을 통하여 사건을 관할권이 있는 인민법원이 심리하도록 이송하는 제도를 말한다.

중국 「민사소송법」이 규정하고 있는 이송관할 제도에는 주로 다음의 세 가지 내용이 포함된다.

① 이송 받은 사건은 이송 받은 인민법원이 심리한다. 인민법원이 수리 전에 자신에게 관할권이 없음을 발견한 경우 이송관할을 할 필요는 없고, 재정으로 소를 각하하거나駁回起訴 관할권이 있는 인민법원에 제소하도록 당사자에게 알리기만 하면 된다.

② 이송한 인민법원은 해당 사건에 대해 관할권이 없다.

③ 이송을 받은 인민법원은 반드시 수리하여야 하며, 다시 이송할 수 없다. 이송을 받은 인민법원은 이송을 받은 사건이 규정에 의하여 자신의 관할에 속하지 않는다고 판단한 경우 서면으로 상급인민법원에 지정관할을 요청하여야 한다.

지정관할이란 직상급上一級 인민법원이 재정의 방식으로 그 관할구역 내 하급인민법원이 사건에 대해 관할권을 행사하도록 지정하는 것을 말한다.

중국 「민사소송법」에서는 지정관할이 필요한 경우를 다음의 세 가지로 규정하고 있다.

① 이송을 받은 인민법원이 이송을 받은 사건이 자신의 관할에 속하지 않는다고 판단한 경우

② 관할권을 가진 인민법원이 특수한 사유로 인하여 관할권을 행사할 수 없는 경우

③ 인민법원 사이에 관할권으로 인하여 다툼이 발생하여, 협상을 통하여 해결할 방법이 없는 경우(「민사소송법」 제17조–제38조).

2. 증거 제도

민사소송과 관련된 증거 제도에 관해서는, 「민사소송법」의 관련조문 외에, 최고인민법원이 제정한 「민사소송증거에 관한 약간의 규정關與民事訴訟證據的若干規定」(2001년)이 중요한 법률적 근거가 된다.

1) 증거의 종류

중국 「민사소송법」이 규정하고 있는 증거로는 당사자의 진술, 서증, 물증, 시청각자료, 디지털데이터, 증인의 증언, 감정의견, 검증기록 등이 있다.

증거 제도와 관련하여, 현재 중국에서는 증인의 권리와 의무 문제를 둘러싸고 일부 논쟁이 있다. 중국 「민사소송법」은 "무릇 사건의 경위를 아는 단위單位와 개인은 모두 법정에서 증언할 의무가 있다"고 규정하고 있다. 따라서 '법정에서 증언하는 것'이 원칙적으로 증인의 의무이다.

아울러 증인은 건강상의 이유 등 법에 정한 상황을 이유로 법정에서 증언할 수 없는 경우, 인민법원의 허가를 받아 서면증언, 시청각전송기술視聽傳輸技術이나 시청각자료 등의 방식을 통하여 증언할 수 있다. 증인이 법정 증언 의무의 이행으로 인하여 지출한 교통비 등 필요비용 및 일실이익誤工損失(결근으로 인한 경제적 손실)은 패소한 일방당사자가 부담한다(「민사소송법」 제72조–제74조).

그러나 증인이 법에 정한 상황이 아닌데도 법정출석을 거부한 경우, 인민법원이 법정출석을 강제하거나 상응하는 제재를 가할 수 있는지 여부에 관해서는 중국 「민사소송법」에 아직 명확한 규정이 없다. 일부 학자들은 향후 증인의 법

정출석 의무를 명확히 하는 동시에, 증인이 법정출석을 거부할 수 있는 법정사유의 범위를 확대하여 증인에게 상응하는 면책권豁免權을 부여해야 한다고 주장하고 있다.

2) 입증책임과 내용

민사소송에서 당사자는 자신이 제출한 소송청구를 뒷받침할 사실이나 상대방의 소송청구를 반박할 사실을 포함하여, 자신이 제기한 주장에 대해 증거를 제공하여 입증할 책임이 있다. 즉, 민사소송의 입증책임은 소위 '주장하는 자가 입증하여야 한다誰主張, 誰擧證'는 원칙을 따른다. 그 입증대상에는 관련된 실체법적 사실과 절차법적 사실이 포함되어야 한다. 그러나 다음의 사실들은 당사자가 입증할 필요가 없다.

① 널리 알려진 사실 ② 자연법칙自然規律 및 불변의 진리定理 ③ 법률규정이나 이미 알려진 사실과 일상생활의 경험칙經驗規則에 따라 추정해낼 수 있는 다른 사실 ④ 인민법원의 법률적 효력이 발생한 재판에서 확인된 사실 ⑤ 중재기구의 효력이 발생한 재결裁決에서 확인된 사실 ⑥ 유효한 공증문서에서 입증된 사실(「민사소송증거에 관한 약간의 규정」 제5조).

구체적 사건에서의 입증 내용과 관련하여 최고인민법원은 비교적 상세한 규정을 두었다. 예를 들어 계약분쟁사건에서, 계약관계의 성립 및 효력발생을 주장하는 일방당사자가 계약의 성립 및 효력발생 사실에 대하여 입증책임을 부담한다. 계약관계의 변경, 해제, 종료, 취소를 주장하는 일방당사자가 계약관계의 변동을 초래한 사실에 대하여 입증책임을 부담한다. 계약의 이행여부에 대하여 분쟁이 발생한 경우, 이행의무를 부담하는 당사자가 입증책임을 부담한다. 대리권에 관하여 분쟁이 발생한 경우, 대리권이 있다고 주장하는 일방당사자가 입증책임을 부담하는 등이다(「민사소송증거에 관한 약간의 규정」 제9조).

3) 증거의 수집과 제공

현행 중국 「민사소송법」은 증거의 수집과 제공에 관해서도 기본적으로 당사자주의를 채택하였다. 즉, 원칙적으로 증거의 수집과 제공은 당사자가 책임을 지며, 인민법원은 증거의 조사 및 수집에 주동적으로 개입하지 않는다. 다만 다음의 예외적인 경우에는 인민법원이 스스로 증거를 조사하고 수집할 수 있다.

구체적으로는 두 가지 경우인데, 인민법원이 직권으로 증거를 조사하고 수집하는 경우와 당사자의 신청에 의한 경우이다. 먼저 인민법원이 사건 심리 시 다음의 증거가 필요하다고 판단한 경우, 주동적으로 증거를 조사하고 수집할 수 있다.

① 국가이익, 사회공공이익이나 타인의 합법적인 권익을 침해할 가능성이 있는 관련 사실

② 직권에 의한 당사자 추가, 소송 중단, 소송 종결, 회피 등에 관련된, 실체적 분쟁과는 무관한 절차적 사항.

다음으로, 이하의 경우 인민법원은 당사자의 신청에 의하여 증거를 조사하고 수집할 수 있다.

① 조사·수집을 신청한 증거가 국가 관련 기관部門에 보관되어 있어 인민법원의 직권에 의하여 조회해야만 하는 문서 자료

② 국가기밀, 영업비밀, 개인의 사생활 관련 자료

③ 당사자 및 그 소송대리인이 객관적인 사유로 스스로 수집할 수 없는 기타자료(「민사소송증거에 관한 약간의 규정」 제15조-제17조).

Ⅲ 중국 민사소송의 참가자

중국 민사소송의 소송참가자로는 당사자와 소송대리인이 있다. 민사소송에서의 당사자는 협의와 광의로 구분하는데, 협의의 당사자는 민사소송에서의 원고와 피고이며, 광의의 당사자에는 원고와 피고 외에도 공동소송인, 소송대표자와 제3자가 포함된다.

1. 당사자

중국 「민사소송법」은 자연인, 법인과 기타 조직이 민사소송의 당사자가 될 수 있다고 규정하고 있다. 일반적으로 민법의 규정에 따라 민사권리능력을 가진

주체는 동시에 「민사소송법」상 당사자능력, 즉 민사소송권리능력을 가진다.

일부 특수한 경우, 민사권리능력과 민사소송권리능력이 완벽하게 일치하지는 않는데, 이는 관련 주체의 자격에 관해 민법과 「민사소송법」이 서로 다른 고려에서 출발하여 규정하고 있기 때문이다.

자연인과 법인 이외에 민사소송의 당사자가 될 수 있는 '기타 조직'에 관하여 최고인민법원은 다음의 몇 가지를 열거하였다.

① 영업허가증營業執照을 법에 따라 등록登記·수령領取한 개인독자獨資기업
② 영업허가증을 법에 따라 등록·수령한 합명合伙기업
③ 중국 영업허가증을 법에 따라 등록·수령한 중외합작中外合作경영기업·외자外資기업
④ 법에 따라 설립한 사회단체의 본사代表機構·지사分支機構
⑤ 법에 따라 설립하고 영업허가증을 수령한 법인의 지사
⑥ 법에 따라 설립하고 영업허가증을 수령한 상업은행·정책은행 및 은행이 아닌 금융기구의 지사
⑦ 영업허가증을 법에 따라 등록·수령한 향진鄕鎭기업·가도街道기업
⑧ 기타 본조 규정의 조건에 부합하는 조직(《最高人民法院關與適用〈中華人民共和國民事訴訟法〉的解釋(최고인민법원〈중화인민공화국민사소송법〉적용에 관한 해석)》제52조).

이밖에 당사자가 소송권리능력을 갖는다고 하여 반드시 소송능력, 즉 소송행위능력을 갖는 것은 아니다. 소송행위능력이란 당사자 자신이 소송행위를 수행하여, 소송상권리를 실현하고 소송상의무를 부담하는 능력을 말한다.

일반적으로 완전한 민사행위능력을 가진 자에게는 모두 민사소송행위능력이 있으나, 제한민사행위능력자와 민사행위불능자에게는 민사소송행위능력이 없다. 민사소송행위불능자가 당사자가 되어 소송에 참가하는 경우, 반드시 그 법정대리인이 소송활동을 대신 수행하여야 한다.

2. 소송대리인

소송대리인이란 법률의 규정이나 당사자의 위탁에 의하여 당사자의 명의로 민사소송활동을 수행하는 자를 말한다. 중국 「민사소송법」은 소송대리인을 법

정소송대리인과 위탁소송대리인의 두 가지로 규정하였다.

1) 법정소송대리인

소송행위능력이 없는 당사자, 즉, 민사행위불능자나 제한민사행위능력자에 대하여 중국 「민사소송법」은 그 후견인을 법정소송대리인으로 규정하였다. 후견인의 범위와 순서는 「민법통칙」의 규정에 의하여 확정한다.

법정대리인 사이에 서로 대리책임을 회피하는 경우, 인민법원이 그중 한 명을 소송대리인으로 지정한다. 따라서 법정소송대리인의 대리권은 일종의 권리이자 의무라고 할 수 있다.

2) 위탁소송대리인

법정소송대리인에 비하여 위탁소송대리인이란 당사자와 법정대리인의 위탁에 의하여 소송활동을 대신 수행하는 자를 말한다. 중국 「민사소송법」은 위탁소송대리인이 될 수 있는 자의 범위를 비교적 넓게 규정하여, 변호사 외에 ① 기층법률서비스담당자 ② 당사자의 근친족 ③ 당사자의 직원(당사자가 법인 등 조직인 경우) ④ 당사자 소재 지역사회社區·단위單位 및 관련 사회단체가 추천한 공민은 모두 위탁소송대리인이 될 수 있다.

여기서 말하는 '기층법률서비스담당자'란 중국 사법부가 공포한 《기층법률서비스담당자관리방법基層法律服務工作者管理辦法》(2000년)에 따라 관련자격을 가진 법률서비스담당자人員이다. 이들은 변호사자격을 지니고 있지는 않다. 이는 변호사 제도가 미처 정착되지 않은 단계, 특히 일부 지역에서 변호사 수가 부족한 상황에서 도입한 제도로 중국에만 존재하는 특수한 직업군이라고 할 수 있다. 향후 중국의 변호사 제도가 지속적으로 정비되고 변호사 수가 지속적으로 증가하게 되면 기층법률서비스담당자는 점차 사라질 것이다.

이밖에 현행 법률의 규정에 의하여 '당사자 소재 지역사회·단위 및 관련 사회단체'가 추천한 공민은 민사소송의 소송대리인이 될 수 있다. 이렇듯 변호사 이외의 자, 예를 들어 변리사는 중국 전국변리사협회의 추천을 받아 특허사건의 소송대리인이 될 수 있다(《최고인민법원 〈중화인민공화국민사소송법〉 적용에 관한 해석》 제87조).

3. 제3자

원고와 피고 외에, 중국 「민사소송법」은 제3자 소송 제도를 규정하였다. 제3자로는 독립청구권을 가진 제3자와 독립청구권이 없는 제3자의 두 가지가 있다(「민사소송법」 제56조).

1) 독립청구권을 가진 제3자

독립청구권을 가진 제3자란 소송에서 다투는 소송물에 대하여 독립된 청구권을 가지고, 이에 따라 소송에 참가하는 자를 말한다. 독립청구권을 가진 제3자는 인민법원에 소송청구와 관련 사유를 제출한 후 소송당사자가 된다. 이때 이 제3자의 소송상 지위는 원고와 같고, 원 소송(본소)의 원고와 피고는 피고가 된다.

이와 같이 독립청구권을 가진 제3자가 소송에 참가한 후, 소송은 본소와 새로 제출된 소송의 결합으로 변하여, 인민법원은 실제 두 개의 소송을 병합하여 공동으로 심리하게 된다.

2) 독립청구권이 없는 제3자

독립청구권이 없는 제3자에 대한 「민사소송법」의 정의는, 당사자 쌍방의 소송물에 대해 비록 독립청구권은 없으나 사건의 처리결과가 그와 법률상 이해관계가 있어 소송참가를 신청하거나 인민법원이 그에게 소송참가를 통지한 제3자이다. 독립청구권이 없는 제3자를 둘러싸고 현재 중국 학계에서 비교적 논쟁이 크며, 아직 통일된 의견이 형성되지 못하였다.

일반적으로 독립청구권이 없는 제3자는 다시 두 가지 경우로 구분할 수 있다. 첫째는 독립청구권이 없는 보조형 제3자이다. 독립청구권이 없는 보조형 제3자는 당사자로서의 소송상 지위를 갖지 못하고, 그 역할은 주로 원고나 피고의 소송수행을 보조하는 데 있다.

둘째는 독립청구권이 없는 피고형 제3자이다. 독립청구권이 없는 피고형 제3자는 일반적으로 법원의 통지에 의하여 소송에 참가하여, 피고형 제3자가 된다. 피고형 제3자는 실질적으로 민사책임을 부담할 가능성이 있으므로 소송에서 독립당사자로서의 지위를 가지며, 민사책임을 부담하라는 판결에 대하여 상소를 제기할 권리가 있다.

4. 공동소송과 소송대표자

공동소송이란 원고나 피고 한쪽이 2인 이상인 소송형태를 말한다. 중국 「민사소송법」에서는 공동소송을 소위 필수적必要的 공동소송과 통상普通的공동소송의 두 가지로 규정하고 있다(「민사소송법」 제52조).

1) 필수적 공동소송

필수적 공동소송이란 당사자 일방이나 쌍방이 2인 이상이고, 소송물이 공통된 소송을 말한다. 필수적 공동소송은 불가분의 소에 속하며, 관련 공동소송인이 필수적으로 함께 제소 또는 응소할 것을 요구한다.

소송에 참가하지 못한 공동소송인을 추가하는 경우 인민법원은 반드시 병합심리하고 통일된 판결을 내려야 한다. 공동소송의 일방당사자의 소송행위는 다른 공동소송인의 동의를 받은 경우 다른 공동소송인에게 효력이 미친다.

2) 통상공동소송

통상공동소송이란 당사자 일방이나 쌍방이 2인 이상이고 소송물이 같은 종류에 속하는 경우, 인민법원이 당사자의 동의를 받아 병합 심리할 수 있는 소송을 말한다. 통상공동소송은 가분可分의 소에 속하며, 원래 각각 개별심리가 가능하나, 인민법원이 소송자원을 절약하고 효율을 제고하기 위하여 함께 심리한다.

통상공동소송에서 각 공동소송인은 독립된 소송상지위를 가지며 단독으로 소송절차를 진행하고, 그중 한 사람의 소송행위가 다른 공동소송인에게 영향을 미치지 아니한다.

3) 소송대표자

소송대표자란 당사자 일방이 다수인 공동소송에서, 다수인 일방당사자가 선출하여 그 전체당사자를 대표하여 소송을 진행하는 자이다. 대표자는 반드시 당사자 중에서 선출하여야 하므로 대표자는 소송당사자 겸 대표자라는 이중 신분을 갖는데, 이것이 대표자가 소송대리인과 다른 중요한 차이이다.

대표자가 수행한 소송행위는 대표자를 선출한 당사자에게 영향을 미치고, 이 점에서 대표자는 일반소송대리인과 유사한 권한을 갖는다. 그러나 법률에서는 "대표자가 소송청구를 변경, 포기하거나 상대방 당사자의 소송청구를 승인하거나 화해하는 경우, 반드시 대표자를 선출한 당사자의 동의를 받아야 한다"고 규정하고 있다(「민사소송법」 제53조).

제4절   중국 민사소송의 절차

Ⅰ 중국 민사소송의 일반절차

1. 개관

중국은 2심제를 시행하며, 민사소송절차는 우선 제1심 절차와 제2심 절차로 구분된다. 제1심 일반절차는 보통 다음의 몇 가지 단계로 구분된다. 즉, 제소起訴 및 수리受理, 개정 전 준비, 개정심리, 판결 및 재정裁定이 그것이다. 인민법원은 심리과정에서 조정調解을 진행할 수 있고, 심리재결 전에 소송종결終結 및 소송중지中止를 결정할 수 있다.

제1심 일반절차를 적용하는 민사사건에 대하여 인민법원은 입안立案 후 6개월 내에 판결을 내려야結案 하며, 연장이 필요한 특수한 사정이 있는 경우 해당 법원장의 허가를 받아 6개월 연장할 수 있다. 다시 연장이 필요한 경우에는 서면으로 상급인민법원에 허가를 요청하여야 한다.

따라서 중국에서 일반적인 민사사건案件의 심리에는 1년가량의 시간이 걸린 다고 할 수 있다. 이밖에 간이절차를 적용하는 민사사건은 입안 후 3개월 내에 판결을 내려야 한다(「민사소송법」 제149조, 제161조).

당사자가 상소를 제기하면, 2심법원은 ① 상소기각駁回, 원심유지의 재정 ② 법에 따라 판결 변경改判 또는 ③ 원판결 취소撤銷原判決, 파기환송發回重審의 재정을 할 수 있다. 이것이 중국 「민사소송법」에 규정된, 상소사건에 대한 2심법원의 세 가지 처리방식이다.

이밖에 최고인민법원의 사법해석에 의하면, 2심법원은 상소사건이 법에 따라 인민법원이 수리하는 사건에 속하지 않는다고 판단한 경우 ④ 원판결 취소, 상소각하 재정을 할 수 있다. 또한, 1심 인민법원이 수리한 사건이 전속관할규정에 위반된다고 판단한 경우 ⑤ 원판결 취소 및 관할권을 가진 인민법원에 이송하는 재정을 하여야 한다(《최고인민법원 〈중화인민공화국민사소송법〉 적용에 관한 해석》 제330조, 제331조).

인민법원은 판결에 대한 상소사건 심리 시 반드시 2심 입안일로부터 3개월 내에 판결을 내려야 한다. 연장이 필요한 특수한 사정이 있는 경우 해당 법원장의 허가를 받는다. 인민법원은 재정에 대한 상소사건 심리 시 반드시 2심 입안일로부터 30일 내에 최종재정을 내려야 한다(「민사소송법」 제176조).

2. 재심절차

중국 「민사소송법」은 2심제의 기초 위에서 재심절차를 규정하고 있다. 재심절차란 이미 효력이 발생한 판결·재정에 대하여 법정法定사유를 갖춘 경우 다시 심리를 진행하는 절차를 말한다. 재심절차는 모든 민사사건이 반드시 거쳐야 하는 절차는 아니다. 이미 효력이 발생한 판결에 대하여 다시 심리를 진행하는 것이므로, 예외적인 구제補救 제도에 속한다.

중국에서는 당사자가 재심을 신청할 수 있는 외에, 인민법원은 직권에 의하여 재심을 결정할 수 있고, 인민검찰원은 법률 감독기관으로서 항소를 통하여 재심을 제기할 수 있다. 그러므로 재심절차의 개시는 세 가지 방식으로 가능하다.

이는 중국 「민사소송법」에서 비교적 특수한 제도인데, 이 제도를 통해 인민법원은 능동적으로 재심을 결정할 수 있고, 인민검찰원은 재심감독권의 행사를 통하여 민사소송에 개입할 수 있게 되어, 중국 사법실무에서 많은 문제를 야기하고 있다. 따라서 이하에서는 중국 민사소송의 재심절차를 중점적으로 소개하고자 한다.

3. 재심사유

중국 「민사소송법」은 열세 가지의 재심사유를 규정하고 있는데, 재심사유는 그 성격에 따라 크게 세 가지 부류로 구분할 수 있다.

첫째, 관련 재판주체가 적법하지 않은不合法 경우로,

① 심판조직의 구성이 적법하지 않거나 법에 따라 반드시 회피하여야 하는 심판관계자가 회피하지 않은 경우

② 심판관계자가 해당안건 심리 시 부패수뢰, 사적인 정에 얽매인 부정행위, 법을 왜곡한 재판행위를 한 경우가 포함된다.

둘째, 관련 재판근거가 적법하지 않은 경우로,

① 새로운 증거를 발견하여 원판결·재정을 번복하기에 충분한 경우

② 원판결·재정이 인정한 기본사실을 입증할 증거가 부족한 경우

③ 원판결·재정이 인정한 사실의 주요증거가 위조된 경우

④ 원판결·재정이 인정한 사실의 주요증거가 검증을 거치치 않은 경우

⑤ 사건 심리에 필요한 주요증거를 당사자가 객관적인 사유로 스스로 수집할 수 없어, 인민법원에 증거조사·수집을 서면으로 신청하였는데, 인민법원이 증거조사·수집을 하지 않은 경우

⑥ 원판결·재정의 법률 적용에 확실히 잘못이 있는 경우

⑦ 원판결·재정을 내린 근거가 된 법률문서가 파기撤銷되거나 변경된 경우가 포함된다.

마지막으로, 관련 재판절차가 적법하지 않은 경우로,

① 소송행위불능자가 법정대리인의 소송대리를 거치지 않았거나 소송에 반드시 참가하여야 하는 당사자가 본인이나 그 소송대리인의 귀책사유 없이 소송에 참가하지 못한 경우

② 법률의 규정을 위반하여 당사자의 변론권리를 박탈한 경우

③ 소환장에 의한 소환을 거치지 않고 궐석판결을 한 경우

④ 원판결·재정에 소송청구가 누락되거나 초과된 경우가 포함된다.

이렇듯 중국 「민사소송법」에 규정된 재심사유가 비교적 광범위하고, 또한 재심사유에서 언급된 '새로운 증거', '기본사실', '법률 적용에 잘못이 있는 경우' 등 문구의 의미가 충분히 명확하지 않아, 실제 운용상 해석의 여지가 매우 크다고 할 수 있다. 실제로 중국에서는 이미 판결이 끝난 사건이 재심절차를 통하여 다시 심리를 받는 경우가 상대적으로 흔하다. 중국은 2심제를 시행하므로, 어떤 의미에서는 재심절차가 일부 3심 재판절차의 기능을 맡고 있다고 할 수도 있다.

당사자는 상술한 재심사유에 따라 종심법원終審法院의 직상급 인민법원에 재심을 신청할 수 있다. 인민법원이 재심신청을 기각하거나, 기일을 넘겨도 재심신청에 대한 재결裁決을 내리지 않거나, 재심 판결·재정에 확실히 잘못이 있는 경우 당사자는 인민검찰원에 검찰건의檢察建議나 항소를 신청할 수 있다(「민사소송법」 제209조).

4. 인민법원의 재심결정

인민법원이 직권으로 재심결정을 하는 경우는 다음의 3가지이다.

첫째, 각급인민법원장은 해당법원에서 이미 효력이 발생한 판결·재정에 대하여 잘못이 있음을 발견한 경우, 해당법원의 심판위원회에 이를 제출하여 재심여부를 토론·결정하여야 한다.

둘째, 상급인민법원은 하급인민법원에서 이미 효력이 발생한 판결·재정에 대하여 잘못이 있음을 발견한 경우, 자판하거나 하급인민법원에 재심을 명령指令할 수 있다.

셋째, 최고인민법원은 지방각급인민법원에서 이미 효력이 발생한 판결·재정에 대하여 잘못이 있음을 발견한 경우, 자판하거나 하급인민법원에 재심을 명령할 수 있다(「민사소송법」 제198조).

중국 「민사소송법」에 규정된, 인민법원이 직권으로 재심을 결정하는 제도는 매우 많은 학자들로부터 비판을 받고 있으며, 이들은 향후 이러한 제도를 반드시

폐지하여야 한다고 주장하고 있다. 학자들은 인민법원이 능동적으로 재심을 제기하는 제도가 「민사소송법」의 당사자처분주의에 어긋나고 재판중립원칙에 위반된다는 입장이다. 더욱이 이러한 제도는 종심판결 효력의 불안정을 초래하여, 이론상으로는 재심이 무한정 가능하게 된다. 당사자 쌍방도 종종 재심 제도에 의지하고자 반복적으로 재심을 신청하여, 법원의 종국판결에 대해 사람들의 불신을 초래하고 있다.

5. 인민검찰원의 재심항소

이밖에 중국에서는 인민검찰원이 재심절차를 통하여 민사소송에 개입할 수 있는데, 이는 인민검찰원의 법률 감독기관으로서의 성격에 의해 결정되는 것으로, 역시 중국 「민사소송법」에서 비교적 특수한 제도이다. 구체적으로 인민검찰원은 이미 효력이 발생한 민사 판결·재정에 대하여 두 가지 방식을 통하여 개입할 수 있다. 즉, 재심항소의 제기와 검찰건의의 제출이다.

첫째, 최고인민검찰원은 각급인민법원에서 이미 효력이 발생한 판결·재정에 대하여, 상급인민검찰원은 하급인민법원에서 이미 효력이 발생한 판결·재정에 대하여, 법정法定재심사유를 갖추었다고 판단한 경우 항소를 제기하여 재심을 요구할 수 있다.

인민검찰원이 항소를 제기한 사건에 대하여, 항소를 접수한 인민법원은 반드시 항소서를 받은 날로부터 30일 내에 재심재정을 내리거나 직하급下一級인민법원에 재심을 맡겨야 한다. 이렇듯 인민검찰원이 항소를 제기하는 경우, 인민법원은 반드시 재심절차를 개시하여야 한다(「민사소송법」 제208조, 제211조).

둘째, 지방각급인민검찰원은 동급인민법원에서 이미 효력이 발생한 판결·재정에 대하여, 법정재심사유를 갖추었다고 판단한 경우 동급인민법원에 검찰건의를 제출하거나, 직상급 인민검찰원이 동급인민법원에 항소를 제기할 것을 직상급 인민검찰원에 제청할 수 있다. 동급인민검찰원의 검찰건의에 대하여, 인민법원은 고려 후 자체적으로 재심절차의 개시여부를 결정할 수 있다.

인민검찰원의 재심항소의 제기와 검찰건의의 제출이라는 두 가지 감독방식에 관하여, 학자들은 검찰건의의 제출이 재심항소의 제기에 우선한다는 원칙을 견지해야 한다는 입장이다. 즉, 인민검찰원은 종국판결에 잘못이 있음을 발견한 경우, 반드시 먼저 인민법원에 검찰건의를 제출하여 인민법원이 재심여부를 스스로 결정하도록 하여야 하고, 직접 항소는 검찰건의가 인민법원에 의해 받아들여지지 않는 경우에만 고려되어야 한다는 것이다.

이밖에, 민사소송의 처분주의와 법률의 안정성, 검찰원의 성격 등의 요소에 근거하여, 많은 학자들은 민사소송에서 인민검찰원의 재심절차개시권한을 제한하여야 하며, 인민검찰원이 민사소송에 지나치게 능동적으로 개입하는 것은 바람직하지 않다고 주장하고 있다(江伟 主编, 民事诉讼法, 2013년).

Ⅱ 중국 민사소송의 특수절차

1. 특수절차 개관

특수절차란 인민법원이 일부 민사권익분쟁이 아닌 사건의 심리에 적용하는 특별한 절차를 말하는데, 일반적인 민사권익분쟁을 심리하는 소위 일반절차(1심, 2심, 재심절차 포함)에 상대되는 개념이다. 인민법원이 이러한 사건을 심리하는 것은, 주로 당사자의 민사적 권리 및 일정한 법률사실의 존재여부를 확인하기 위함이며, 당사자 사이의 민사 분쟁을 해결하기 위한 것은 아니다.

중국 「민사소송법」에 규정된 특수절차를 적용하는 비송사건非訟事件으로는 주로 선거인자격사건, 실종선고 및 사망선고 사건, 공민의 행위불능 및 제한행위능력 인정 사건, 무주물無主物 인정 사건, 조정협의 확인 사건, 담보물권실현 사건 등이 있다(「민사소송법」 제15장). 이밖에, 독촉절차, 공시최고절차에도 특수절차가 적용된다.

중국 「민사소송법」 규정에 의하면, 특수절차가 좇아야 하는 주요 규칙은 다음과 같다.

① 1심제를 시행한다.
② 판사 1인이 단독으로獨任 심리한다. 다만, 선거인자격사건이나 중대하고 어려운 사건은 판사가 합의부合議庭를 구성하여 심리한다.
③ 인민법원은 특수절차를 적용하는 사건 심리 과정에서 본안이 민사권익

분쟁에 속하는 것을 발견한 경우에는, 특수절차의 종결을 재정하고, 이
해관계인에게 고지하여 별도로 제소할 수 있도록 하여야 한다.

④ 특수절차를 적용하여 심리하는 사건은, 반드시 입안일로부터 30일 내에
또는 공시기한 만료 후 30일 내에 판결을 내려야 한다. 연장이 필요한
특수한 사정이 있는 경우 해당 법원장의 허가를 받는다. 다만, 선거인자
격을 심리하는 사건은 예외로 한다(「민사소송법」 제178조–제180조).

2. 독촉절차

독촉절차란 인민법원이 채권자의 신청에 의하여 개정심리開庭審理를 거치지
않고 직접 채무자에게 지급명령을 발부하여, 채무자가 법정기한 내에 이의를
제기하지 않으면, 해당 지급명령이 강제집행력을 갖추게 되는 절차를 말한다.

독촉절차는 채권채무관계를 해결하여 명확히 하고, 쌍방이 다툼이 없는 채
무를 청산하기 위하여 설립한 제도이다. 이러한 사건에 있어서 독촉절차를 적
용함으로써, 소송절차가 간소화되고, 소송비용이 절약되며, 당사자의 합법적 권
익을 더욱 효과적으로 보장하게 된다.

독촉절차를 적용하는 요건, 즉 채권자가 인민법원에 지급명령을 신청하기
위한 조건은 주로 다음과 같다.

① 채권자와 채무자에게 다른 채무분쟁이 없을 것

② 지급명령이 채무자에게 송달될 수 있을 것

③ 금전이나 유가증권에 속하는 급부일 것.

독촉절차의 기본 순서는 다음과 같다.

① 채권자가 인민법원에 지급명령을 신청한다.

② 인민법원은 지급명령신청에 대하여 수리 및 심리를 진행한다(신청 후 5일 내
에 수리여부 결정).

③ 인민법원이 지급명령을 발부하거나 기각재정을 한다(수리 후 15일 내에 지급
명령 발부여부 결정).

④ 채무자는 인민법원의 지급명령을 받은 후 15일 내에 이의를 제기할 수
있고, 그렇지 않은 경우 채무를 청산한다.

⑤ 채무자가 지급명령에 대하여 이의를 제기하고, 심사를 거쳐 이의가 성립하면, 인민법원은 독촉절차의 종결을 재정하여야 하며, 지급명령은 효력을 잃는다. 이때, 채권자가 소 제기에 동의하면 일반소송절차가 개시된다.

채무자가 지급명령에 대하여 제기한 이의 심사 시, 인민법원은 일반적으로 형식적 심사만 진행하고, 그 이의가 성립요건을 갖추었다고 판단하면 독촉절차의 종결을 재정하여야 한다. 이의 심사 시 이의사유나 상응하는 증거의 제공을 요구할 필요는 없다. 다만, 채무자가 채무 자체에는 이의가 없고, 단지 청산능력의 결핍, 채무청산기한의 연기, 채무청산방식의 변경 등의 이의를 제기한 경우에는, 지급명령의 효력에 영향이 없다.

3. 공시최고절차

공시최고절차公示催告程序란 인민법원이 당사자의 신청에 의하여 공시의 방식으로 불특정不明 이해관계인에 대하여 법정法定기한 내에 권리를 신고할 것을 최고하고, 기일을 넘겨도 신고하는 자가 없거나 신고가 무효인 경우에는 제권판결除權判決(당해어음(票据)의 실권(無效) 선고)을 내리는 절차를 말한다.

공시최고절차는 일반적으로 어음 관련 최후소지인이 어음을 도난당하거나 유실 또는 멸실한 경우, 인민법원에 공시의 방법으로 필요한 절차를 진행할 것을 요청하여, 어음의 실권을 확정하고, 자신의 관련 권리를 보장하는 제도이다.

중국 「민사소송법」과 관련 법률에 규정된, 공시최고절차를 적용할 수 있는 어음으로는 ① 규정에 따라 배서할 수 있는 어음. 「어음법」에 규정된 환어음匯票, 약속어음本票 및 수표支票 등 ② 「회사법公司法」에 규정된 기명주권記名股票 ③ 「해사소송특별절차법海事訴訟特別程序法」에 규정된 선하증권提單 등 수취증명서提貨凭證가 있다.

공시최고절차의 주요순서는 다음과 같다. ① 공시최고의 신청 및 수리 ② 인민법원의 공시최고, 지급인에게 지급중단 통지 ③ 이해관계인의 권리 신고, 공시최고절차 종결 재정 ④ 제권판결(권리신고자가 없는 경우) ⑤ 제권판결취소撤銷 소송(판결공고를 알았거나 알았어야 하는 날로부터 1년 내).

Ⅲ 중국 민사소송의 집행절차

중국은 별도의 민사집행법을 제정하지 않아, 민사집행에 관련된 기본적인 내용은 「민사소송법」에 규정되어 있으며 「민사소송법」의 일부가 되었다. 소위 '집행난執行難(집행이 어려움)'이라 함은, 유효한 판결 등 법률문서를 집행하지 못하여, 당사자가 합법적인 권익을 실현할 방법이 없게 되는 것으로, 오랫동안 중국 사법 제도의 주요 문제 중 하나로 지적되어 왔다.

2012년 「민사소송법」 개정으로 집행조치를 강화하였고, 집행거부행위에 대한 징계수위懲罰力度를 높였다. 그럼에도 불구하고, 집행난의 문제는 '지방보호주의' 등 중국 사법체제의 더욱 근본적인 문제와 연계되어 있으므로, 향후에도 이 문제의 개선에는 오랜 시간이 필요할 것이다.

집행절차는 주로 집행의 신청 및 이송, 집행의 수리, 집행의 조사, 집행의 실시(집행조치, 집행화해, 집행담보, 집행중지 등), 집행의 종결 등의 순서에 따른다. 다음에서 집행절차와 관련된 몇 가지 문제를 간단하게 살펴보겠다.

1. 집행기관

1990년대 이후 중국의 지방각급인민법원은 내부에 집행전담專門책임기관을 설치하였고, 일반적으로 집행정執行庭 또는 집행국執行局이라 불렀다. 최고인민법원은 1995년 전문적인 집행 관련 부서, 즉 '집행사무판공실執行工作辦公室'을 설립하여 전국각급인민법원의 집행사무를 통일적으로 지도·조율하도록 하였다.

2008년 '집행사무판공실'은 '집행국'으로 개명하여, 최고인민법원 집행국이 설립되었다. 각급인민법원의 집행기관은 구체적으로는 집행원執行員, 기록원書記員과 사법경찰로 구성된다. 민사사건의 집행사무는 인민법원의 집행원이 처리하며, 집행정 정장庭長이나 국장이 인민법원 내 집행사건을 처리하는 책임자이다.

2. 집행근거

집행근거는 집행기관의 집행의 근거가 되는 법률문서이다. 당사자는 집행근거만을 가지고 인민법원에 집행을 신청할 수 있고, 인민법원은 집행절차를 개시할 권한을 갖게 된다.

중국 「민사소송법」에 규정된 집행문서는 작성자에 따라 크게 두 가지로 구분된다. 하나는 인민법원이 발급한 법률문서로, 민사 판결과 재정裁定, 지급명령과 조정문調解書, 형사 판결과 재정 중의 재산에 관한 부분 등이 있다. 나머지는 인민법원 이외의 기구가 작성하고 인민법원이 집행하도록 법률에 규정된 법률문서로, 주로 중재기구와 공증기구가 작성한 관련 법률문서가 있다.

이렇듯 현행 중국 「민사소송법」에 규정된, 집행근거가 될 수 있는 법률문서는 구체적으로 다음과 같다.

① 인민법원이 작성한, 이미 효력이 발생한 민사판결문, 재정문, 조정문, 지급명령

② 인민법원이 작성한, 이미 법률적 효력이 발생하고 재산집행내역이 포함된 형사판결문, 재정문과 조정문

③ 중재기구가 작성한, 이미 효력이 발생하고 집행내역이 포함된 중재재결裁決문과 조정문

④ 공증기구가 작성한, 이미 법률적 효력이 발생하고 법에 따라 강제집행력이 부여된 채권문서

⑤ 인민법원이 작성한, 외국법원의 판결과 재정 또는 외국 중재기구의 재결을 승인한 재정문裁定書과 집행명령執行令(「민사소송법」 제224조, 제236조, 제237조 등).

3. 집행관할

중국 「민사소송법」은 구체적으로 집행을 담당하는 인민법원, 즉 집행관할을 우선 집행근거의 작성자에 따라 두 가지로 구분하고 있다.

첫째, 인민법원이 작성한 이미 효력이 발생한 판결·재정 및 형사 판결·재정 중의 재산에 관한 부분은 1심 인민법원이나 1심 인민법원과 동급인 집행재산소재지의 인민법원이 집행한다.

둘째, 인민법원 이외의 기관이 작성한, 인민법원이 집행하도록 법률에 규정된 기타 법률문서는 피집행인주소지나 집행재산소재지의 인민법원이 집행한다.

이밖에, 심급관할에서 외국법원이 작성한 판결, 외국중재기구의 재결의 집행

은 피집행인주소지나 집행재산소재지의 중급인민법원이 관할한다(「민사소송법」 제224
조, 제281조, 제283조).

4. 집행조치

인민법원은 법에 따라 채무자를 강제하여 집행근거 중 확정된 의무를 실현
하도록 각종 방법과 수단을 채택할 수 있다. 이러한 집행조치는 집행대상의 성
질에 따라 재산에 대한 집행조치와 행위에 대한 집행조치로 나뉘고, 재산에 대
한 집행조치는 다시 금전채무에 대한 집행과 비금전채무에 대한 집행으로 나눌
수 있다.

중국 「민사소송법」은 별도의 장(제21장)을 두어 인민법원이 집행근거를 실현
하기 위하여 채택할 수 있는 강제조치와 방법을 규정하고 있는데, 이는 주로
다음과 같다.

① 피집행인 금전재산(예금(存款), 채권, 주권(股票), 펀드배당금(基金份額) 등)의 조회查詢,
압류扣留, 동결, 강제이체劃撥, 시가처분變價.

② 피집행인 수입의 압류, 인출提取. 다만, 피집행인 및 그 부양가족의 생계
유지비生活必須費用는 유보하여야 한다.

③ 피집행인 비금전재산(주로 동산·부동산 재산)의 압류查封, 차압扣押, 경매拍賣,
환금變賣.

④ 피집행인이 법률문서에 지정된 재물이나 문서票證를 교부토록 강제.

⑤ 피집행인이 가옥에서 이사하거나 토지에서 퇴거토록 강제.

⑥ 법률문서에 지정된 행위의 강제집행.

⑦ 이행지체기간 채무이자의 갑절 지급 및 이행지체금의 지급 강제.

⑧ 재산권 관련 증명서·허가증의 이전수속 강제처리.

⑨ 법률문서상 의무 불이행에 대하여 관련 단위單位에 제한성 조치 채택 협
조 강구 또는 통지.

주요 참고문헌

江伟 主编, 民事诉讼法(第六版), 北京: 中国人民大学出版社, 2013年

梁慧星, "关于中国民法典编纂问题", 演讲稿, 2014年11月16日于浙大光华法学院

梁慧星, "为中国民法典而斗争", 中国民法典草案建议稿附理由, 北京: 法律出版社, 2006年

魏振瀛 主编, 民法(第四版), 北京: 北京大学出版社, 2010年

张卫平, 民事诉讼法(第二版), 北京: 法律出版社, 2009年

전대규, 중국민사소송법, 박영사, 2008년

제 7 장

중국의 회사법 제도

제 7 장

중국의 회사법 제도

제1절　중국 회사법 개론

1. 기업企業과 공사公司의 개념

중국에서 '기업企業'과 '공사公司'는 서로 다른 개념이지만 자주 혼용되기도 한다.

'기업'은 'enterprise'의 번역어로, 19세기 후반 일본식 한자어를 중국에서 차용했다고 한다. 현재 중국에서, '기업'이란 일반적으로 영리를 목적으로 하는 경제조직을 가리킨다. 지배구조의 성격에 따라, 중국에서 기업은 크게 국유기업國有企業, 집단소유제기업集體所有制企業, 사기업私營企業, 외국인투자기업外商投資企業, 합명기업合伙企業 등으로 구분할 수 있다. 법인지위를 획득한 이른바 기업법인企業法人은 독립적으로 권리를 행사할 수 있고 책임을 부담할 수 있다. 중국에서 이러한 기업법인과 상대되는 개념으로는 사업법인事業法人, 기관법인機關法人 및 사회단체법인社會團體法人이 있다.

'공사公司'라는 표현은 '公(공동, 여럿)'과 '司(주관, 관리)'라는 두 개의 한자의 조합으로, 17세기 이후 서양과 접촉하는 과정에서 'company'의 번역어로 사용되기 시작하였다고 한다. 당시 유명했던 '동인도공사東印度公司'가 대표적이다. 19세기 후반 중국에서 자본주의 기업들이 출현하기 시작하였는데, 그 기업들은 흔히 '○○공사公司'라는 호칭을 사용하였다. 1904년 청나라 정부는 회사 제도와 관련된 첫 번째 성문법을 제정하면서 법의 명칭을 「대청공사율大淸公司律」이라고 불렀다. 이후 공사公司라는 표현이 정식 법률용어가 되어 오늘날까지 중국에서 사용되고 있다.

이론적으로 공사, 즉 회사의 본질적 특징은 영리성營利性과 사단성社團性에 있고, 이 점에서 기타 비영리조직 및 재단법인과 구별된다. 현행 중국 법률에 의하면, 회사란 「회사법」에 따라 중국에서 설립된 유한책임회사有限責任公司와 주식회사股份有限公司를 말한다. 이렇게 중국 법률은 회사의 개념을 한정적으로 정의定義하고 있다. 즉, 각종 기업조직 중에서, 법에 따라 설립되고 법인자격을 가진 '유한책임회사'와 '주식회사'만이 회사가 된다. 따라서 중국에서는 일반적으로 기업의 범위가 회사보다 넓고, 회사는 기업법인의 특수한 형태라고 할 수 있다. 한편으로, 기업과 회사의 개념은 상호 교차하며 중첩되기도 한다.

'중국통계연감(2015년)'에 의하면, 2014년 중국의 기업법인은 총 10,617,154개로, 그중에서 국유기업은 130,216개, 집단소유제기업은 147,251개, 사기업은 7,266,188개, 유한책임회사는 1,848,091개, 주식회사는 145,986개이다.

2. 중국의 기업법과 회사법

1949년 이후 중국은 국민당 시기의 회사법을 폐지하였고, 생산수단에 관한 공유제 방침에 따라 기존의 사기업에 대해 사회주의개조를 단행하고, 기업의 형태를 국영기업과 집단소유제기업으로 국한하였다. 1978년 개혁개방 이후, 중국은 기업 및 회사법 제도를 다시 수립하기 시작하였다.

기업에 관한 법률은 가장 먼저 외국인투자기업분야에서 제정되었다. 1979년 전국인민대표대회는 「중외합자경영기업법中外合資經營企業法」(1990년, 2001년 개정)을 제정하여, 외국인이 중국에 투자하여 설립한 기업을 법률로 보호하고 규제하였다. 이후 1986년 「외자기업법外資企業法」(2000년 개정)을 제정하여, 외국인이 단독으로 중국에 투자하여 기업체를 설립하는 것을 허가하였고, 1988년 「중외합작경영기업법中外合作經營企業法」(2000년 개정)을 제정하였다. 이 세 편의 법률을 일반적으로 '3자기업법三資企業法'이라고 부른다.

중국의 국내기업 제도에 대해서는, 1978년 이후 경제체제개혁의 필요에 따

라 기업형태별로 각각 관련 법률들을 제정해 왔다. 1983년에 제정한 「국영공업
기업임시조례國營工業企業暫行條例」는 국영기업에 관한 첫 번째 전문행정법규이고,
이를 기초로 1988년 「전민소유제공업기업법全民所有制工業企業法」(2009년 개정)이 제
정되었다. 이밖에, 「도시집단소유제기업조례城鎭集體所有制企業條例」(1991년 제정, 2011
년 개정), 「개인독자기업법個人獨資企業法」(1999년 제정), 「합명기업법」(1997년 제정, 2006년
개정) 등 개별적인 법률, 법규가 제정되었다.

　　1990년대 이후 개혁개방이 심화되면서, 현대적인 회사 제도를 수립하여 주
주와 채권자의 합법적인 권익을 보호하고 경제를 한층 더 발전시키기 위하여
통일된 회사법전의 제정이 필요하게 되었다. 1993년 전국인민대표대회 상무위
원회에서 「회사법公司法」(2005년, 2013년 대폭개정)이 통과되었다. 「회사법」 시행 후,
기존의 각종 기업들은 일련의 제도 개혁을 통해 점차 「회사법」이 규정하고 있
는 회사의 법적 지위를 취득하게 되었다. 예를 들면, 국유기업은 국유독자회사
나 국가가 지배주주인 주식회사로 전환하고, 집단기업 및 민영기업은 유한책임
회사로 개혁되었으며, 외국인투자기업은 일반적으로 유한책임회사의 형태로 설
립되기 시작하였다.

　　이렇게 현행 중국의 기업법제 하에서는, 각종 경제조직 중 회사의 지위(유한
책임회사 및 주식회사)를 획득한 조직은 「회사법」의 규제를 받고, 회사의 지위를 획득
하지 못한 조직은 기존 기업법제의 규제를 받게 된다.

제2절 중국 회사법의 주요 제도

Ⅰ 회사의 설립, 능력 및 자본

1. 회사의 설립

　1) 회사의 설립에 관해서는, 국가별로 시기별로 서로 다른 입법원칙이 채택
되어 왔다. 이는 회사설립에 대한 국가의 개입의 정도에 따라, 특허주의特許設立

主義, 허가주의核準設立主義, 준칙주의準則設立主義 및 자유주의自由設立主義로 구분할 수 있다.

그중에서 준칙주의란, 「회사법」이 명시한 설립요건에 부합하기만 하면 회사설립이 가능하고, 관련 행정부처部門의 사전 허가나 비준이 필요하지 않은 경우를 말한다. 준칙주의는 다시 단순單純준칙주의와 엄격준칙주의로 구분할 수 있다.

2005년 개정 전의 중국 「회사법」은 유한책임회사에 대해서는 상대적으로 엄격한 준칙주의를 채택하였고, 주식회사에 대해서는 허가주의를 채택하였다. 2005년 개정된 「회사법」은 회사설립에 관해 다음과 같이 규정하였다. "회사를 설립하는 경우에는 법에 따라 회사등기기관에 설립등기를 신청하여야 한다. 본법에 규정된 설립요건에 부합하는 경우 회사등기기관은 유한책임회사나 주식회사로 등기하며, 본법에 규정된 설립요건에 부합하지 않는 경우에는 유한책임회사나 주식회사로 등기할 수 없다. 비준을 거쳐야 회사를 설립할 수 있다고 법률, 행정법규가 규정하고 있는 경우, 등기 전에 법에 따라 비준수속을 거쳐야 한다(「회사법」 제6조)."

이렇듯 중국 「회사법」은 회사의 설립에 관하여 '준칙주의를 원칙으로 하고, 허가주의를 예외로 하는' 입법정책을 채택하였다고 할 수 있다. 이밖에, 외국인투자기업에 관하여 현행 제도는 중국 국내회사와 외국인투자기업을 다르게 취급하고 있으며, 외국인투자기업에 대해서는 허가주의를 채택하고 있다. 즉, 외국인투자기업을 설립하려면 관련 부처의 사전 심사비준이 필요하다(2016년 상반기 기준).

2) 회사설립의 일반절차에 있어서 유한책임회사와 주식회사는 다소 차이가 있다. 유한책임회사의 설립은 일반적으로 회사 발기인의 설립계약 체결, 회사 정관章程 작성, 명칭 사전허가 신청, 관련 심사비준 수속 진행(일부 사전 심사비준이 필요한 회사에 한함), 출자 이행, 설립등기 신청, 등기 교부 등의 단계를 거친다. 2005년 「회사법」 개정 전에는, 주주가 출자를 이행한 후, 법에 따라 설립된 자금검증기구驗資機構의 자금검증 및 증명서 발급, 즉 자금검증절차를 거쳐야 했으나, 2005년 「회사법」에서는 자금검증절차를 생략하였다(주식회사의 설립절차에 관해서는 제3절 참조).

회사의 명칭 사용에 있어서 중국 「회사법」은 명칭 사전허가 제도를 채택하고 있다. 즉, 회사설립 시에는 우선 관련 등기기관에 명칭 사전허가를 신청하여야 한다(「회사등기관리조례」 제17조). 국가공상행정관리총국國家工商行政管理總局과 각급공상행정관리기관이 회사 명칭의 관리감독기구이다. 회사를 비롯한 기업법인의 명칭에 관하여 중국 법률은 비교적 엄격하게 규정하고 있다. 예를 들면 기업의 명칭은 특정한 법정요소, 즉, 자호字號(상호), 업종이나 운영의 특성, 기업의 형태로 구성되어야 한다. 기업의 명칭에는 앞에 기업소재지의 성급省級, 시급市級, 현급縣級 행정구역의 명칭을 붙여야 한다. 그밖에 회사의 명칭 중에 포함시킬 수 없는 내용과 문자에 관해서도 상세하게 열거하고 있다(「기업명칭등기관리규정」 제7조-제9조).

2. 회사의 능력

1) 회사의 권리능력

회사의 권리능력이란 권리를 향유하고 의무를 부담하는 회사의 법률적 자격을 말한다. 자연인에 비하면, 회사는 법률이 의제擬制한 주체로서, 그 권리능력에는 특수성이 있다. 첫째, 회사에는 자연인에게 전속되는 권리, 예를 들면 생명권, 건강권, 친권 등이 없다. 둘째, 법률의 명문의 규정에 의하여, 법인으로서 회사의 권리능력에는 일정한 제한이 따른다.

예를 들면 중국 「회사법」은 회사가 다른 기업에 투자할 수는 있으나, 투자한 기업의 채무에 대해 연대책임을 부담하는 출자자가 될 수는 없다고 규정하고 있다(「회사법」 제15조). 회사가 다른 기업이나 타인에게 담보를 제공하는 경우에는 "회사정관의 규정에 따라 이사회 또는 주주회의股東會, 주주총회股東大會에서 의결하여야 하며, 회사정관에 투자나 담보의 총액 및 단일 투자나 담보의 액수에 제한이 있는 경우에는 그 한도를 초과하지 못한다(「회사법」 제16조)."

2) 회사 사업범위經營範圍의 문제

1993년 「회사법」은 회사의 사업범위에 관해 비교적 엄격하게 규정하였다. 즉, 회사는 회사의 사업범위를 법에 따라 등기하여야 하고, 법률의 제한사항에 속하는 경우에는 비준을 받아야 할 뿐 아니라 등기한 사업범위 내에서 경영활동에 종사하여야 한다고 하였다. 이 규정에 따르면, 회사가 자신의 사업범위를 초과하여 종사한 경영활동은 무효가 된다. 이러한 규정은 실무에서 많은 문제를 야기하게 되어 이를 완화해야 한다는 의견이 제기되었다.

1999년에 제정된 중국 「계약법合同法」은 계약의 효력에 관해 다음과 같은 규정을 두었다. "법인 또는 기타 조직의 법정대리인·책임자가 권한을 초월하여 체결한 계약은 상대방이 그 권한의 초월을 알았거나 알았어야 했던 경우를 제외하고 당해 대표행위는 유효하다(「계약법」 제50조)."

이 조항에 대한 최고인민법원의 해석은 사업범위를 초월한 회사의 행위에 관하여 보다 명확하게 규정하였다. "당사자가 사업범위를 초월하여 계약을 체결하는 경우, 인민법원이 이를 이유로 계약을 무효로 판결해서는 안 된다. 단, 국가가 제한한 사업·특허사업 및 법률·행정법규가 금지한 사업규정에 위반되는 경우는 제외한다(「最高人民法院關與適用〈中華人民共和國合同法〉若干問題的解釋(一)」(최고인민법원〈중화인민공화국계약법〉적용에서의 약간의 문제에 관한 해석(1))」 제10조)." 즉, 회사의 사업범위를 초월한 활동은 당연 무효가 아니라 상황에 따라 다르게 취급하여야 한다는 것이다.

2005년 개정된 「회사법」은 이 점에 관해, 회사는 "등기한 사업범위 내에서 경영활동에 종사하여야 한다"는 부분을 폐기하고 다음과 같은 정도로만 규정하였다. "회사의 사업범위는 회사의 정관으로 정하고, 법에 따라 등기한다. 회사는 정관을 개정하고, 사업범위를 변경할 수 있으나, 변경등기를 하여야 한다. 회사의 사업범위 중 법률, 행정법규가 비준을 거쳐야 한다고 규정하고 있는 경우에는 법에 따라 비준을 거쳐야 한다(「회사법」 제12조)."

3) 회사의 책임능력

회사의 책임능력은 구체적으로 회사의 민사책임능력, 행정책임능력과 형사책임능력으로 나타난다. 그중에서 이론적으로 비교적 논란이 되는 것은, 법인으로서의 회사가 형사책임능력이나 범죄능력을 갖는지 여부, 즉, 범죄나 형사책임의 주체가 될 수 있는지 여부이다.

중국 「형법」은 소위 단위범죄單位犯罪를 인정하고 있어 법인도 범죄의 주체가 되어 처벌을 받을 수 있다. 따라서 중국에서 회사는 형사책임능력을 가지며, 형사소송의 피고인이 될 수 있다. 만일 회사가 「형법」 등 법률이 규정하고 있는 특정범죄행위를 저지른다면, 회사의 주관 직원主管人員과 책임 직원이 처벌을 받는 것 외에, 회사 자체도 상응하는 처벌을 받아야 한다. 이때, 회사 자체에 대한 형벌은 주로 벌금형이다.

3. 회사의 자본

회사의 자본, 더욱 정확하게는 회사의 '등기자본'이란, 정관에 기재된, 주주가 출자하여 구성한 회사의 재산을 말한다. 등기자본은 회사의 정상운영을 물질적으로 보장하고, 회사의 유동성資信能力을 반영하는 표지標志가 되며, 출자자와 채권자의 이해관계를 조정하는 기초 중의 하나라는 데 의의가 있다. 등기자본 이외에 이와 구별되는 '투자총액'이나 '회사자산'과 같은 개념도 사용된다.

전통적으로 대륙법계 「회사법」에서는 소위 자본확정원칙, 자본유지원칙, 자본불변원칙을 회사 자본 제도의 3원칙으로 부른다. 회사 자본 제도에 있어서 1993년 중국 「회사법」에서는 엄격한 법정자본제를 규정하여, 회사설립 시 투자자가 회사정관에 규정된 등기자본액을 실제로 납입할 것을 요구하였고, 등기자본액의 기준도 비교적 높았다. 이밖에, 회사설립 시 출자를 이행하고, 법정 자금검증기관의 자금검증을 거친 후라야 회사등기기관에 설립신청을 할 수 있었다.

2005년 「회사법」 개정에서는 분기납입제를 도입하여, 유한책임회사와 발기설립된 주식회사의 설립 시 최소 등기자본의 20% 이상만 납입하도록 규정하는 동시에 각종 유형의 회사별로 등기자본액의 기준을 하향조정하였다.

2013년 「회사법」 개정에서는 법정자본제를 한층 완화하고 자본 인수 제도를 도입하였다. 또한 법률, 행정법규 및 국무원의 결정에 회사등기자본의 최저한도에 관한 별도의 규정이 있는 경우 외에는, 회사의 최저등기자본에 관한 제한을 없앴다. 따라서 일반 회사의 경우, 회사설립 시 최저출자를 이행할 필요가 없고, 자금검증절차도 생략되어, 주주의 출자는 실질납입제實繳制에서 인수제認繳制로 변경되었다. 그리고 회사관리부처는 실제 납입된 자본을 등기사항으로 등기할 것을 요구하지 않으며, 기업에 자금검증보고를 제출하도록 요구하지도 않고, 영업허가증에 실제 납입자본액을 더 이상 표기剕明하지 않도록 하였다. 다만 주주는 여전히 정관에서 정한 시간과 방식에 따라 출자를 이행하여야 한다.

이러한 제도 하에서 등기자본은 회사의 신용을 가늠하는 기능을 기본적으로 상실하였다고 할 수 있다. 이로써 채권자 및 기타 회사와 거래하는 제3자의 이익을 어떻게 보호할 것인지가 중요한 과제로 대두되었다. 회사정보 공시 제도의 강화, 규정에 따라 출자를 이행하지 않은 투자자에 대한 책임 추궁, 회사의 지배구조治理結構와 재무회계 제도의 정비 등이 등기자본의 한계를 보완하는 주요한 조치가 될 것이다.

Ⅱ 회사의 조직기구

회사의 조직기구는 일반적으로 권력기구(주주회의), 집행기관(이사회) 및 감독기관(감사회)으로 구분된다. 회사의 조직기구에 관하여 각국의 회사법은 서로 다른 모델을 채택하고 있다.

미국 회사법의 경우 주주회의 아래 이사회만을 설치하도록 하고, 감사회 설치는 따로 요구하지 않는다. 소위 단층單層모델이라고 불리는 방식이다. 이에 비해 독일 회사법은 주주회의에서 감사를 선임하여 감사회를 구성하고, 감사회가 다시 이사를 선임하게 하는 이른바 이중雙層모델의 형태를 취하고 있다. 일본 회사법은 주주회의 아래 감사회와 이사회를 설치하도록 하고 있는데, 여기서 이사회와 감사회의 지위는 대등하며 모두 주주회의에 예속된다.

상술한 세 가지 모델 중 중국 「회사법」은 일본식 모델을 채택함으로써, 중국 회사의 주요기관은 일반적으로 주주회의, 이사회와 감사회로 구분되며 이사와 감사는 모두 주주회의에서 선임한다.

1. 회사의 권력기구

중국 「회사법」에 따르면 주주총회股東大會와 주주회의股東會가 회사의 권력기구가 된다. 여기서 '주주총회股東大會'란 주식회사의 권력기구를 말하고, '주주회의股東會'는 유한책임회사의 기구 명칭이다.

중국 「회사법」에 의하면, 주주총회나 주주회의의 직권은 주로 다음과 같다.
결정권(회사의 경영방침과 투자계획), 인사권(선거 및 이사·감사 교체), 심사비준권(이사회와 감사회의
보고, 연차재무예결산안, 이익배당안 등), 결의권(등기자본의 증자나 감자, 회사채권의 발행, 회사의 합병·
분할·해산·청산 또는 회사형태의 변경)(「회사법」 제37조, 제99조).

　　주주총회나 주주회의의 소집은 정기회의와 임시회의로 나눈다. 유한책임회
사에서는 10분의 1 이상의 의결권을 대표하는 주주, 3분의 1 이상의 이사, 감
사회가 임시주주회의의 소집을 제의할 권한이 있다. 주식회사에서는 단독 또는
공동으로 발행주식 총수의 10분의 1 이상을 가진 주주의 청구 등 법에 정한 경
우에는 2개월 내에 임시주주총회를 소집하여야 한다(「회사법」 제39조, 제100조).

　　주주총회나 주주회의의 결의는 일반사항에 대한 결의와 특별사항에 대한
결의로 나뉜다. 유한책임회사에서는 일반사항에 대한 결의방식과 표결절차는
정관으로 정하고, "주주회의 회의에서의 정관개정·등기자본의 증자나 감자
결의, 회사의 합병·분할·해산 또는 회사형태의 변경 결의"에 관해서는 반드
시 3분의 2 이상의 의결권을 대표하는 주주의 동의를 거쳐야 한다.

　　주식회사의 주주총회 결의는 회의에 출석한 주주가 가진 의결권의 과반수
로 하여야 한다. 다만 상술한 정관개정 등의 사항에 관해서는 반드시 회의에
출석한 주주가 가진 의결권의 3분의 2 이상의 수로써 하여야 한다(「회사법」 제43조,
제103조).

2. 회사의 집행기구

　　1) 회사의 집행기구로서의 이사회는 일반적으로 다수의 구성원으로 구성된
다. 중국 「회사법」의 규정에 의하면, 유한책임회사의 이사회 구성원은 3인 내
지 13인으로 하며, 주식회사의 이사회 구성원은 5인 내지 19인으로 한다. 주주
의 수가 비교적 적고 규모가 비교적 작은 경우에는 1인의 집행이사만 두고, 이
사회를 설치하지 않을 수 있다.

　　이밖에, 둘 이상의 국유기업이나 둘 이상의 기타 국유투자주체의 투자로 설
립된 유한책임회사는 그 이사회 구성원에 반드시 근로자대표를 포함시켜야 하
며, 기타 회사는 이사회 구성원에 근로자대표를 둘 수 있다. 이사회의 근로자대

표는 회사의 근로자들이 근로자대표대회, 근로자대회職工大會 또는 기타 민주적인 방식의 선거를 통하여 정한다(「회사법」제44조).

이사의 자격요건에 관하여, 「회사법」은 다음과 같이 몇 가지의 제한요건을 열거하였다.

① 민사행위능력이 없거나 민사행위능력에 제한을 받는 자
② 횡령, 수뢰, 재산권침해, 재산유용 또는 사회주의시장경제질서 파괴로 인하여 형벌을 받고 집행기간이 만료된 후 5년이 지나지 아니한 자, 또는 범죄를 저질러 정치적 권리를 박탈당하고 집행기간이 만료된 후 5년이 지나지 아니한 자
③ 파산·청산한 회사·기업의 이사 또는 공장장, 사장을 맡아 당해 회사·기업의 파산에 개인적 책임이 있는 자로 당해 회사·기업의 파산·청산 종료일로부터 3년이 지나지 아니한 자
④ 위법으로 인하여 영업허가증이 취소되었거나 폐쇄명령을 받은 회사·기업의 법정대표자를 맡은 동시에 개인적 책임이 있는 자로 당해 회사·기업의 영업허가가 취소된 날로부터 3년이 지나지 아니한 자
⑤ 액수가 비교적 큰 개인의 채무가 만기되었는데도 상환하지 못한 자.

이 다섯 가지에 해당하는 경우에는 회사의 이사가 될 수 없다(「회사법」제146조).

2) 이사의 자격과 관련하여, 이론상 두 가지 쟁점이 있다. 첫째는 회사의 이사가 반드시 당해 회사의 주주여야 하는지 여부이다. 둘째는 법인이 이사가 될 수 있는지 여부이다.

중국 「회사법」에는 이에 관하여 명확한 규정이 없다. 우선 첫 번째 문제에 관해서는, 이를 명확히 금지한 규정이 없으므로 회사의 이사는 반드시 당해 회사의 주주가 아니어도 되며, 주주 이외의 자도 이사가 될 수 있다고 봐야 할 것이다. 한편, 「회사법」의 이사와 관련된 규정을 유추해보면, 법인은 회사의 이사가 될 수 없고, 이사는 자연인이어야만 한다는 것이 일반적인 견해이다.

회사의 이사회에는 의장董事長과 부副의장을 둔다. 유한책임회사의 이사회 의장과 부의장을 선임하는 방법은 정관으로 정하며, 주식회사의 이사회 의장과

부의장은 이사회가 전체이사의 과반수로 선거를 통하여 정한다. 보통 이사회 의장(또는 집행이사執行董事)이 회사의 법정대표자法定代表人가 된다. 정관의 규정에 의하여, 이사회 의장 외에 사장經理도 법정대표자를 맡을 수 있다. 회사의 법정대표자는 법에 따라 등기하여야 하고, 회사의 법정대표자 변경 시에는 변경등기를 하여야 한다(「회사법」 제13조).

3. 회사의 감독기구

회사의 감사는 보통 주주회의에서 선거를 통하여 정하며, 임기는 3년이다. 감사의 자격에 관해서는 「회사법」 제146조에 규정된 제한요건 이외에, 이사와 회사의 고위관리층高級管理人員은 감사를 겸임할 수 없다. 회사에는 감사회를 두며 그 구성원은 3명 이상이어야 한다. 주주의 수가 비교적 적거나 규모가 비교적 작은 유한책임회사는 1인 내지 2인의 감사를 두고 감사회를 설치하지 않을 수 있다.

감사회는 주주대표와 적당한 비율의 회사 근로자대표로 구성하여야 하며, 그중 근로자대표의 비율이 3분의 1 미만이어서는 안 된다. 국유독자회사의 감사회 구성원은 5명 미만이어서는 안 되며, 그중 근로자대표의 비율이 3분의 1 미만이어서는 안 된다. 감사회의 구성원은 국유자산감독관리기구에서 파견委派한다. 다만 감사회의 구성원 중에서 근로자대표는 회사의 근로자대표대회에서 선거를 통하여 정한다(「회사법」 제51조, 제70조, 제117조).

4. 이사, 감사, 고위관리층高級管理人員의 의무와 책임責任追究

1) 이사와 감사 이외에, 중국 「회사법」에는 소위 '고위관리층高級管理人員'이라는 개념이 있다. 여기서 말하는 고위관리층高級管理人員이란 회사의 사장經理, 부사장副經理, 재무책임자財務負責人, 상장회사의 이사회 비서秘書와 정관에 규정된 기타 직원을 말한다.

「회사법」은 이사, 감사, 고위관리층을 포함한 회사 관리층의 의무에 관하여 비교적 상세하게 규정하였다. 첫째, 이사, 감사와 고위관리층은 직권을 이용하여 뇌물이나 기타 재산을 수수해서는 안 되며, 회사의 재산권을 침해해서는 안

된다.

둘째, 회사 관리층은 회사에 대하여 충실의무를 다해야 하는데, 이에는 회사자금 유용금지, 회사재산의 자의적 이용이나 처분 금지, 경업금지競業禁止, 자기거래금지, 회사비밀 누설금지 등이 포함된다.

마지막으로, 회사에 대한 근면의무에 관해서는 법률에 명확한 규정이 없다. 이사, 감사와 고위관리층은 회사사무의 처리 시 '선량한 관리자로서의 주의의무'를 행해야 하는 것으로 일반적으로 이해된다(「회사법」 제147조, 제148조).

2) 이사, 감사, 고위관리층高級管理人員의 책임

이사, 감사, 고위관리층이 상술한 의무규정을 위반하여 주주나 회사에 손실을 초래한 경우 상응하는 형사책임, 행정책임과 민사책임을 져야 한다. 그중에서 이사, 감사, 고위관리층의 회사의 주주와 회사 자체에 대한 민사책임 문제는 주주소송이나 회사가 제기한 소송을 통하여 해결할 수 있다.

우선, 이사, 고위관리층이 법률, 행정법규 또는 정관의 규정을 위반하여 주주의 이익에 손실을 초래한 경우 주주는 인민법원에 직접 소를 제기하여 배상청구를 할 수 있다. 이것이 소위 '주주직접소송'으로, 주주가 자신의 이익을 수호하기 위하여 제기하는 소송이다.

한편, 회사 관리층의 위법행위로 인하여 회사가 손해를 입을 경우, 독립된 법인으로서의 회사 자신이 관련 침해자에게 직접 소를 제기할 수 있다. 그러나 만일 회사가 신속하고 적극적으로 소송상권리를 행사하여 관련자의 책임을 추궁하지 않는 경우, 법정요건에 부합하는 주주는 자신의 명의로 회사의 이익을 위하여 침해자에게 소를 제기할 수 있는데, 이것이 소위 '주주대표소송股東代表訴訟 또는 股東派生訴訟'이다. 이는 주주가 회사의 이익을 위하여 자신의 명의로 제기하는 소송이다.

「회사법」에 의하면, 주주대표소송을 제기할 권한을 가진 원고로는 유한책임회사의 주주, 주식회사에서 180일 전부터 계속하여 단독 또는 공동으로 회사발행주식 총수의 100분의 1 이상에 해당하는 주식을 보유한 주주가 있다.

이밖에, 주주대표소송의 제기는 법정 전치前置절차를 충족시켜야 한다. 주주

가 회사의 이사회 등 관련 부서部門에 인민법원에 소를 제기하도록 서면으로 요
구한 후, 이사회 등이 명확하게 소제기를 거부하거나 또는 청구를 받은 날로부
터 30일 내에 소를 제기하지 아니하거나, 또는 상황이 급박하여 즉각 소를 제
기하지 아니하면 회사의 이익에 회복하기 어려운 손해를 초래할 수 있는 경우
에는 주주는 회사의 이익을 위하여 자신의 명의로 직접 인민법원에 소를 제기
할 권한이 있다(「회사법」 제151조).

Ⅲ 회사의 변경, 해산 및 청산

1. 회사의 변경: 합병과 분할

회사의 합병은 흡수합병과 신설합병으로 구분된다. 흡수합병이란 하나의 회
사가 다른 회사를 흡수하는 것을 말하며 흡수되는 회사는 해산된다. 흡수합병
은 중국에서 '겸병兼倂'이라고도 한다. 흡수합병 후 존속하는 회사는 기존 회사
의 명칭을 보유하며, 흡수되는 회사의 재산과 채권을 인수함과 동시에, 흡수되
는 회사의 채무를 부담한다.

신설합병이란 2개 이상의 회사가 병합되어 새로운 회사를 설립하는 것을 말
하며 합병되는 각 회사는 해산된다. 신설합병 후 새로운 회사는 합병되는 각
회사의 재산과 채권을 인수하며, 각 회사의 채무를 부담한다.

회사합병의 일반절차는 다음과 같다.

① 합병하는 각 회사는 합병계약을 체결하고,
② 이사회 결의 및 합병안 제정 후 주주회의나 주주총회에서 합병결의를 하며,
③ 대차대조표와 재산목록을 작성하고,
④ 채권자에게 통지하고 공고하여, 회사변경 등의 등기수속을 밟는다.

중국 「회사법」의 규정에 의하면, 회사합병의 결의에 관하여 유한책임회사는
3분의 2 이상의 의결권을 대표하는 주주의 수로써 하여야 하며, 주식회사는 회
의에 출석한 주주가 가진 의결권의 3분의 2 이상의 수로써 하여야 한다(「회사법」
제173조, 제43조, 제103조).

회사는 합병결의를 한 날로부터 10일 내에 채권자에게 통지하고 30일 내에

신문에 공고하여야 한다. 채권자는 통지서를 받은 날로부터 30일 내에, 통지서를 받지 못한 경우에는 공고일로부터 45일 내에 회사에 채무를 상환하거나 상응하는 담보를 제공할 것을 요구할 수 있다. 이 기간 내에 채권자가 이의를 제출하지 아니한 때에는 합병을 승인한 것으로 본다.

회사의 분할절차는 회사의 합병절차와 유사하다. 회사를 분할하는 경우에 분할 전 회사의 채무에 대해서는 분할 후의 각 회사가 연대책임을 부담하여야 한다. 다만 채권자가 채무변제에 관하여 합의하여 별도의 약정이 있는 경우에는 제외한다(「회사법」 제176조).

2. 회사의 해산

설립한 회사의 소멸이나 종지終止는 법정사유를 갖추고 일정한 절차를 거쳐야 한다. 해산은 회사의 소멸이나 종지 사유 중의 하나이다. 중국 「회사법」에 규정된 해산은 임의해산自願解散과 강제해산으로 구분되는데, 강제해산은 다시 행정해산과 사법해산으로 구분된다.

임의해산은 회사 자신의 의지로 회사를 종지하는 행위이다. 임의해산을 하는 경우는 ① 정관에 규정된 사업기간만료나 정관에 규정된 기타 해산사유의 발생, ② 주주회의나 주주총회의 해산결의로 구분된다. 이밖에, ③ 회사의 합병이나 분할로 인하여 해산이 필요한 경우도 광의의 임의해산의 범위에 속한다.

행정해산이란 회사가 관련 행정관리규정을 위반하여 행정기관으로부터 해산명령을 받는 경우를 말한다. 「회사법」 규정에 의하면, 회사가 법에 따라 영업허가가 취소되고, 폐쇄명령을 받거나 폐지撤銷된 경우가 회사의 해산사유가 된다. 행정해산 이외에, 회사 전체주주 의결권의 100분의 10 이상을 가진 주주는, 회사의 경영관리에 엄중한 곤란이 발생하여 회사를 계속하여 존속시키는 것이 주주의 이익에 중대한 손해를 미칠 수 있고 다른 방법으로는 해결이 불가능한 경우 인민법원에 회사의 해산을 청구할 수 있는데, 이것이 사법해산이다.

해산, 특히 사법해산의 비교적 가까운 개념으로는 파산破產이 있다. 파산은 해산 이외에 회사 종지의 또 다른 이유라고 할 수 있는데, 그 절차 등의 사항은 전문법률인 「파산법」(2006년 제정)에서 규정하고 있다. 파산이란 회사가 채무초과

상태, 즉, "기업법인이 만기에 채무를 상환할 수 없고, 채무 전부를 상환할 자산이 부족하거나 상환능력이 현저히 결여된" 상황에서, 채권자나 채무자의 신청에 의하여 진행하는 전문절차이다. 반면 사법해산은 특정한 법정사유가 발생하는 경우, 일정한 자격을 가진 주주가 인민법원에 직접 신청한다.

3. 회사의 청산

회사의 해산사유가 발생하면, 청산절차를 개시하여 회사 재산을 처분하고, 각종 법률관계를 정리하며, 최종적으로는 회사를 소멸시켜야 한다. 중국 「회사법」에서는 청산의 유형을 임의청산과 인민법원 지정청산의 두 가지로 규정하였다.

이밖에, 청산절차에는 「파산법」의 관련 규정을 적용한다. 청산절차에 진입하면 청산팀淸算組을 구성하여야 하며, 회사법인은 권리능력에 제한을 받고, 경영활동이 점진적으로 중단된다.

청산팀이 청산기간에 행사하는 주요 직권은 다음과 같다. 회사재산의 정리, 대차대조표와 재산목록의 작성, 채권자에 대한 통지 · 공고, 청산 관련 회사의 미결업무 처리, 체납세 및 청산과정에서 발생한 세금 납부, 채권 · 채무의 정리, 채무상환 후 회사의 잔여재산 처리, 회사를 대표하여 민사소송활동에 참여 등(「회사법」 제184조).

회사의 청산절차 종료 후, 청산팀은 청산보고서를 작성하여 주주회의, 주주총회 또는 인민법원에 보고하여 확인을 받아야 하며, 아울러 회사등기기관에 보고하고 회사등기의 말소를 신청하여야 한다. 회사등기가 말소되면, 회사는 최종적으로 소멸한다.

청산절차 진행과정에서 청산팀이 회사의 재산이 채무를 상환하기에 부족한 것을 발견한 경우에는 법에 따라 인민법원에 파산선고를 신청하여야 한다. 이 경우 청산절차는 중단된다. 신청을 받은 인민법원이 회사의 파산을 선고하게 되면 파산청산절차에 들어가게 되고, 청산업무는 인민법원에 이관되어 담당 · 처리된다(「회사법」 제187조, 제188조).

제3절 중국의 회사 종류

I 유한책임회사

1. 회사의 종류

대륙법계국가에서 회사는 주주가 부담하는 책임의 정도에 따라 대개 무한책임회사, 유한책임회사, 주식유한회사(또는 주식회사), 합자회사 등으로 구분된다.

중국 「회사법」은 '회사'란 「회사법」에 따라 중국 내에서 설립된 유한책임회사와 주식회사를 말한다고 규정하고 있다. 즉, 중국 「회사법」은 유한책임회사와 주식회사만을 인정한다. 이밖에, 유한책임회사 중 비교적 특수한 회사의 형태가 1인유한책임회사와 국유독자회사이다.

중국에서 유한책임회사와 주식회사의 구별은 대체로 다음과 같이 서술된다. 유한책임회사는 '자본의 결합資合'인 동시에 '인적 결합人合'이라고 할 수 있어, 회사자본이 상대적으로 폐쇄적이고, 주주의 수가 상대적으로 제한적이며, 주권股權양도가 상대적으로 제한적이다. 그러나 주식회사는 비교적 순수한 '자본의 결합'이므로, 회사자본이 상대적으로 개방적이고, 주주의 수가 비교적 많을 수 있으며, 주권양도도 상대적으로 자유롭다.

2. 유한책임회사의 설립과 관리治理

1) 중국 「회사법」에서 유한책임회사란 회사의 주주가 자신이 납입한 출자액을 한도로 회사에 대하여 책임을 부담하는 기업법인을 말한다. 대개 유한책임회사는 설립절차가 비교적 간단하고, 회사의 자산상황 등의 정보를 완전하게 공개할 필요가 없으며, 회사내부기구의 설치가 유연하다.

그러나 유한책임회사의 단점은 주권股票을 공개발행할 수 없고, 자금조달의 범위와 규모가 모두 비교적 작아 대규모의 생산·경영활동을 진행하기 어렵다는 점이다. 현재 중국에서는 대체로 중소형기업이나 상장을 목표로 하지 않는 기업들이 유한책임회사의 형태를 취해 설립된다.

1993년 제정한 「회사법」이 두 차례 대폭 개정되면서, 유한책임회사의 설립 요건이 한층 간단해졌다. 특히 최저등기자본에 관한 요구를 폐지하였고, 등기자본의 실질납입제에서 자본인수제로 변경하였으며, 자금검증절차를 생략하였고, 1인유한책임회사의 설립을 가능하게 하였다. 이로써 법적으로는 누구든지 아무런 자금도 없는 상황에서 유한책임회사를 설립할 수 있다.

2) 「회사법」에서는 유한책임회사의 설립요건을 다음과 같이 규정하였다.
① 주주의 수가 법정 인수人數, 즉, 50인 이하에 부합한다.
② 출자액이 정관에 규정된, 전체주주가 납입한 출자액에 부합한다(실질납입 불필요).
③ 주주가 공동으로 정관을 제정한다.
④ 회사의 명칭이 있고, 유한책임회사의 요구에 부합하는 조직기구를 설치한다.
⑤ 회사의 주소가 있다(「회사법」 제23조, 제24조).

주주는 화폐로 출자할 수도 있고, 실물·지식재산권·토지사용권 등 화폐로 평가할 수 있고 법에 따라 양도가 가능한 비非화폐재산에 값을 매겨 출자할 수도 있다.

유한책임회사의 설립 후 회사는 주주에게 출자증명서를 발급하여야 한다. 유한책임회사의 출자증명서는 주주의 투자, 권리행사와 의무부담을 증명하는 기초가 되며, 주식회사의 주권股票과 유사한 기능을 갖는다. 그러나 주권과 달리 출자증명서 자체는 유통하거나 양도할 수 없다.

3) 유한책임회사의 조직기구와 관리 등에 관해서도 「회사법」은 비교적 유연하게 규정하였다. 예를 들면 주주의 수가 비교적 적거나 규모가 비교적 작은 유한책임회사는 집행이사 1명을 두고 이사회를 설치하지 않을 수 있다. 집행이사는 회사의 사장經理을 겸임할 수 있다. 감사기구에 관해서도 1인 내지 2인의 감사를 두고 감사회를 설치하지 않을 수 있다.

또한, 유한책임회사 주주회의의 의결권에 관하여 정관에서 정할 수 있고,

정함이 없으면 주주는 출자비율에 따라 의결권을 행사한다. 주주회의의 의사진
행방식과 표결절차는 「회사법」에 별도의 규정이 있는 경우 외에는 정관으로 정
할 수 있다(「회사법」 제42조, 제43조, 제50조, 제51조).

3. 유한책임회사의 주권양도

유한책임회사의 '인적 결합人合'이라는 특성은 유한책임회사의 주주가 주권股權
양도 시 일정한 제한을 받도록 요구한다. 이는 주식회사의 소위 '주식양도 자유
의 원칙'과 대비되는 것으로서, 유한책임회사와 주식회사의 중요한 차이 중의 하
나이다.

유한책임회사의 주권股權양도는 주주 사이에 일부 또는 전부의 주식을 상호
양도하는 대내양도對內轉讓와, 주주가 주주 이외의 자에게 주식을 양도하는 대외
양도對外轉讓로 구분할 수 있다. 주주가 유한책임회사 주식을 대외양도하는 경우
다른 주주 과반수의 동의가 필요하며, 양도 진행 시 다른 주주가 우선매수권을
행사할 수 있다.

중국 「회사법」의 규정에 의하면, 주주는 주주 이외의 자에게 주권股權을 양
도하는 경우 다른 주주 과반수의 동의를 거쳐야 한다. 주주는 자신의 주권股權
양도사항에 관하여 다른 주주에게 서면으로 통지하여 동의를 얻어야 하며, 다
른 주주가 서면통지를 받은 날로부터 만 30일 동안 답변하지 아니하면 양도에
동의한 것으로 간주한다. 다른 주주의 과반수 이상이 양도에 동의하지 않는 경
우, 동의하지 않은 주주는 당해 양도하는 주권股權을 매입하여야 하며, 매입하
지 아니하면 양도에 동의한 것으로 간주한다.

주주의 동의를 거쳐 양도하는 주권股權은 동등한 조건 하에서 다른 주주가
우선매수권을 가진다. 2인 이상의 주주가 우선매수권의 행사를 주장하는 경우에
는 협의에 의하여 각자의 매수비율을 확정하며, 협의가 이루어지지 아니한 경우
에는 양도 시 각자의 출자비율에 따라 우선매수권을 행사한다. 정관에 주권股權
양도에 관하여 별도의 규정이 있는 경우에는 그 규정에 따른다(「회사법」 제71조).

Ⅱ 주식회사

1. 주식회사의 설립

주식회사의 설립은 발기설립과 모집설립의 두 가지 방식으로 구분된다. 발기설립이란 발기인이 회사가 발행해야 하는 주식을 전부 인수하여 회사를 설립하는 것을 말한다. 모집설립이란 발기인이 회사가 발행해야 하는 주식의 일부를 인수하고 나머지 주식은 외부에서 공모하거나 특정한 대상으로부터 모집하여 회사를 설립하는 것을 말한다.

주식회사를 설립하려면 2인 이상 200인 이하의 발기인이 있어야 한다. 모집설립의 방식으로 주식회사를 설립하는 경우에 발기인은 회사주식총수의 100분의 35 이상을 인수하여야 한다. 단, 법률, 행정법규에 별도의 규정이 있는 경우에는 그 규정에 따른다(「회사법」 제77조, 제78조, 제84조).

주식회사의 발기설립절차는 대체로 다음의 몇 가지 단계를 거친다.

① 발기인계약의 체결 및 정관 제정

② 자본 납입

③ 회사의 관련조직기구 확정

④ 발기설립 시 필요한 행정심사비준의 진행

⑤ 회사등기기관에의 설립등기 신청.

발기설립에 비하여, 주식회사의 모집설립절차는 상대적으로 엄격하다. 특히 발기인이 외부로부터 주식을 공모하여 회사를 설립하는 경우 그 모집절차에 대하여 「회사법」은 특수한 규정을 두었다. 필요한 절차는 주로 다음과 같다.

① 법률의 규정에 따라 주식모집설명서를 사전에 공고하고, 주식청약서를 작성하여야 한다.

② 법에 따라 설립된 증권회사와 주식위탁모집계약을 체결하고, 은행과 인수가액대리수취계약을 체결하여야 한다.

③ 주식청약인은 주식을 청약하고, 인수가액을 납입한다.

④ 법에 따라 설립된 자금검증기구가 자금검증을 하고 증명서를 발급한다.

⑤ 발기인은 각 주식청약인에게 통지하거나 공고한 후 창립총회를 소집한다

(「회사법」 제85조-제89조).

이밖에, 「증권법」 등 관련 법률에 의하면, 주식회사가 주식을 공모하는 경우에는 사전에 증권감독관리기구 등 관련 부처의 심사비준 및 사전정보공시 등 일련의 절차를 거쳐야 한다.

2. 주식회사의 주식股份과 주권股票

주식회사에서 주식股份이란 회사 자본의 기본단위를 말한다. 즉, 주식회사의 자본을 분할하면 주식이 되고, 1주의 금액은 서로 같다. 주식은 주권股票의 형태로 나타난다. 이렇듯 주권股票이란 주식회사가 발행한, 주주가 주식을 소지하고 있음을 증명하는 증서이고, 주식의 표현 형식이다. 간단하게 말해서 주식이 추상적인 권리股權(주권)를 대표하는 반면, 주권股票은 구체적인 권리증서이다.

중국에서 '주식股份' 및 '주권股票'은 주식회사에만 사용되고, 유한책임회사에서 그에 대응하는 용어는 '출자出資' 및 '주권증서股權證書' 또는 '출자증명서'이다.

유한책임회사의 '출자' 등의 개념에 비할 때 주식회사 주식의 특성은 주로 다음과 같다.

① 주식의 평등성. 즉, 1주의 금액은 서로 같고, 동일한 권리와 의무를 대표한다.

② 주식의 불가분성. 즉, 1주는 회사 자본의 최소단위를 구성하며, 다시 분할할 수 없다.

③ 주식의 자유양도성.

주식의 표현 형식인 주권股票은 일종의 특수한 증권證券이다. 구체적으로 말해서 주권股票은 일종의 주주권股東權을 증명하는 증권성證權性 증권證券, 유가증권, 유통 가능한 증권 및 요식증권要式證券이다.

주권股票은 각종 기준에 따라 다르게 분류할 수 있는데, 중국 「회사법」은 기명주권記名股票과 무기명주권無記名股票의 구분만 규정하였다. 이는 주권 상 주주성명의 기재여부에 따른 분류이다(「회사법」 제129조). 현재 중국의 증권시장에서는 주로 A주, B주, H주 등의 용어를 사용한다. 이는 발행지와 발행대상에 따른 분류이다.

그중에서 A주는 인민폐보통주人民幣普通股라고도 한다. 인민폐로 가격을 산정하며, 중국인을 대상으로 발행하고 중국 국내에서 상장한 주권股票이다. B주는 인민폐특수주人民幣特種股票라고도 하며, 중국 대륙에서 상장한 특수주권特種股票이다. 인민폐로 액면 가격을 표시하고, 외화로만 인수·거래할 수 있으며, 주로 역외 투자자를 대상으로 발행한다. H주는 국유기업주國企股라고도 하며, 중국 대륙지역 기업이 홍콩에서 상장한 주권股票이다.

Ⅲ 1인유한책임회사와 국유독자회사

1. 1인유한책임회사

1인유한책임회사는 2005년 「회사법」 개정 이후 도입된 제도로, 1인의 자연인이나 1개의 법인이 단독으로 주주가 되는 유한책임회사이다. 「회사법」은 1인유한책임회사에 관하여 일부 특별규정을 두었는데, 주로 다음과 같다.

첫째, 1인의 자연인은 1개의 1인유한책임회사만 투자 설립할 수 있다. 당해 1인유한책임회사는 새로운 1인유한책임회사를 투자 설립할 수 없다. 이밖에, 1인유한책임회사는 회사 등기에 당해 회사가 자연인 독자獨資인지 법인 독자獨資인지 표기하여야 한다. 이는 일정한 거래의 안전을 유지하고, 상대방의 권익을 보호하기 위한 것이다(「회사법」 제58조, 제59조).

둘째, 회사의 지배구조차원에서 1인유한책임회사는 주주회의를 설치하지 아니하고, 1인 주주가 유한책임회사 주주회의의 직책을 행사하는 경우에는 서면 형식을 채택하여야 하며 주주가 서명한 후 회사에 비치하여야 한다.

1인유한책임회사의 이사회와 감사회에 관해서는 「회사법」에 특수한 요구가 없으나, 「회사법」상 주주의 수가 비교적 적거나 규모가 비교적 작은 유한책임회사에 관한 규정에 의하여, 1인의 집행이사만 두고 이사회를 설치하지 않을 수 있으며, 1인 내지 2인의 감사를 두고 감사회를 설치하지 않을 수 있다(「회사법」 제61조, 제50조, 제51조).

마지막으로, 「회사법」은 1인유한책임회사의 주주의 책임에 관하여 특별규정을 두었다. 즉, 1인유한책임회사의 주주는 회사 재산이 주주 자신의 재산에

서 분리되었다는 것을 증명하지 못하면 회사 채무에 대하여 연대책임을 부담하
여야 한다(「회사법」 제63조). 애당초 「회사법」은 회사가 주주로부터 독립적인 법인
격을 갖추었음을 전제로 주주에게 회사 채무에 대한 유한책임만을 요구한 것이
다. 따라서 양자의 재산이 혼합되는 경우에는 회사의 베일을 벗겨 내고, 회사
채무에 대해 주주에게 상응하는 책임을 추궁할 필요가 생기게 된다.

2. 국유독자회사

1인유한책임회사 이외에, 「회사법」은 또 다른 특수한 유한책임회사를 규정
하였는데, 바로 국유독자회사이다. 소위 국유독자회사란 국가가 단독으로 출자
하고, 국무원이나 각급정부의 수권을 받은 인민정부의 국유자산감독관리기구가
출자자의 직책을 이행하는 유한책임회사를 말한다(「회사법」 제64조).

현재 중국 중앙정부의 국유자산관리기구는 국무원 직속특설기구로 설치된
'국유자산감독관리위원회國有資産監督管理委員會(약칭 '國資委')'이고, 그 주요 직책은
국가를 대표하여 출자자의 직책을 이행하는 것이다. 각 지방정부가 설립한 각
자의 국유자산관리위원회는 각 지방정부를 대표하여 국유자산출자자의 직책을
이행한다. 일례로 북경시 인민정부 산하에는 북경시 국유자산관리기구인 '북경시
국유자산감독관리위원회北京市國有資産監督管理委員會'가 설치되어 있다.

일반적인 유한책임회사에 비하면, 국유독자회사의 특성은 주로 그 지배구조
부분에서 드러난다. 첫째, 회사의 권력기구 면에서 국유독자회사는 주주회의를
별도로 설치하지 않고, 국유자산관리기구가 주주회의의 직권을 행사한다. 국유
자산감독관리기구는 회사 이사회에 주주회의의 일부 직권을 행사하고 회사의
중대 사항을 결정하도록 수권할 수 있다.

둘째, 회사의 집행기구에 관하여 국유독자회사의 이사회는 국유자산감독관리
기구에서 파견한다. 단, 이사회의 구성원 중에 반드시 근로자대표가 포함되어야
하며, 근로자대표는 회사의 근로자대표대회에서 선거를 통하여 정해야 한다.

마지막으로, 회사와 관련된 감독기구인 회사 감사회의 구성원은 5인 미만이
어서는 안 되며, 그중에서 근로자대표의 비율이 3분의 1 미만이어서는 안 된다.
감사회의 구성원은 국유자산감독관리기구에서 파견하며, 감사회 구성원 중의

근로자대표는 회사의 근로자대표대회에서 선거를 통하여 정해야 한다(「회사법」 제66조~제70조).

제4절　중국의 외국인투자기업법

Ⅰ　외국인투자기업법 개론

1. 외국인투자기업과 외국인투자기업법

중국에서 소위 외국인투자기업이란 외국의 회사, 기업, 기타 경영조직이나 개인이 중국 법률에 따라 중국 국내에서 투자에 참여하거나 독립적으로 투자하는 방식으로 설립한, 중국의 기업법인자격을 가진 경제적 실체를 가리킨다. 보통 '외자기업外資企業'이라고 부르기도 한다. 구체적으로는 외국인독자기업, 중외합자기업, 중외합작기업 등의 세 가지로 구분된다. 「중외합자경영기업법」(1979년), 「외자기업법」(1986년), 「중외합작경영기업법」(1988년)이 외자기업을 규정하고 있는 기본 법률이다.

1993년 「회사법」 공포 이후, 외국인투자기업은 대부분 유한책임회사의 형식을 채택하여 설립하였고, 1995년 중국은 외국인투자기업에 주식회사설립을 허가하기 시작하였다. 이렇듯 외국인이 투자한 유한회사와 주식회사에는 중국 국내의 회사 법률과 외국인투자 관련 법률, 이 두 가지 법률관계가 동시에 적용된다.

「회사법」과 외국인투자법은 일반법과 특수법의 관계에 있다. 동일한 사항에 관하여 두 가지 법률의 규정이 다르다면, 외국인투자법의 규정이 우선 적용되어야 한다. 사회주의시장경제의 발전과 중국 회사 제도의 정비에 따라, 내자회사內資公司와 외자회사를 다르게 취급하는 소위 '이원체제雙軌制'는 비판을 받고 있으며 회사 법제를 통일하여야 한다는 주장에 무게가 실리고 있다. 최근 중국은 「외국투자법」을 기초起草하고 있는데, 이로써 상술한 세 편의 외자기업법률을 대체하고 외국인투자기업을 회사법의 체계 안에 하나로 편입시키고자 하고 있다.

2. 외국인투자기업법제의 일반적인 특성

현행 제도에 따르면, 일반적인 「회사법」에 비할 때 외국인투자기업법의 주요 특성은 다음과 같다.

1) 회사설립 면에서 외국인투자기업은 일률적으로 심사비준주의를 채택하고 있다. 즉, 외국인은 유한책임회사나 주식회사의 투자 설립 시 관련 정부 주관부처의 비준을 거쳐야 한다. 그러나 중국 국내회사의 설립에는, 법률에 별도의 규정이 있는 경우 외에는 사전 심사비준이 필요하지 않다. 이밖에, 일반적인 중국 국내회사와는 다르게, 외국인투자기업의 주권股權양도, 기업의 종지終止 등 유한회사의 중대 사항의 결정에는 심사기관의 사전비준이 필요하다(2016년 상반기 기준).

2) 회사의 지배구조 면에서 외국인투자기업법에는 주주회의와 감사회에 관련된 규정이 없다. 일반적으로 외국인투자기업에서는 이사회가 기업의 최고 권력기관이고, 이사회가 회사 주주회의의 권한을 겸하여 행사한다. 중외합작기업의 경우 이사회를 설립할 수도 있고, 기타 연합관리기구聯合管理機構를 설립할 수도 있는데, 이러한 기업의 이사회 또는 연합관리기구가 기업의 최고 권력기구가 된다. 이사회의 의결권 배분, 의결절차 등의 사항도 합자계약이나 합작계약, 기업정관을 통해 개별적으로 정할 수 있다.

3) 외국인투자기업법은 투자자에 대한 출자방식과 출자기한을 상대적으로 유연하게 규정하였다. 투자방식을 비교적 엄격하게 규정하였던 1993년 「회사법」에 비하면, 외국인투자기업법은 처음부터 분기투자, 비화폐투자 등을 허용해왔다. 이밖에, 토지이용, 세수, 외환 등의 측면에서 중국 정부는 오랫동안 외국인투자기업에 대해 우대정책을 실시해왔다. 물론, 지금은 중국에서 설립된 외국인투자기업과 중국 국내기업에 대한 정책적인 차별은 기본적으로 자취를 감추었다.

Ⅱ 외국인투자기업의 설립과 조직기구

1. 외국인투자기업의 투자방향 지도와 심사비준

내자회사와는 다르게, 중국은 외국인투자기업의 설립에 있어서 심사비준주의를 채택하였다. 외국인투자사업은 구체적으로 장려, 허가, 제한 및 금지의 네 가지로 구분된다. 장려류, 제한류 및 금지류의 외국인투자사업은 「외국인투자산업지도목록」에 나열되어 있다. 장려류, 제한류 및 금지류에 속하지 않는 외국인투자사업이 허가류의 외국인투자사업이 된다. 중국 정부는 매년 「외국인투자산업지도목록」을 공포하여, 외국인투자가능, 외국인투자제한, 외국인투자불가 또는 외국인투자격려의 각종 영역을 조정하고 있다.

투자업종별로 외국인투자사업에 대하여 '합자·합작으로 제한', '중국 측의 지배中方控股' 또는 '중국 측의 상대적 지배中方相對控股' 등으로 투자방식을 다르게 규정할 수 있다. 그중에서 '합자·합작으로 제한'이란 중외합자경영·중외합작경영만을 허가하는 경우를 말한다. '중국 측의 지배'란 중국 측 투자자가 외국인투자사업에서 차지하는 투자비율의 합이 51% 이상인 경우를 말한다. '중국 측의 상대적 지배'란 중국 측 투자자가 외국인투자사업에서 차지하는 투자비율의 합이 어느 일방의 외국 투자자의 투자비율보다 큰 경우를 말한다(「指導外商投資方向規定(외국인투자방향지도규정)」, 2002년).

구체적으로는 각급인민정부의 상무주관부처가 외국인투자의 심사비준을 담당한다. 국무원 상무부(과거의 대외경무부(對外經貿部))는 외국인 투자 관련 사무를 관리하는 최고행정부처이고, 성급省級 이하의 각급정부에는 각각 상무청·상무국 등의 주관기관이 설치되어 있다. 각급기관의 심사비준기구와 심사비준권한에는 외국인투자사업의 성격과 투자규모에 따라 다소 다른 점이 있는데, 구체적인 권한분담은 상무부가 조정·확정한다.

2. 외국인투자기업의 설립절차

「중외합자경영기업법」 등의 외국인투자기업법에 의하면, 외국인투자기업의 설립과정은 대체로 투자사업제안서(또는 외자기업신청서)와 타당성검토보고서의 작성 및 심사비준, 외국인투자기업 명칭의 사전허가, 중외합자기업(또는 중외합작기업)의 계약과 기업정관·외자기업정관의 심사비준, 외국인투자기업의 등록등기, 영업허가증의 수령, 세무·외환·재무 등의 후속처리로 구분된다.

회사설립 시 제출하여야 하는 자료는 기업의 성격과 규모에 따라 다소 차이가 있다. 예를 들면 일반적인 외자기업의 설립 시에는 ① 외자기업설립신청서 ② 타당성검토보고서 ③ 외자기업정관 ④ 법정대표자(또는 이사회의 인선) 명단 ⑤ 외국 투자자의 법률증명서와 신용증명서 ⑥ 외자기업설립예정지 인민정부의 의견 ⑦ 수입하여야 하는 물품목록 등을 제출하여야 한다(《외자기업법실시세칙》 제10조).

정부 주관부처가 외자기업이나 중외합자기업의 설립신청을 받으면 90일 내에 설립의 비준여부를 결정하여야 하며, 중외합작기업의 설립신청을 받으면 45일 내에 설립의 비준여부를 결정하여야 한다.

3. 외국인투자기업의 조직기구

회사의 조직기구 면에서 중외합자경영기업은 일반적으로 '이사회 지도 하의 사장책임제總經理負責制'를 채택하여, 회사는 주주회의를 설치하지 않고 이사회가 최고 권력기구가 되어 회사의 각종 중대 사항을 결정한다. 이사회의 구성원 수는 합자한 각 측이 협상으로 구성하며, 계약·정관에서 확정하고, 이사는 합자한 각 측이 파견·교체撤換한다(「중외합자경영기업법」 제6조). 이사회는 회사의 사무를 책임질 사장總經理을 임명하고, 사장은 이사회에 대하여 책임을 진다.

중외합작경영기업의 경우, 회사가 설립한 이사회나 기타 연합관리기구는 합작기업의 계약이나 정관의 규정에 따라 합작기업의 중대한 문제를 결정한다. 이사회나 연합관리기구는 합작기업의 일상경영관리사무를 책임질 사장總經理의 임명이나 초빙을 결정할 수 있다. 사장은 이사회나 연합관리기구에 대하여 책임을 진다(「중외합작경영기업법」 제12조).

외국인독자투자기업에 관해서는 법률에 그 조직기구에 관한 구체적인 규정이 없다. 실무에서는 외국인이 독자적으로 출자한 중소기업은 이사회를 설치하지 않고 사장總經理만 두며, 외자의 출자자가 주주회의와 이사회의 권력을 행사한다. 그러나 다자간 연합출자나 규모가 비교적 큰 외자기업은 권력기구로서 이사회를 설치하고, 이사회 아래 사장總經理을 둔다.

외자기업의 감독기관과 관련해서는, 즉, 외자기업에 감사나 감사회를 설치하여야 하는지 여부에 관해서는 외국인투자기업법에도 명확한 규정이 없다. 일반적으로는 유한책임회사나 주식회사로서 설립되는 외자기업의 경우에는 회사법제에 따라 상응하는 회사감독기구를 설치하여야 한다고 여겨지고 있다.

(이상 중국의 외국인투자기업법제는 2016년 상반기를 기준으로 한 것임.)

范健·王建文, 公司法(第三版), 北京: 法律出版社, 2011年

刘俊海, 公司法学(第二版), 北京: 北京大学出版社, 2014年

史际春, 企业和公司法(第二版), 北京: 中国人民大学出版社, 2011年

施天涛, 公司法论(第三版), 北京: 法律出版社, 2014年

이정표, 중국 회사법, 박영사, 2008년

제 8 장

중국의 노동법 제도

제 8 장

중국의 노동법 제도

제1절 중국 노동법 개론

1. 중국 노동법의 역사

중국의 노동법제는 중국의 기타 법률 제도와 마찬가지로 개혁개방정책을 도입한 1978년 이후 본격적으로 체계화되기 시작하였다. 1978년에 이르기까지 중국은 노동관계를 「노동법」과 같은 법률이 아닌 정부의 행정수단을 통해 관리해 왔다. 즉, 노동관계를 둘러싼 각종 사회문제가 노동법제를 통해 해결되어 온 것이 아니라 주로 노동행정勞動行政을 통해 조정調整되어 온 것이다.

1978년 이후 중국에서는 일련의 노동관련 법규가 제정, 공포되고 1994년 7월에는 사회주의 중국의 첫 노동기본법인 「중화인민공화국노동법」이 전인대 상무위원회에서 통과되어 1995년 1월부터 시행되었다.

2006년에 중국공산당은 '조화로운 사회和諧社會'의 건설을 기본강령으로 제기하였고, 이에 부응하여 노동법제도 한 차례 방향전환을 맞이하게 되었다. 경제발전을 더 이상 값싼 노동력과 근로자들의 일방적인 희생을 대가로 달성할 수 없다는 사회적 공감대가 점차 형성되었고, 이에 따라 노동법제도 근로자들의 권익보호를 보다 강조하는 방향으로 수정되었다. 이러한 흐름을 상징하는 것이 2007년 6월 「노동계약법勞動合同法」의 제정이다.

아울러 2007년에는 「노동쟁의조정중재법勞動爭議調解仲裁法」, 「취업촉진법就業

促進法」등 2개의 중요한 노동관련 법률이 제정되었고, 사회보험 기본법인 「사회보험법社會保險法」이 2010년에 통과되었다. 이러한 법률은 「노동계약법」과 더불어 중국의 노동법제 관련 4대 기본법으로 지칭되고 있다.

2. 중국 노동법의 체계와 법원法源

일반적으로 중국의 노동법에는 노동계약과 단체협상 및 단체협약 관련 제도, 노동기준 관련 제도(노동시간과 휴식시간, 임금, 노동안전과 보건, 특수노동에 대한 보호 등), 사회보험 관련 제도, 취업촉진 관련 제도, 노동조합 관련 제도, 노동쟁의처리 관련 제도, 노동감찰勞動監察 관련 제도 등의 내용이 포함된다.

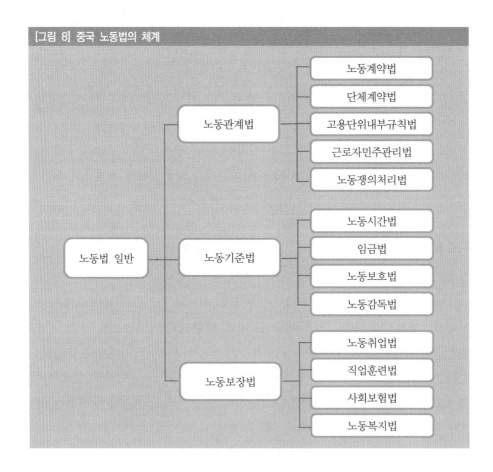

[그림 8] 중국 노동법의 체계

중국 노동법제의 법원法源에는 다음과 같은 법규들이 포함된다.

[표 6] 중국 노동법제에 포함되는 법규 및 그 제정기관

법 원法源		구체적인 법규(일부 예시)	제정기관
「헌 법」		노동의 권리(「헌법」 제42조), 사회보장 등(「헌법」 제45조), 결사의 권리(「헌법」 제35조)	전국인민대표대회
법률	「노동법」 법전	「중화인민공화국노동법勞動法」	전국인민대표대회 및 그 상무위원회
법률	노동관련 단행법	「노동계약법」, 「노동쟁의조정중재법勞動爭議調解仲裁法」 등	전국인민대표대회 및 그 상무위원회
법률	기타법률	「회사법公司法」, 「여성권익보호법婦女權益保護法」 등의 내용 중 노동관련 규정	전국인민대표대회 및 그 상무위원회
법규	법률 시행령	「노동계약법실시조례勞動合同法實施條例」 등	국무원
법규	노동문제 관련규정	「여성근로자노동보호규정女職工勞動保護規定」, 「최저임금규정最低工資規定」 등	국무원
부문규장		「〈노동법〉 약간의 문제에 관한 노동부의 설명勞動部關與〈勞動法〉若干問題的說明」 등	국무원 각 부처
지방성법규	일반 지방성 법규	「산둥성노동계약조례山東省勞動合同條例」 등	성급 인민대표대회 및 상무위원회
지방성법규	자치조례 단행조례	「티베트자치구에서 〈노동조합법〉의 시행방법西藏自治區實施〈公會法〉辦法」 등	소수민족자치지역 인민대표대회
지방정부규장		「북경시최신기업임금지불방법北京市最新企業工資支付方法」 등	성급 지방 인민정부
노동법규 관련 사법해석		「노동쟁의사건심리의 적용법률에 있어서 약간의 문제에 관한 해석關與審理勞動爭議案件適用法律若干問題的解釋」 등	최고인민법원
ILO의 협약, 기타 국제조약		「동일노동 동일임금에 관한 협약」(제100호) 등 중국이 가입한 25개의 ILO협약 및 중국이 비준한 국제조약	전국인민대표대회 상무위원회 (비준)

제2절 중국 노동법의 주요 내용

I 중국의 노동계약 법제

1. 노동계약의 개념과 적용범위

중국에서 노동계약이란 노동자와 고용단위가 노동관계를 확립하고 쌍방의 권리와 의무를 확정하는 협의이다. 여기서 말하는 고용단위에는 기업뿐만 아니라 국가기관, 사업단위事業單位, 사회단체, 개체경제조직個體經濟組織, 민영비기업단위民辦非企業單位 등이 포함된다(「노동법」 제16조, 「노동계약법」 제2조).

노동계약은 노동계약의 기한에 따라 정기노동계약, 무기노동계약 및 일정한 사업의 완료에 필요한 기간을 정한 노동계약으로 구분되고, 근로자의 근로시간에 따라 전일제 근로자의 노동계약과 비非전일제 근로자의 노동계약으로 구분된다.

중국의 「노동법」과 「노동계약법」에서 규정하고 있는 노동계약 관련 제도는, 기업 등 중국 국내에 있는 모든 사용자가 근로자를 고용하기 위해 근로자와 체결하는 계약에 적용되고, 중국의 모든 근로자들은 「노동법」과 「노동계약법」의 보호를 받게 된다.

다만, 다음과 같은 근로자는 이러한 「노동계약법」의 적용을 받지 않는다.

① 공무원 및 「공무원법」에 따라 관리되는 사업단위와 사회단체의 직원. 중국에서 공무원의 노동관계는 「노동법」이나 「노동계약법」이 아닌 공무원 관련 특별법의 적용을 받고, 중국공산주의청년단共靑團, 중화전국여성연합회婦聯 등 사회단체의 직원들은 「공무원법」을 참조하여 공무원에 준하여 관리 받는다.

② 현역군인. 중국에서 현역군인의 노동봉사는 「노동법」이나 「노동계약법」의 적용을 받지 않고 군 관련 법규에 의해 규율된다.

③ 가정부. 중국에서 가정부와 고용주 사이의 관계는 「노동계약법」의 적용을 받지 않고, 「민법통칙」과 「계약법」 등 일반 민사법규의 적용을 받는다.

④ 농촌근로자. 중국 농촌에서 가정 단위로 시행되는 도급책임제承包責任制 하에 노무를 제공하는 농촌근로자는 「노동계약법」의 적용을 받지 않는 다. 다만 향진기업鄕鎭企業 등 농촌경제조직에서 노동에 종사하는 근로자 는 「노동계약법」의 보호를 받는다.

2. 노동계약의 체결, 내용과 효력

1) 노동관계의 수립은 반드시 서면형식의 노동계약의 체결을 거쳐야 한다. 노동관계가 이미 성립되었으나 서면계약이 체결되지 않았을 경우 고용단위는 고용일부터 1개월 이내에 서면계약을 체결하여야 하고, 만일 1개월이 지나도 서면계약을 체결하지 않을 경우 노동자에게 매월 2배의 월급을 지불하여야 한 다(「노동계약법」 제10조, 제82조).

중국의 「노동계약법」은 노동계약에 반드시 포함되어야 할 필수사항들을 다 음과 같이 명시하고 있다. 즉, ① 사용자(고용단위)의 명칭, 주소와 법정대표자 또 는 주요 책임자 ② 노동자의 성명, 주소와 주민신분증번호나 기타 유효한 신분 증번호 ③ 노동계약의 기한 ④ 근무내용과 장소 ⑤ 근무시간과 휴식, 휴가 ⑥ 보수 ⑦ 사회보험 ⑧ 노동보호, 노동조건과 직업위험 방지에 관한 규정 ⑨ 그 밖에 법률, 법규에서 규정한 노동계약에 포함될 내용 등이다(「노동계약법」 제17조).

2) 다만 이러한 필수사항을 규정하지 않았다고 하여 노동계약이 무효화되거 나 해당 노동관계가 성립되지 않는 것은 아니다. 필수사항은 추후 협의를 통해 보완하거나 단체협약, 관련 법규를 참조하여 유추할 수 있다.

고용단위는 근로자와 필요에 따라 기간을 정한 노동계약, 기간을 정하지 아 니한 노동계약 및 일정한 사업의 완료에 필요한 기간을 정한 노동계약 중 하나 를 선택하여 노동계약을 체결할 수 있다. 그러나 다음과 같은 경우 노동자의 요구가 있으면 반드시 기간을 정하지 아니한 노동계약을 체결하여야 한다. 즉, ① 노동자가 해당 고용단위에서 연속 10년 이상 근무한 경우 ② 고용단위가 처 음으로 노동계약 제도를 시행하거나 국유기업이 제도개혁으로 노동계약을 다 시 체결할 때, 노동자가 해당 고용단위에서 연속 10년 이상 근무하고 법정 퇴직연한이 10년 이하인 경우 ③ 노동자와 연속 2회 이상 정기노동계약을 체결하고 노동자의 해고사유나 질병 등 업무수행 불가사유가 없는 상황에서 노동계약을 체결하는 경우이다.

또한 고용단위가 사용일로부터 만 1년이 경과하였음에도 불구하고 노동자와 서면노동계약을 체결하지 않는 경우에는 사용자와 노동자가 기간을 정하지 아니한 노동계약을 체결한 것으로 간주한다(「노동계약법」 제14조).

고용단위는 근로자를 고용할 때, 노동계약 기간이 3개월 이상 1년 미만인 경우 수습기간은 1개월을 초과할 수 없고, 1년 이상 3년 미만인 경우 수습기간은 2개월을 초과할 수 없으며, 3년 이상 정기노동계약 혹은 기간을 정하지 아니한 노동계약의 경우 수습기간은 6개월을 초과할 수 없다. 수습기간의 임금은 동일 사업장 동일 직무의 최저급여 혹은 노동계약으로 정한 급여의 80% 이상으로 해야 하고 사업장 소재지 최저임금 기준에 미달해서는 안 된다(「노동계약법」 제19조, 제20조).

3) 노동계약의 체결은 합법, 공평, 평등자원平等自願 및 신의성실의 원칙에 따라야 한다. 다음과 같은 노동계약은 무효이거나 일부 무효이다.

① 당사자의 의사표시意思表示가 진실하지 않은 상황에서 체결한 노동계약. 사기·강박의 수단을 사용하거나 상대방의 궁박을 이용하여 상대방으로 하여금 진실한 의사에 위배되는 상황에서 체결하게 한 노동계약

② 고용단위가 자신의 법적 책임을 면제하고 노동자의 권리를 배제하여 체결한 노동계약

③ 법률과 해당법규의 강행규정에 위반하여 체결한 노동계약.

노동계약의 무효나 일부 무효에 관하여 분쟁이 생길 경우 그 효력에 관해서는 노동쟁의중재기구나 인민법원에서 확인한다(「노동계약법」 제26조).

3. 노동계약의 해제와 종료

1) 고용단위와 근로자가 체결한 노동계약의 효력과 양자의 노동계약관계는 크게 두 가지 방식을 통하여 소멸된다. 즉, 노동계약의 해제解除와 노동계약의

종료終止가 그것이다. 노동계약의 해제는 노동계약의 기한이 아직 남아있는 상태에서 당사자의 의사표시에 의해 계약의 효력이 소멸되는 경우이고, 노동계약의 종료는 당사자의 의사표시 없이 일정한 법적 요건 하에 계약이 종료되고 그 효력이 소멸되는 경우이다.

2) 노동계약의 해제는 노사양측에 의한 합의해제協議解除와 당사자의 일방적인 해제單方解除로 구분되고, 사용자 측에 의한 일방해제, 즉 해고辭退는 다시 과실해고過失性辭退, 무과실해고非過失性辭退 및 경제적 이유에 의한 정리해고經濟性裁員로 나뉘며, 근로자에 의한 일방해제, 즉 사직辭職은 다시 자의에 의한 사직과 사용자 귀책사유에 의한 사직으로 구분된다.

[표 7] 「노동계약법」상 노동계약 해제의 유형별 해제 요건과 법률적 효력

유형		해제 요건	법률적 효력	적용 법조
합의 해제	사용자 제기	특별한 조건 없음	경제보상금 지급	제36조, 제46조
	노동자 제기	특별한 조건 없음	경제보상금 지급 안 함	
일방 해제	노동자의 일방 해제 (사직) — 자의적 사직	30일 전 통지 필요 (수습기간에는 3일 전 통지)	경제보상금 지급 안 함	제37조
	노동자의 일방 해제 (사직) — 사용자 귀책 사직	법이 정한 여섯 가지 경우 (사전 통지가 필요한 경우와 즉시 사직하는 경우)	경제보상금 지급	제38조, 제46조
	사용자의 일방 해제 (해고) — 과실해고	법이 정한 여섯 가지 경우	경제보상금 지급 안 함	제39조
	사용자의 일방 해제 (해고) — 무과실해고	법이 정한 세 가지 경우 (30일 전 통지 혹은 1개월 임금 추가 지불)	경제보상금 지급	제40조, 제46조
	사용자의 일방 해제 (해고) — 정리해고	법이 정한 네 가지 경우 (사전 협의 필요)	경제보상금 지급	제41조, 제46조

노동자는 고용단위에 사전에 통보하는 형식으로 노동계약을 해제할 수 있다. 노동계약의 해제권은 노동자가 가지는 법적 권리로서 노동자의 일방적인

의사표시에 의해 행사된다. 다만 노동자는 계약해제 30일 전에, 수습기간 중에는 3일 전에 서면으로 고용단위에 통지하여야 한다.

고용단위가 다음과 같은 행위를 행할 경우 노동자는 언제든지 노동계약을 해제할 수 있고 고용단위는 경제보상금을 지불하여야 한다.

① 노동계약의 약정에 따른 노동보호와 노동조건을 제공하지 않은 경우 ② 노동보수의 전액을 적시에 지급하지 않은 경우 ③ 법에 따라 노동자의 사회보험료를 납부하지 않은 경우 ④ 고용단위의 내부규정이 법률, 법규를 위반하여 노동자의 권리와 이익을 침해한 경우 ⑤ 사기·강박 등의 이유로 노동계약이 무효화된 경우 ⑥ 그밖에 법률, 행정법규에 정한 경우이다.

또한 고용단위가 폭행, 협박 또는 인신의 자유를 제한하는 불법적인 수단으로 노동자에게 노동을 강요하거나 또는 고용단위가 노동규칙을 위반하여 노동자의 안전을 위태롭게 하는 업무를 지시하거나 강요하는 경우에 노동자는 노동계약을 즉시 해제할 수 있고, 고용단위에 사전 통보할 필요가 없다(「노동계약법」 제38조).

사용자 측의 노동계약에 대한 일방해제로는 근로자의 과실을 전제로 한 과실해고, 무과실해고 및 경제적 이유에 의한 정리해고(또는 감원조치)가 있다.

우선 다음과 같은 사유에 해당하는 경우, 고용단위는 사전고지절차나 협의절차 없이 노동계약을 일방적으로 해제할 수 있다.

① 노동자가 수습기간 중 채용조건에 부합되지 않음이 증명된 경우 ② 노동자가 고용단위의 내부규정과 제도를 엄중히 위반한 경우 ③ 노동자가 직무상 과실, 사적이익의 추구, 부정행위로 고용단위의 이익에 중대한 손실을 끼친 경우 ④ 노동자가 다른 고용단위와 동시에 노동관계를 맺음으로써 고용단위의 업무완성에 중대한 영향을 끼쳤거나 고용단위의 지적에도 시정을 거부한 경우 ⑤ 노동자의 기만 등의 이유로 노동계약이 무효화된 경우 ⑥ 노동자가 형사책임을 추궁 받게 된 경우 등이다.

이러한 경우 고용단위는 즉시 노동자에게 해고를 통보할 수 있고 별도의 경제보상금을 지급할 필요가 없다.

다음으로, 노동자에게 과실이 없거나 노동자가 부정행위를 하지 않았다고 하더라도 다음의 사유에 해당할 경우 고용단위는 노동계약을 해제할 수 있다.

① 노동자가 근무와 무관한 부상을 입어 규정된 치료기간 만료 후에도 본래의 업무에 종사할 수 없고 고용단위가 별도로 조정해준 업무에도 종사할 수 없는 경우 ② 노동자가 업무수행이 불가능하고 연수훈련 또는 업무조정을 통해서도 여전히 업무를 수행할 수 없는 경우 ③ 노동계약 체결 당시의 객관적 사정에 중대한 변경이 발생하여 노동계약을 이행할 수 없게 되고 고용단위와 노동자가 협의를 거쳤음에도 노동계약 내용의 변경에 대한 합의에 도달하지 못한 경우 등이다(「노동계약법」 제40조).

고용단위가 위와 같은 사유로 노동계약을 해제할 경우에는 반드시 30일 전에 노동자에게 서면으로 통보하거나 1개월분의 임금을 지불하고, 경제보상금을 지불하여야 한다. 노동자에 대한 사전 통보가 필요하다는 의미에서 예고해고預告辭退라고도 한다.

마지막으로, 정리해고裁員는 고용단위가 한꺼번에 일부 근로자를 해고시키는 행위이다. 이는 고용단위가 경영 상황을 개선하기 위해 취하는 조치의 일환으로 경제적 이유를 그 근거로 하며, 경제적 감원經濟性裁員이라고도 한다. 시장경제체제 하에서 고용단위의 지속적인 발전을 위해 정리해고가 법적으로 허용되고 있지만, 이는 다수 근로자의 생존을 직접적으로 위협하는 결과를 초래하기에 엄격하게 제한할 필요가 있다.

중국 「노동법」과 「노동계약법」에 따르면, 고용단위는 다음과 같은 사유가 발생할 경우 일정한 절차를 거친 후 정리해고를 단행할 수 있다.

① 「기업파산법企業破産法」의 규정에 따라 회생절차를 진행하는 경우 ② 생산경영에 있어 매우 곤란한 사정이 있는 경우 ③ 기업이 생산품목 전환, 중대한 기술혁신 또는 경영방식 조정으로 인해 노동계약을 변경한 후에도 계속하여 감원이 필요한 경우 ④ 기타 노동계약 체결 당시 기초가 된 객관적 경제상황에 중대한 변화가 생겨 노동계약을 계속 이행할 수 없는 경우이다(「노동계약법」 제41조).

경제적인 이유로 해고를 진행하는 경우, 사용자는 30일 전에 노동조합 또는 전체 근로자에게 상황을 설명하고 노동조합과 근로자의 의견을 청취한 후, 감안방안을 노동행정부처部門에 보고한 뒤에 감원을 진행할 수 있다. 감원된 근로자들에게는 경제보상금을 지급하여야 한다.

고용단위가 정리해고를 단행하는 경우, 다음과 같은 근로자는 우선적으로
배제하여야 한다.

① 고용단위와 장기간의 정기노동계약을 체결한 근로자

② 무기노동계약을 체결한 근로자

③ 가정에 기타 근로자가 없거나 부양할 노인이나 미성년자가 있는 근로자.

또한 고용단위가 정리해고 후 6개월 이내에 신규채용을 실시하는 경우에는
감원된 근로자들에게 사전에 통보하고, 동등한 조건 하에서는 해당 근로자들을
우선적으로 채용하여야 한다(「노동계약법」 제41조).

3) 노동계약의 종료는 법률의 규정에 따라 일정한 법적 상황이 발생하면 당
사자들의 의사와는 관계없이 계약이 소멸되는 것을 의미한다. 노동계약의 종료
는 다시 일반적 종료와 연기 후 종료延期終止로 구분된다.

[표 8] 「노동계약법」상 노동계약 종료의 유형별 종료 사유와 법률적 효력

유형	종료 사유		법률적 효력	적용 법조
일반적 종료	노동계약 기한 만료		경제보상금 지급, 예외적인 경우 지급 안 함	제44조, 제46조
	노동자 측 사유	노동자가 법에 따라 기본양로보험혜택을 적용받기 시작한 경우	경제보상금 지급 안 함	
		노동자가 사망하거나, 인민법원에 의해 사망선고 또는 실종선고를 받은 경우		
	고용단위 측 사유	고용단위가 법원에 의해 파산선고를 받은 경우, 영업허가가 취소된 경우 등	경제보상금 지급	
연기 후 종료	일정한 사유로 노동계약의 종료가 연기된 경우		경제보상금 지급, 예외적인 경우 지급 안 함	제42조, 제45조, 제46조

「노동계약법」에 따르면 노동계약은 다음과 같은 일반적인 사유로 종료된다.

① 노동계약의 기한이 만료된 경우 ② 노동자가 법에 따라 기본양로보험혜

택을 적용받기 시작한 경우 ③ 노동자가 사망하거나, 인민법원에 의해 사망선고 또는 실종선고를 받은 경우 ④ 고용단위가 법원에 의해 파산선고를 받은 경우 ⑤ 고용단위의 영업허가가 취소되거나 고용단위가 폐쇄, 해산명령을 받은 경우, 또는 고용단위가 조기해산提前解散을 결정한 경우 ⑥ 그밖에 법률, 행정법규에 정한 경우이다(「노동계약법」 제44조).

노동계약의 연기 후 종료라 함은, 노동계약의 기한이 만료되었으나 일정한 법적인 사유로 종료가 연기되는 경우를 말한다. 구체적으로는,

① 근로자가 직업병에 걸릴 위험이 있는 업무에 종사하고 퇴사 전에 건강검진을 받지 않은 경우 또는 의사擬似직업병환자가 진단 중이거나 의학적인 관찰기간 중에 있는 경우 ② 고용단위에서 직업병을 얻었거나 업무로 인한 부상으로 노동능력의 일부 또는 전부를 상실한 경우 ③ 질병 또는 부상으로 규정된 치료기간 중에 있는 경우 ④ 여성근로자가 임신기간, 출산기간, 수유기간 중에 있는 경우 ⑤ 고용단위에서 연속근무기간이 만 15년이고 또한 법정퇴직연령까지 5년 미만인 경우 ⑥ 그밖에 법률, 행정법규에 정한 경우이다(「노동계약법」 제42조, 제45조).

Ⅱ 중국의 노동조건 법제

1. 근로시간, 휴가 제도 일반

1) 1994년 2월 국무원이 제정한 「근로자근무시간에 관한 규정關與職工工作時間的規定」에서 처음으로 근로자의 노동시간을 하루 최장 8시간, 주 최장 44시간으로 하는 근로시간 기준을 확정하였다. 이 기준은 같은 해 제정된 「노동법」에 반영되었고, 1995년에 개정된 「근로자근무시간에 관한 규정」에서는 주 최장 노동시간을 40시간으로 단축하였다. 연장근무의 경우 필요에 따라 매일 1시간을 초과할 수 없고 특수한 경우에 매일 3시간까지 연장할 수 있으나, 연장근무시간이 월 36시간을 초과할 수 없다. 또한 근로자는 주당 최소 1일 간의 휴식시간을 가질 수 있다.

고용단위가 특수한 사정으로 위의 근로시간 기준을 지킬 수 없을 경우, 노동행정부처의 허가를 얻어 다른 방법을 채택할 수 있다. 그밖에 업무량에 따라

노동시간을 계산하는 경우와 비非전일제고용의 경우에는 그에 상응하는 방법에
따라 합리적인 근로시간을 정할 수 있다.

2) 중국 「노동법」에서 근로자에게 보장하는 휴가는 크게 법정휴가, 연차휴
가 및 귀성휴가探親暇로 구분된다.
① 법정휴가
다음과 같은 법정공휴일의 경우 근로자에게는 법정휴가를 누릴 권리가 있
다. 원단(양력 1월 1일, 1일 휴가), 춘절(음력 1월 1일, 3일 휴가), 청명절(양력 4월 5일, 1일 휴가),
노동절(양력 5월 1일, 1일 휴가), 단오절(음력 5월 5일, 1일 휴가), 중추절(음력 8월 15일, 1일 휴가),
국경절(양력 10월 1일, 3일 휴가).
이와 별도로 특정 조건에 부합하는 근로자가 별도의 법정휴가를 누릴 수 있
는 일부공민휴가部分公民放暇가 있다. 예컨대 여성근로자는 여성의 날(양력 3월 8일)
에 반일의 휴가를 받을 수 있고, 청년절(양력 5월 4일)에는 14세 이상 청년들은 반
일의 휴가를 받을 수 있다. 그밖에 소수민족 민속명절의 경우 각 소수민족 거
주 지역에서는 지방인민정부의 규정에 따라 휴무일을 배정할 수 있다.
법정공휴일이 토요일 또는 일요일과 겹칠 경우에는 다른 평일을 휴가로 정
하여 보충하여야 한다. 다만 일부 근로자가 누리는 일부공민휴가일에 대해서는
보충휴가를 실시하지 않는다.
② 연차휴가
근로자가 만 1년 이상 연속으로 근무한 경우 연차휴가를 받을 수 있다. 연
속근무기간이 1년 이상 10년 미만일 경우 근로자는 매년 5일간의 연차휴가를,
연속근무기간이 10년 이상 20년 미만일 경우에는 매년 10일간의 연차휴가를,
연속근무기간이 20년 이상일 경우에는 매년 15일간의 연차휴가를 받게 된다.
③ 귀성휴가探親暇(일부 국가기관, 인민단체, 국유기업 및 사업단위에 한함)
이는 부모 또는 배우자와 같이 살지 않는 근로자가 매년 일정한 시기에 집
을 방문할 수 있는 휴가 제도이다. 연속으로 1년 이상 근무한 근로자가 배우자
와 같이 살지 않는 경우, 매년 1회에 한하여 30일 이내의 귀성휴가를 신청할
수 있다.

미혼인 근로자가 부모와 같이 살지 않는 경우에는 매년 1회에 한하여 20일 이내의 귀성휴가를 신청할 수 있다. 또한 기혼인 근로자가 부모와 같이 살지 않는 경우에는 4년에 한번씩 20일 이내의 귀성휴가를 신청할 수 있다.

④ 기타 휴가

여성 근로자는 출산을 이유로 90일 이상의 출산휴가를 누릴 수 있다. 근로자 본인의 혼인, 직계 친족 사망의 경우 근로자는 3일 이내의 결혼·장례휴가 婚葬暇를 신청할 수 있다.

3) 법정 근로시간을 초과하여 근무할 경우 고용단위는 근로자에게 근로임금의 150% 이상의 임금을 지불하여야 하고, 약정휴일에 근무할 경우에는 근로임금의 200% 이상의 임금을 지불하여야 하며, 법정휴일에 근무할 경우에는 근로임금의 300% 이상의 임금을 지불하여야 한다.

2. 임금 제도

1) 「노동법」과 1994년에 제정된 「임금지급의 임시방법工資支付暫行方法」 등 노동법규에 따르면 근로자에 대한 임금지급은 다음과 같은 원칙을 준수하여야 한다.

① 화폐지급의 원칙

임금은 근로자에게 법정 화폐의 형식으로 지급되어야 하고 실물이나 유가증권으로 임금을 대체할 수 없다.

② 직접지급의 원칙

임금은 근로자 본인에게 직접 지급되어야 한다. 파견근로자의 임금은 파견단위가 직접 근로자에게 지급하거나 파견단위의 위임을 받은 고용단위가 근로자에게 지급할 수 있다.

③ 전액지급, 정기지급의 원칙

노동계약에서 약정된 임금을 모두, 정기적으로 근로자에게 지급하여야 한다. 임금을 무단공제克扣하거나 체불해서는 안 된다.

④ 우선지급의 원칙

고용단위가 파산하거나 법에 따라 청산절차에 들어가는 경우 근로자의 임금은 우선 상환되어야 하는 채권에 속한다.

2) 「노동법」 제48조에서는 최저임금 제도를 실시하고 최저임금의 구체적인 기준은 각 성·자치구·직할시의 인민정부가 정한다고 규정하고 있다. 2004년에는 「최저임금규정最低工資規定」이 반포되어 최저임금의 확정방법 등 구체적인 절차가 규정되었다.

중국에서는 근로자의 최저임금 확정 시 지역 간 경제수준의 차이를 중요한 고려사항으로 두어, 각 성급 인민정부의 노동행정부서가 자체적으로 지역의 최저임금을 정하도록 하고 있다. 따라서 최저임금의 기준은 지역별로 다르다.

성급 인민정부의 노동행정부서는 국무원 노동행정부처의 동의를 거쳐 작성한 최저임금기준안을 성급 정부에 보고하여 비준을 받아야 한다. 비준된 기준안은 7일 이내에 현지의 정부공보政府公報와 1종 이상의 전국지 신문에 공포하여야 한다.

3) 고용단위가 임금의 전액을 지불하지 않거나 임금을 체불하는 경우 근로자는 현지 인민법원에 임금의 지급명령支付令을 신청할 수 있고, 인민법원은 법적인 절차에 따라 지급명령을 내린다. 이러한 지급명령은 「민사소송법」에 규정된 독촉절차督促程序의 일종으로, 별도의 소송절차를 거치지 않고 채무관계를 신속히 청산할 수 있다는 장점이 있다.

지급명령이 내려진 후 고용단위가 기한 내에 이의신청을 하지 않는 경우, 근로자는 인민법원이 내린 지급명령의 강제집행을 신청할 수 있다.

또한 임금 등의 지급에 관해 근로자와 고용단위가 노동쟁의조정을 거쳐 조정합의를 체결한 후 고용단위가 합의한 기한 내에 합의사항을 이행하지 않는 경우, 근로자는 이 조정합의서를 인민법원에 제출하여 지급명령을 신청할 수 있고, 인민법원은 법적인 절차에 따라 지급명령을 내린다.

3. 노동안전, 위생 제도와 특수노동 보호 제도

1) 근로자의 노동안전에 관해서는 「노동법」 이외에 2002년에 제정한 「안전생산법安全生産法」 및 기타 전문분야의 노동안전에 관한 법규들에서 규정하고 있다. 고용단위는 이러한 법규들에서 정한 안전생산 책임 제도, 안전생산 검사 제도, 안전교육과 훈련 제도, 생산 안전 인증 제도, 생산 안전 사고의 보고와 긴급처리 제도 등의 규정을 엄격히 시행하여야 한다.

이러한 안전관련 규정 위반 시 주관부처는 기한 내 시정명령을 내리고, 기한 내에 시정하지 않으면 영업정지 등의 처분을 할 수 있다. 안전관련 규정을 위반하여 안전사고가 발생한 경우에는 형사법의 규정에 따라 안전 책임자의 형사책임을 추궁하고, 위반행위가 범죄를 구성하지 않는 경우에는 과태료 부과, 구류 등의 행정처벌을 하거나, 강등과 해직 등의 처분을 할 수 있다.

2) 근로자의 노동위생에 관해서는 2001년에 「직업병방지법職業病防止法」이 제정되었고, 관련하여 「직업병의 진단 및 감정관리 방법職業病診斷與鑑定管理辦法」과 「직업병목록職業病目錄」 등의 부문규장이 반포되었다. 현재 「직업병목록」에서 인정한 근로자의 직업병은 10개 목록, 115종에 달한다.

고용단위는 노동환경에 따라 직업위생 책임 제도, 직업위생 훈련 제도, 직업위생 인증 제도, 직업병유발가능기업에 대한 특수비준 제도, 직업병 위해危害 항목 보고 제도, 직업병 위해危害 예비평가 제도, 직업병 위해危害사고의 보고·처리·통계 제도, 방사능 등 고위험 업종에 대한 특별관리 제도에 관련된 법 규정을 엄격히 준수하여야 하고 위반 시에는 상응하는 법적인 책임을 져야 한다.

3) 「노동법」은 별도의 장을 설치하여 여성근로자와 미성년근로자에 대한 특별 보호를 규정하고 있다(「노동법」 제7장). 그밖에 여성근로자의 권리보호 관련 법규로는 「여성근로자보호규정女職工勞動保護規定」, 「여성권익보호법婦女權益保護法」, 「여성근로자의 금기노동범위에 관한 규정女職工禁忌勞動範圍的規定」 등이 있다.

중국 노동법제에서 규정하고 있는 여성근로자에 대한 보호에는, 여성이 특

정 분야에서 근무하는 것을 금지하는 근로금지, 생리기간보호, 임산부 보호, 출
산기간 보호, 수유기간 보호, 해고 보호 등이 포함된다.

구체적으로 임신 7개월 이상인 여성근로자에 대해서는 근로시간을 연장하
거나 야간근로를 시킬 수 없고, 여성근로자는 출산 시 90일 이상의 출산휴가를
받을 수 있으며, 만 1세 미만의 영아가 있는 여성근로자에게는 매 차례 30분,
하루 두 차례의 수유시간이 주어진다.

4) 중국 「노동법」에서는 16세 미만의 미성년자, 즉 아동근로자의 채용을 금
지하고 있다. 따라서 「노동법」에서 말하는 미성년근로자는 만 16세 이상 만 18
세 미만의 근로자를 가리킨다.

이러한 미성년근로자에 대해서는 등록 제도를 실시하므로, 고용단위가 미성
년근로자를 고용하는 경우에는 현급縣級 이상 노동행정관리부처에 보고하고 등
록하여야 한다. 그밖에 특정 분야에서의 미성년근로자의 노동을 배제하고, 미성
년근로자에 대해 별도로 정기적인 건강검진을 시행하여야 한다.

아동근로자채용금지 및 미성년근로자 보호에 관련된 법규로는 「미성년자
보호법未成年人保護法」, 「미성년근로자특수보호규정未成年工特殊保護規定」, 「아동근
로자고용금지규정禁止使用童工規定」 등이 있다.

Ⅲ 중국의 노동보장 법제

중국의 1982년 「헌법」에서는 공민公民이 연로·질병 혹은 노동력을 상실한
경우, 국가와 사회로부터 물질적인 도움을 받을 권리를 가지며, 국가는 공민이
이러한 권리를 향유하는데 필요한 사회보험·사회구제 및 의료위생 사업을 발
전시킨다고 규정하고 있다(「헌법」 제45조).

1994년 「노동법」에서는 국가가 사회보험사업을 발전시키고 사회보험 제도
를 수립하며 사회보험기금을 설립하여 근로勞動자가 연로·질병患病·산재工傷·
실업·출산生育 등의 상황에서 물질적 지원과 보상을 받을 수 있도록 한다고 규
정하여 근로자가 사회보험의 혜택을 받을 수 있게 하였다(「노동법」 제70조).

현행 중국 「노동법」에서 규정하고 있는 사회보험에는 크게 양로보험, 의료보험, 공상보험工傷保險(산재보험), 실업보험 및 출산보험 등 5대보험이 포함된다.

1. 양로보험

양로보험은 근로자가 고령, 질병 등을 이유로 퇴직한 후 근로자에게 정기적으로 일정한 액수의 퇴직금을 지급함으로써 근로자의 노후생활을 보장하는 사회보험 제도이다. 양로보험은 그 적용범위가 넓고, 국가가 직접 근로자의 노후의 기본생존을 보장한다는 특징을 가지고 있다.

현재 중국의 일반적인 퇴직연령은 남자가 만 60세, 여자가 만 50세(여성노동자의 경우)와 만 55세(여성사무원의 경우)이다. 공무원의 경우에는 연속근무기간이 20년 이상일 경우 법정 퇴직연령(남자의 경우 만 55세, 여자는 만 50세) 전에 퇴직할 수 있고, 산업재해 또는 직업병으로 노동력을 상실할 경우 퇴직연령 전에 퇴직할 수 있다. 그밖에 예외적으로 퇴직연령을 연장할 수 있는 경우도 있다.

양로보험료는 근로자와 고용단위가 일정 비율로 나누어 납부한다. 현행 규정에 따르면, 고용단위는 근로자 임금의 20%에 해당하는 금액을 양로보험료로 부담하고 근로자는 임금의 8%를 양로보험료로 부담하게 되어 있다.

2. 의료보험

의료보험은 근로자 및 그 부양가족이 업무 외적으로 질병 혹은 부상을 당한 경우에 물질적 지원을 받을 수 있게 하는 사회보험 제도이다.

의료보험의 재원은 주로 고용단위와 근로자가 각각 임금의 6%~8%와 2% 정도의 비율로 납부하는 보험료로 구성된다(보험금납부비율 등의 수치는 지역에 따라 차이가 있고, 일부 변동 가능함. 이하 같음).

기본의료보험기금基本醫療保險基金은 총괄기금統籌基金과 개인계좌個人帳戶로 구분되어, 고용단위가 납부하는 보험료는 일정한 비율에 따라 총괄기금과 개인계좌로 분할되고(개인계좌에 30% 정도), 근로자 개인이 납부하는 보험료는 개인계좌로 들어간다.

기본의료비 발생 시에는 정해진 지불범위에 따라 총괄기금과 개인계좌에서 별도로 지불된다. 총괄기금에서 지불되어야 하는 지불기준은 일반적으로 현지 근로자 연평균 임금의 10% 정도이고, 이 지불기준 이하의 의료비용은 개인계좌에서 지불된다. 총괄기금에서 지불되는 최고지불한도액은 근로자 연평균 임금의 4배 정도이고, 그 한도를 초과하는 의료비용에 대해서는 상업적 의료보험 등을 통해 해결하도록 하고 있다.

기본의료보험기금은 전문계좌에 예치하여 전문적으로 사용되어야 하고專款專用, 유용 또는 횡령해서는 안 된다. 사회보험담당기관社會保險經辦機構의 사업경비는 의료보험기금을 사용해서는 안 되고 각급정부의 예산으로 해결하여야 한다.

3. 공상보험

공상보험工傷保險은 직업상해배상보험職業傷害賠償保險이라고도 하는데, 이는 근로자가 업무로 인하여 상해, 질병, 장애, 사망의 상황에 처하는 경우 경제적 배상과 물질적 지원을 받도록 하는 사회보험 제도이다. 공상보험은 고용단위가 무과실인 경우에도 보상하고, 고용단위만이 보험료를 부담하는 특징을 지니고 있다. 사용자는 일반적으로 근로자 임금 총액의 1% 정도를 공상보험료로 납부하여야 한다.

공상보험에서 가장 문제되는 것은 근로자의 상해, 질병, 장애 혹은 사망이 직무수행과 관련된 '공상工傷'에 속하는지 여부이다. 「공상보험조례工傷保險條例」에서는 다음과 같은 경우에는 공상에 속한다고 규정하고 있다.

① 근무 시간과 근무 장소 내에서 근무 상의 이유로 사고를 당하여 상해를 얻은 경우

② 근무 시간 전후에 근무 장소 내에서 근무와 관련이 있는 예비업무 혹은 마무리업무 시 사고를 당하여 상해를 얻은 경우

③ 근무 시간과 근무 장소 내에서 직무수행 시 폭력 등의 의외의 상해를 당한 경우

④ 직업병에 걸린 경우

⑤ 근무로 인한 외출기간 중 근무 상의 이유로 상해를 당하거나 사고를 당하여 행방불명이 된 경우

⑥ 출퇴근 중 자동차사고를 당하여 상해를 얻은 경우

⑦ 법률과 행정법규에 공상으로 인정하여야 한다고 정한 경우.

그밖에 다음과 같은 경우도 공상으로 간주하고 있다.

① 근무 시간에 근무 장소에서 질병이 돌발하여 사망하였거나, 응급조치를 취했으나 48시간 내에 사망하였을 경우

② 재난구조 등 국가이익, 공공이익을 수호하기 위한 활동 중 상해를 얻은 경우

③ 근로자가 군복무시절 전쟁이나 공무로 부상 혹은 장애를 당하여 혁명상이 군인증革命傷殘軍人證을 취득한 후, 고용단위에서 그 부상이 재발한 경우.

4. 실업보험

중국에서는 실업보험을 대업보험待業保險이라고도 한다. 이는 근로자가 실업기간 중 국가와 사회로부터 일정한 물질적인 도움을 받아 기초생활을 보장받고 재취업을 하도록 하는 사회보험 제도이다.

실업보험의 재원은 크게 세 부분으로 구성되어 있는데, 이는 근로자와 고용단위가 납부하는 실업보험료, 실업보험기금의 이자 수입 및 국가의 재정지원이다. 사용자는 임금 총액의 2%를, 근로자는 임금의 1%를 실업보험료로 납부하여야 한다.

「실업보험조례失業保險條例」에서는 실업보험금을 수령할 수 있는 자격을 다음과 같이 규정하고 있다.

① 근로자가 법에 따라 실업보험에 가입하고, 고용단위와 본인이 실업보험료를 1년 이상 납부하여야 하며

② 실업이 본인의 자의적인 취업중단에 속하지 않고

③ 실업등기를 완료하고 구직을 희망하는 경우이다.

실업보험금의 수령기간은 구체적으로 고용단위와 근로자의 보험료의 납부가 1년 이상 5년 미만인 경우에는 최장 12개월이고, 보험료의 납부가 5년 이상 10년 미만인 경우에는 최장 18개월, 보험료의 납부가 10년 이상인 경우에는 최장 24개월이다.

5. 출산보험

출산보험生育保險은 여성근로자의 임신, 출산, 수유기간 중 여성근로자가 물질적 지원을 받도록 하는 사회보험 제도이다. 출산보험의 재원은 사용자가 임금의 0.7%를 부담하고 근로자는 이를 별도로 부담하지 않는다. 출산보험의 혜택에는 구체적으로 90일 이상의 출산휴가, 출산보조금生育津貼, 출산의료서비스生育醫療服務를 받을 권리가 포함된다.

여성근로자는 출산휴가 중 임금의 대체형식으로 출산보조금을 받을 수 있다. 월평균 출산보조금의 액수는 전년도 당해 근로자의 월평균 임금과 동등하다. 출산의료서비스에는 검사비, 조산助産비, 수술비, 입원비, 약값 등의 항목이 포함된다.

6. 기타

위와 같이 근로자를 보호하는 5대 보험 외에도, 근로자의 주택구입 준비를 지원하는 제도로서 주택공적금住房公積金이 있다. 이 주택공적금은 사회보험의 범주에 속하지는 않지만, 사용자와 근로자의 약정에 따라 가입하는 경우가 많다. 공적금의 재원은 사용자와 근로자가 각각 임금의 5% 이상의 금액을 납부하는 형식으로 충당한다.

제3절   중국의 노동조합법과 노동쟁의처리절차법

Ⅰ 중국의 노동조합법

1. 노동조합의 지위

중국에서 노조工會라 함은 근로자계급이 자발적으로 결합한 군중조직으로 헌법과 법률의 범위 내에서 근로자의 이익을 대표하고 근로자의 합법적인 권익을 수호하는 조직이다. 중국 국경 내의 고용단위에서 일하는 모든 근로자는 노동조합에 가입하고 노동조합을 설립할 권리를 가진다.

중국의 노동조합은 전국노총 격인 중화전국총공회中華全國總工會와 지방각급 노총인 지방총공회地方總工會 및 산업별노조인 산업공회産業工會 등으로 구분된다. 중화전국총공회와 지방총공회, 산업공회는 사회단체법인인 사단법인의 자격을 가지고, 각 고용단위의 노조는 「민법통칙」에서 정한 법인의 조건을 구비하면 법에 따라 사단법인의 자격을 취득하게 된다.

2. 노동조합의 설립과 사전비준주의

노동조합을 설립하려면 노조원대회와 노조원대표대회를 거쳐 직상급 노동조합의 비준을 받아야 한다. 따라서 중국에서 노조의 설립은 상급 노조의 사전비준을 필요로 한다. 또한 지방각급노총과 산업노조의 설립도 각각 상급 노동조합의 비준을 받아야 한다. 상급 노동조합은 요원을 파견하여 하급 노동조합의 설립을 지도하고 지원할 수 있다.

어떠한 개인이나 조직도 독단적으로 노동조합을 폐지하거나 합병할 수 없다. 노동조합이 소속된 기업이 해산되거나 노동조합이 소속된 기관이 폐지되어 노동조합이 함께 폐지되는 경우에는 직상급 노동조합에 보고하여야 한다.

3. 노동조합의 조직 제도와 일원화체계

노동조합의 각급조직은 민주집중제民主集中制의 원칙에 따라 설립된다. 각급 노동조합의 위원회는 동급의 노조원대회 또는 노조원대표대회에서 민주적 선거에 의해 구성되고, 동급의 노조원대회 또는 노조원대표대회에 대하여 책임을 지고 사업보고를 하며, 동급의 노조원대회 또는 노조원대표대회의 감독을 받는다.

현급 이상의 지방은 각급 지방총공회地方總工會를 설립하고, 동일 또는 유사한 수개의 업종은 필요에 따라 전국 또는 지방에 산업공회産業工會를 설립할 수 있다. 전국적으로는 통일된 중화전국총공회中華全國總工會를 설립한다.

중화전국총공회는 민주집중제의 원칙에 따라 전국의 모든 지방노조와 산업별노조를 통일적으로 지도한다. 중국의 현행 노동조합은 중화전국총공회를 중심으로 하고 그 지도 아래 각급노총과 산업별 노총이 조직된 일원화된 조직체계로 되어 있다. 따라서 현행 노동법제 하에서 복수노조의 설립은 불가능하고, 전국총공회의 지도를 벗어난 노조조직은 인정되지 않는다.

4. 노동조합의 경비

노동조합의 경비는 회원인 조합원들이 납부한 회비, 고용단위가 매월 근로자 임금 총액의 2%의 비율로 납부한 경비, 노동조합이 소속된 고용단위가 납입한 수입, 정부의 보조금 및 기타 수입 등으로 충당된다.

5. 중국 노동조합의 권리

중국의 노동법제에 규정된 노동조합의 권리 또는 기능에는 노동조합의 협상권과 계약체결권, 노동조합의 의견제출권 및 이의제기권異議權, 노동쟁의처리권한, 감독권 및 기타 권한이 포함된다.

예컨대, 노동쟁의처리권한의 경우 노동조합은 여러 가지 경로를 통해 근로자와 고용단위 간의 노동쟁의의 처리에 참여할 수 있다. 우선, 노동쟁의의 초기해결을 위하여 고용단위에는 노동쟁의조정위원회를 설치할 수 있는데, 이 조정위원회에는 노조의 대표가 포함되고 조정위원회의 주임은 노조의 대표가 맡는다. 다음으로 노동쟁의의 해결을 위하여 각급행정구역에 설치된 노동쟁의중재위원회는 노동행정부처의 대표, 기업의 대표와 더불어 노동조합의 대표로 구성된다. 또한 노동조합은 근로자를 대표하여 사용자와의 분쟁과 관련하여 중재를 신청하고 소를 제기할 권리를 가진다. 그밖에 근로자가 노동쟁의와 관련하여 중재를 신청하거나 소를 제기하는 경우에 노조는 이를 지지하고 지원하여야 한다.

Ⅱ 중국에서 노동쟁의의 처리: 조정, 중재, 소송

1. 중국에서 노동쟁의의 처리절차

1) 노동쟁의란 근로자 또는 근로자단체와 고용단위 사이에서 노동관계의 권리와 의무를 둘러싸고 발생한 분쟁을 가리킨다. 노동분규勞動糾紛 또는 노사쟁의勞資爭議라고도 불린다.

중국 노동법제에서 말하는 노동쟁의는 구체적으로 ① 근로자의 해고, 제명, 임의퇴사自動離職로 인해 발생하는 노동쟁의 ② 임금 지불, 사회보험으로 인해 발생하는 노동쟁의 ③ 노동계약의 이행에서 초래되는 노동쟁의 ④ 노동관계 사실 관련 노동쟁의 등의 유형으로 구분된다.

1994년 「노동법」이 제정되기 전에 중국에서 노동쟁의는 1987년 국무원에서 반포한 「국영기업노동쟁의처리임시규정國營企業勞動爭議處理暫行規定」을 참고하여 처리되었다. 1993년의 「기업노동쟁의처리조례企業勞動爭議處理條例」 및 1994년 「노동법」의 제정에 의해 중국 노동쟁의처리의 기본 제도가 확립되었다.

이러한 노동쟁의처리 제도는 10여 년 간의 시행을 거쳐, 2007년 전인대상무위원회에서 제정한 「노동쟁의조정중재법勞動爭議調解仲裁法」에 의하여 한 차례 변화를 거치게 된다.

2) 중국의 노동쟁의처리는 전체적으로 '선중재 후심판先裁後審'의 모델, 즉, 노동쟁의중재를 먼저 거치고 그 다음에 법원의 심리(1심과 2심)를 거치는 절차에 따라 진행된다. 다만, 2007년 「노동쟁의조정중재법勞動爭議調解仲裁法」이 제정된 후, 일부 사안의 경우 법원의 심판을 거치지 않고 중재판결이 종국적 판결이 되도록 하였다.

또한 노동쟁의는 중재절차로 진입하기 전에 노동쟁의조정勞動爭議調解의 절차를 거쳐 해결할 수도 있다. 따라서 현행 중국의 노동쟁의처리는 '1조정1중재2심판一調一裁兩審' 제도를 기본으로 하고, '1조정1중재一調一裁' 제도를 보조로 하는 시스템으로 운용되고 있다고 할 수 있다.

2. 노동쟁의의 조정

노동쟁의가 발생한 후, 당사자가 협상을 통해 해결하지 못하는 경우 일방 당사자는 법에 정한 노동쟁의조정기구에 노동쟁의의 조정을 신청할 수 있다. 다만 조정절차는 임의절차로서 당사자는 조정을 신청할 수도 있고 조정절차를 거치지 않고 직접 노동쟁의중재를 신청할 수도 있다. 일방 당사자가 조정을 신청하는 경우, 다른 일방 당사자는 조정에 응할 수도 있고 응하지 않을 수도 있다.

「노동법」에서 정한 노동쟁의조정기구에는 ① 기업노동쟁의조정위원회 ② 법에 의해 설치된 기층인민조정조직 ③ 향鄕, 진鎭, 가도街道에 설립된 노동쟁의 조정조직 등이 있다.

노동쟁의조정위원회는 노동조합의 대표 또는 근로자의 선거에 의해 선출된 근로자대표와 기업대표로 구성된다. 노동쟁의조정위원회의 주임은 노동조합의 조합원 또는 쌍방이 추천하는 근로자가 담당한다.

노동쟁의조정은 당사자의 신청과 조정위원회의 수리, 노동쟁의조정 전의 준비절차, 노동쟁의조정의 시행, 조정합의서의 작성 등의 절차에 따라 진행된다. 노동쟁의조정합의서는 당사자들에 대하여 구속력을 가지며 당사자는 이를 이행하여야 한다. 일방 당사자가 조정합의서에 정한 기한 내에 합의 내용을 이행하지 않을 경우, 다른 당사자는 법에 따라 노동쟁의중재를 신청할 수 있다.

다만, 임금, 산재의료비, 경제보상금 또는 배상금 지급 등의 사항으로 조정합의서가 체결되었으나 고용단위가 약정기한 내에 이를 이행하지 않을 경우, 근로자는 법에 따라 조정합의서를 근거로 인민법원에 지급명령을 신청할 수 있고, 인민법원은 법에 따라 지급명령을 내리게 된다. 즉, 이러한 경우에 조정합의서는 별도의 중재와 심리를 거치지 않고 강제집행력을 가질 수 있는 것이다.

3. 노동쟁의의 중재

1) 노동쟁의의 당사자가 조정을 원하지 않거나, 조정을 거쳤으나 조정합의에 도달하지 못한 경우 당사자는 노동쟁의중재위원회에 중재를 신청할 수 있다. 노동쟁의조정과 달리 노동쟁의중재는 일방 당사자의 신청에 의해서도 가능하고 쌍방 당사자가 반드시 합의할 필요는 없다. 노동쟁의중재를 거치지 않은 노동쟁의에 대하여 당사자는 인민법원에 소를 제기할 수 없다. 즉, 노동쟁의중재 전치주의前置主義가 일반원칙이다.

노동쟁의중재위원회는 지방각급인민정부 산하에 설립한다. 노동쟁의중재위원회는 노동행정부처의 대표, 노동조합의 대표 및 기업 대표로 구성된다. 노동쟁의중재위원회는 ① 노동쟁의중재위원의 위촉, 해임 ② 노동쟁의안건의 수리 ③ 중대하거나 복잡한 노동쟁의안건의 토론 ④ 노동쟁의중재활동에 대한 감독

등의 직무를 수행한다.

2) 노동쟁의중재는 일반적으로 중재의 신청과 수리, 중재의 심리준비, 심리, 재결과 재결문 작성 등의 절차로 진행된다. 노동쟁의중재신청은 당사자가 권리를 침해받은 사실을 알았거나 알 수 있었던 날로부터 계산하여 1년 이내에 하여야 한다.

노동쟁의중재사안은 노동쟁의중재위원회가 신청서를 접수한 후 45일 내에 종결되어야 하고, 사건이 복잡하여 기한의 연기가 필요한 경우 중재위원회 주임의 비준을 거쳐 15일 연장이 가능하다. 기한을 초과하여도 재결을 하지 않는 경우, 당사자는 해당 노동쟁의사항에 대하여 인민법원에 소를 제기할 수 있다.

3) 노동쟁의중재의 중재재결에 대하여 불복하는 경우, 당사자는 중재재결문을 받은 날로부터 15일 이내에 인민법원에 소를 제기할 수 있고, 기한 내에 소를 제기하지 않는 경우 중재재결문은 법률적 효력을 가지게 된다.

다만, 다음과 같은 사안에 대해서는 중재재결이 종국적 판정이고 재결문을 작성한 날부터 법률적 효력이 발생한다.

① 임금, 산재의료비, 경제보상금 또는 배상금의 청구, 현지 월 최저임금 기준 12개월의 금액을 초과하지 않는 금액에 대한 쟁의
② 국가가 규정하고 있는 표준근로시간, 휴일, 휴가, 사회보험 등의 분야에서 발생한 쟁의.

4. 노동쟁의 소송

노동쟁의의 당사자가 중재재결에 대해 불복하여 법에 정한 기한 내에 소송을 제기한 경우에만 사법기관에 의한 소송절차가 시작된다. 현재 중국의 법원체계에는 전문적인 노동법원 또는 노동법정이 설치되어 있지 않아, 노동쟁의사건은 법원의 민사심판법정에서 일반적인 민사사건과 같은 절차에 따라 심리된다. 현재 중국의 민사소송사건 처리절차는 이른바 '2심제兩審終審'를 시행하므로, 노동쟁의사건도 1심을 거친 2심 판결이 종심판결이 된다.

常凯, 劳权保障与劳资双赢, 北京: 中国劳动社会保障出版社, 2009年

郭捷 编, 劳动法与社会保障法(第二版), 北京: 法律出版社, 2011年

王全兴, 劳动法(第三版), 北京: 法律出版社, 2008年

강광문, "중국의 노동법제", 한·중 FTA 체결에 따른 분야별 법제도 연구, 대외경제
    정책연구원/한국법제연구원, 2012년

제 9 장

중국의 안례지도 제도

제9장

중국의 안례지도 제도

Ⅰ 안례지도의 개념

1. 안례지도의 개념

우리나라에서는 '안례지도案例指導'라는 용어를 사용하지 않으므로 그 개념이 다소 생소할 수 있다. 이하에서는 우리에게 익숙한 '판결'과 '판례'에 대한 이해를 바탕으로 '안례지도'의 개념을 살펴보기로 한다.

하나하나의 재판을 판결이라고 하고, 그것에 의하여 밝혀진 이론·법칙 또는 규범을 판례라고 부르는데, 영미법계 국가에서와는 달리, 대륙법계 국가에서는 판례의 법원성法源性은 부정되고 있다. 우리나라 「법원조직법」은 제8조에서 "상급법원 재판에서의 판단은 해당 사건에 관하여 하급심을 기속한다"고 규정하고 있지만, 이는 상급법원이 재판에서 판단을 한 내용이 하급심을 구속하는 것은 오직 '당해 사건'에 한하며, 일반적으로 하급심을 구속하는 효력은 없다는 것을 의미한다(곽윤직·김재형, 민법총칙(민법강의Ⅰ)(제9판), 박영사, 2013년).

'안례지도'는 '안례'와 '지도'가 합쳐진 말인데, 안례지도의 중국어 원문은 '案例指導안례지도'이다. '안례'란 '사법기관의 사건처리 결과물司法機關執法辦案後形成的司法産品'(胡云腾, "中国特色的案例指导制度与指导性案例", 人民司法, 最高人民法院, 2014年)을 말하는 것으로, 안례는 판결과 유사한 개념으로 보인다. 행정기관이 그 의도하는 바를 실현하기 위해서 행하는 조언·권고·요망 등의 비권력적 행정작용을 '행정지도'라 하는데(김동희, 행정법 I (제16판), 박영사, 2010년), '안례지도'의 '지도'는 이와 비슷한 개념으로 이해할 수 있다.

그런데 중국 최고인민법원은 안례 중에서 유사한 사건에 대한 심판을 지도하는 역할을 할 안례를 따로 '지도안례指導案例'라고 명명하였다(이하 "지도안례"). 최고인민법원은 2010년 《안례지도사무에 관한 규정關與案例指導工作的規定》(이하 "안례지도규정")에서 지도안례는 최고인민법원에 의하여 결정되고 통일적으로 배포되며, 지도안례에는 '지도적 역할指導作用'이 있다고 규정하였다. 안례지도규정의 내용은 2015년 최고인민법원이 제정한 《〈안례지도사무에 관한 규정〉 실시세칙〈關與案例指導工作的規定〉實施細則》(이하 "안례지도실시세칙")에서 더욱 구체화되었다.

지도안례의 지도적 역할로 미루어볼 때, 지도안례는 유사한 사건에 대한 심판을 지도하는 역할을 함으로써 '안례지도'를 실현하는 수단이 된다. 다시 말해서, 최고인민법원이 도입한 '안례지도 제도'는 곧 유사한 사건에 대한 심판에서 지도안례의 지도 하에 안례를 도출하도록 한 제도이다.

대륙법계 국가인 중국에서 '판례'와 '안례'는 공히 법률적 구속력이 없다. 이러한 전제 하에서, '지도안례'와 '지도안례가 아닌 안례' 사이의 중요한 차이는 그 ① 선정절차의 유무와 ② 지도적 역할의 수행여부에 있다. 안례 중 '지도안례가 아닌 안례'는 각급법원의 사건처리 결과물로서 유사한 소송 사건에 대한 심판에서 그저 참조가 될 수 있는 데 그친다. 반면, 안례 중 '지도안례'는 ① 최고인민법원이 선정하며, ② 유사한 소송 사건에 대한 심판에서 지도적 역할을 수행한다. 지도안례로 선정되기 위한 구체적인 요건은 이하에서 다룬다.

2. 지도안례의 요건

안례지도규정에 의하면 지도안례가 갖추어야 하는 요건은 다음과 같다.

첫째, 사회의 광범위한 관심의 대상이 되는 안례이어야 하며, 둘째, 관련 법률규정이 비교적 원칙적인 것이어야 한다. 셋째, 너무 특수한 안례가 아닌 전형적인 안례이어야 하며, 넷째, 사안이 복잡疑難複雜하거나 새로운 유형의 안례이어야 한다. 마지막으로 기타 지도적인 역할을 할 수 있는 안례인 경우 지도안례로 선정될 수 있다(안례지도규정 제2조).

Ⅱ 안례지도 제도의 의의와 법적 근거

1. 안례지도 제도의 의의

안례지도 제도의 의의는 1차적으로 최고인민법원이 안례지도규정에서 명시한 제도 도입의 목적에서 찾을 수 있다. 2010년 안례지도규정에서 최고인민법원은 심판審判경험을 총괄하고, 법률 적용을 통일하며, 심판의 질을 제고하고, 사법공정을 수호하기 위하여 안례지도 제도를 시행한다고 규정하였다.

안례지도규정 제1조는 "전국 법원의 심판 및 집행사무에 대하여 지도적 역할을 하는 지도안례는 최고인민법원이 확정하고 통일적으로 공포한다"고 규정하고 있다. 이와 같이 최고인민법원은 지도안례가 가진 고유한 역할을 '지도적 역할'이라고 규정하여 지도안례를 다른 안례와 구별하였고, 지도안례의 지도적 역할로서 각급인민법원이 유사 사건 심판 시 관련 지도안례를 반드시 참조하도록應當參照 하였다.

이러한 안례지도 제도는 대륙법계 국가와 영미법계 국가 어디에서도 찾아보기 어려운 중국 고유의 제도이며, 지도안례는 각급인민법원의 판결문에 인용되는 방법을 통하여 실무에서 지도적 역할을 수행해나가고 있다. 안례지도 제도에 따른 최근까지의 각급인민법원의 지도안례 인용건수는 총 133건이며(2016년 8월 기준), 그중에서 민사안례는 106건, 형사안례는 4건, 행정안례는 23건 인용되었다. 세부 내용은 제2절 '중국 최고인민법원 지도안례의 운용현황'에서 다룬다.

중국 「인민법원조직법」 제30조가 이미 최고인민법원이 최고의 심판기관으로서 각급인민법원의 심판사무를 감독한다고 규정하고 있으나, 안례지도 제도의 도입으로 최고인민법원의 최고심판기관으로서의 위상이 한층 제고되고 최고인민법원의 각급인민법원 감독사무의 구체화·실질화가 이루어질 것으로 보인다.

2. 안례지도 제도의 법적 근거

우선 중국 「헌법」 제5조 제2항은 "국가는 사회주의법제의 통일과 존엄을 수호한다"고 규정하고 있는데, 안례지도 제도의 주요 목적 중 하나가 법률 적용을 통일하는 것임에 비추어보아 이를 안례지도 제도 근거규정의 하나로 볼 수 있다.

또한 중국 「헌법」 제33조 제2항은 "모든 중화인민공화국 공민은 법 앞에 평등하다"고 규정하고 있는데, 안례지도 제도의 주요 목적 중 하나를 사법공정의 수호에 둔 근거는 바로 이 조항에서 찾을 수 있다.

최고인민법원의 안례지도 제도 도입을 가능하게 한 법률적 근거는 중국 「인민법원조직법」에서 찾을 수 있다. 중국 「인민법원조직법」 제11조에서는 "각급 인민법원은 심판위원회를 설치한다. 심판위원회의 임무는 심판경험을 총괄하고, 중대하거나 해결이 곤란한 사건案件 및 기타 심판사무와 관련된 문제를 심의하는 것"이라고 규정하였다. 즉, 이 규정에서 최고인민법원을 포함한 각급인민법원에 심판경험을 총괄할 권한이 부여된 것이다.

그렇다면 각급인민법원이 아닌 최고인민법원이 지도안례의 선정 주체가 될 수 있었던 법적 근거는 어디에서 찾을 수 있을까?

중국 「인민법원조직법」 제30조는 "최고인민법원은 최고의 심판기관이다. 최고인민법원은 지방의 각급인민법원과 전문인민법원의 심판사무를 감독한다"고 규정하고 있다. 바로 이 규정이 다른 인민법원에 대한 감독권을 직접적으로 최고인민법원에 부여한 것이고, 이를 근거로 최고인민법원이 지도안례의 선정 주체로서 안례지도 제도를 시행하게 된 것이다.

이와 같이 안례지도 제도를 시행하게 된 법적 근거는 중국의 「헌법」과 「인민법원조직법」에서 찾을 수 있다. 이러한 법률적 근거 하에서 최고인민법원은 2005년 공식문서인 《인민법원 제2차 5개년 개혁 요강人民法院第二個五年改革綱要(2004-2008)》을 통하여 처음으로 안례지도 제도를 소개하였고, 위에서 소개한 안례지도규정과 이 규정의 세부적인 시행을 위하여 제정한 안례지도실시세칙이 안례지도 제도의 가장 직접적인 근거 규정이 되었다.

Ⅲ 안례지도 제도의 도입배경 및 경과

1. 안례지도 제도의 도입배경

안례지도 제도의 도입배경은 '사법통일司法統一, 동안동판同案同判' 즉, '같은 사건에는 같은 판결'이라는 구호로 요약할 수 있다.

위에서 언급한 대로, 2010년 안례지도규정에서 최고인민법원은 심판경험을 총괄하고, 법률 적용을 통일하며, 심판의 질을 제고하고, 사법공정을 수호하기 위하여 안례지도 제도를 시행한다고 규정하였는데, 이 내용에서 안례지도 제도의 도입배경을 가늠해볼 수 있다.

즉, 안례지도 제도는 중국 각지에서 판사의 수준차 등으로 인하여 벌어지는 '같은 사건에 대한 다른 판결同案不同判'의 문제를 극복하고, '같은 사건에 대한 같은 판결同案同判', 즉 공정한 판결 및 심판 수준의 상향평준화를 도모하며, 아울러 제도적 차원에서 법률의 공백을 메우기 위하여 도입한 것이다.

최고인민법원은 위에서 소개한《인민법원 제2차 5개년 개혁 요강人民法院第二個五年改革綱要(2004~2008)》에서 "안례지도 제도를 수립하고 완선完善하게 하며, 법률의 적용기준을 통일하는 등의 지도안례의 기능을 중시하겠다"고 선언하였는데, 이는 이전의《인민법원 제1차 5개년 개혁 요강人民法院第一個五年改革綱要(1999~2003)》에서 "전형적 안례典型案例"라고 지칭했던 것을 "지도안례"라는 용어로 바꾼 것이다.

즉, 최고인민법원은 기존의 "2000년부터 최고인민법원 심판위원회의 토론·결정을 거쳐 법률 적용이 문제되는 전형적 안례(→지도안례)를 공포하고, 하급법원에 제공하여 유사 사건 심판 시 참고(→지도)하도록 한다"는 내용에서 "전형적 안례"를 "지도안례"로, 효력을 "참고"에서 "지도"로 바꾸면서 안례지도 제도의 수립을 선언하였다.

더 거슬러 올라가면, 1962년 최고인민법원이 반포한《인민법원 사무에 있어서 약간의 문제에 관한 규정關與人民法院工作若干問題的規定》에서 이미 최고인민법원이 "심판사무를 총괄하여, 안례의 형식으로 심판사무를 지도한다"는 언급이 있었고, 이 규정에서는 최고인민법원에 전형적 안례의 선정을 요구하였었다.

이밖에 1989년 4월 29일 최고인민법원 심판위원회 제401차 회의에서는 "중국이 판례법 국가가 아니라고 하더라도, 안례는 하급법원이 심판사무를 잘 처리하는 데 있어서 지도적 역할과 참조적 역할을 하고, 안례의 공포는 최고인민법원만이 할 수 있다"고 강조하였었다.

이렇게 볼 때 중국 최고인민법원의 안례지도 제도의 도입은 하루아침에 일어난 것이 아니라, 2010년 정식으로 안례지도규정을 제정하게 되기까지 여러 차례에 걸쳐 중요한 국면에서 언급되며 꾸준히 그 준비과정을 거쳐 온 것이라 할 수 있다.

2. 경과

최고인민법원은 2010년 안례지도규정을 공고하고, 2011년 12월 최초로 4건의 지도안례를 선정한 이래 2016년 9월 30일까지 총 69건의 지도안례를 선정하였다.

안례의 선정 개수는 2016년 제14차 5건, 2016년 제13차 4건, 2016년 제12차 4건, 2015년 제11차 4건, 2015년 제10차 8건, 2014년 제9차 7건, 2014년 제8차 6건, 2014년 제7차 5건, 2014년 제6차 4건, 2013년 제5차 6건, 2013년 제4차 4건, 2012년 제3차 4건, 2012년 제2차 4건, 2011년 제1차 4건이다.

선정된 안례의 해당 분야도 민사, 형사, 행정 분야로 다양하다. 2016년 9월까지 민사안례 총 42건, 형사안례 총 12건, 행정안례 총 15건이 선정되었다.

2015년 6월 2일 최고인민법원은 안례지도실시세칙을 공고하여, 안례지도제도를 더욱 강화해나갈 것임을 밝혔다.

제2절   중국 최고인민법원 지도안례의 운용현황

I 지도안례의 구성 및 선정절차

1. 지도안례의 구성

최고인민법원은 첫째, 안례지도규정을 구체적으로 실시하고, 둘째, 안례지도사무를 강화하고 규범화하며 촉진하기 위하여, 셋째, 지도안례가 심판사무에 있어서 지도적 역할을 충분히 발휘하고, 넷째, 법률 적용의 기준을 통일하며, 마지막으로 사법공정을 수호하기 위하여 안례지도실시세칙을 제정하였다(안례지도실시세칙 제1조).

안례지도실시세칙에서는 지도안례의 요건을 다음과 같이 더욱 구체화하였다. 이에 따르면 지도안례는 이미 법률적 효력이 발생한 재판으로서, 인정사실이 명확하고, 적용 법률이 정확하며, 재판의 논리가 충분하고, 법률적 효과와 사회적 효과가 양호하며, 유사 사건案件 심리에 있어서 보편적인 지도적 의의를 가진 안례여야 한다(안례지도실시세칙 제2조).

안례지도실시세칙에 따르면, 지도안례는 제목標題, 핵심어關鍵詞, 재판요지裁判要點, 관련조문相關法條, 기본적인 사실관계基本案情, 재판결과裁判結果, 재판이유裁判理由 등으로 구성된다(안례지도실시세칙 제3조).

2. 지도안례의 선정절차

1) 안례지도규정에 따른 지도안례의 선정절차

지도안례의 선정절차는 다음과 같다. 우선 최고인민법원 안례지도사무처에서 지도안례를 모집하고 심사한다(안례지도규정 제3조). 최고인민법원의 각 심판사무단위審判業務單位는 최고인민법원 및 지방각급인민법원에서 이미 법률적 효력이 발생한 재판이 안례지도규정 제2조의 규정에 부합한다고 판단한 경우 이를 안례지도사무처에 추천할 수 있다.

각 고급인민법원, 해방군군사법원은 당해법원 및 관할구역 내의 인민법원에서 이미 법률적 효력이 발생한 재판이 안례지도규정 제2조의 규정에 부합한다고 판단한 경우 당해법원 심판위원회審判委員會의 토론·결정을 거쳐 이를 최고인민법원 안례지도사무처에 추천할 수 있다.

중급인민법원 및 기층인민법원은 당해법원에서 이미 법률적 효력이 발생한 재판이 안례지도규정 제2조의 규정에 부합한다고 판단한 경우 당해법원 심판위원회의 토론·결정을 거친 후, 이를 고급인민법원에 보고하여 최고인민법원 안례지도사무처에 추천할 것을 건의할 수 있다(안례지도규정 제4조).

이밖에 인민대표, 정협위원政協委員, 전문가, 학자, 변호사 및 기타 인민법원의 심판·집행사무에 관심이 있는 사회각계인사는 인민법원의 이미 법률적 효력이 발생한 재판이 지도안례의 요건에 부합한다고 판단한 경우, 이를 당해 재판의 효력을 발생시킨 원심인민법원에 추천할 수 있다(안례지도규정 제5조).

안례지도사무처는 추천받은 안례에 대하여 즉시 심사의견을 제출하여야 한다. 추천받은 안례가 안례지도규정 제2조에 부합하는 경우, 이를 최고인민법원 심판위원회에 회부하여 토론·결정을 하도록 최고인민법원장이나 주관 부원장에게 요청하여야 한다.

이후 지도안례 후보들을 최고인민법원 심판위원회의 최종 심사에 회부하여 선정여부에 관하여 심의 및 토론을 거친다. 최고인민법원 심판위원회가 토론하여 결정한 지도안례는 통일적으로 《최고인민법원공보》, 최고인민법원 홈페이지 및 《인민법원보》에 공고의 형식으로 공포한다(안례지도규정 제6조).

지도안례로 선정된 안례는 이렇게 대외적으로 공포하며, 최고인민법원이 공포한 지도안례들은 이후 각급인민법원이 유사 사건案例을 심판할 때 반드시 참조하여야 한다(안례지도규정 제7조). 최고인민법원 안례지도사무처는 지도안례를 매년 엮어 펴낸다(안례지도규정 제8조).

안례지도규정 시행 전에 최고인민법원이 이미 공포한 전국 법원의 심판 및 집행사무에 있어서 지도적 의의를 갖는 안례는, 안례지도규정에 따라 정리·편찬한 후에 지도안례로서 공포한다(안례지도규정 제9조).

2) 안례지도실시세칙에 따른 지도안례의 선정절차

안례지도실시세칙은 지도안례의 선정절차 역시 다음과 같이 더욱 구체화하였다. 이에 따르면 최고인민법원 안례지도사무처에서는 지도안례 모집, 선정, 심사, 공포, 연구와 편찬 및 전국 법원 안례지도사무에 관한 조율과 지도 등의 사무를 담당한다.

최고인민법원의 각 심판사무단위는 지도안례의 추천, 심사 등의 사무를 담당하고, 연락사무 전담자를 지정한다. 각 고급인민법원은 관할구역 내의 지도안례의 추천, 리서치, 감독 등의 사무를 담당한다. 각 고급인민법원이 최고인민법원에 추천하는 지도안례후보는, 심판위원회의 토론·결정을 거치거나 심판위원회 과반수 위원의 심사·동의를 거쳐야 한다.

중급인민법원, 기층인민법원은 고급인민법원을 통하여 지도안례후보를 추천하여야 하고, 안례지도사무 전담자를 지정하여야 한다(안례지도실시세칙 제4조).

인민대표, 정협위원, 인민배심원, 전문가, 학자, 변호사 및 기타 인민법원의 심판·집행사무에 관심이 있는 사회각계인사는 지도안례의 요건에 부합하는 안례를 당해 재판의 효력을 발생시킨 원심인민법원에 추천할 수 있고, 안례지도사무처에 추천·건의할 수도 있다. 안례지도사무전문가위원회 위원은 지도안례의 요건에 부합하는 안례를 안례지도사무처에 추천·건의할 수 있다(안례지도실시세칙 제5조).

최고인민법원의 각 심판사무단위 및 고급인민법원은 안례지도사무처에 지도안례후보 추천 시 다음의 자료를 제출하여야 하는데, 첫째, 《지도안례추천표》, 둘째, 규정에 따라 서식에 맞게 편집한 안례원본 및 그 편집에 관한 설명, 셋째, 관련 재판문서이다. 이상의 자료는 같은 내용으로 서면으로 3부 제출하고, 전자문서를 동봉하여야 한다. 추천법원은 사건案件심리보고, 관련신문보도 및 연구자료 등을 제출할 수 있다(안례지도실시세칙 제6조).

안례지도사무처는 지도안례후보를 한층 더 연구할 필요가 있다고 판단한 경우, 관련 국가기관, 부문, 사회단체 및 안례지도사무전문가위원회 위원, 전문가, 학자에게 자문을 구할 수 있다(안례지도실시세칙 제7조).

지도안례후보는 안례지도사무처가 절차에 따라 상부에 보고하여 심사를 거친다報送審核. 최고인민법원 심판위원회의 토론을 통과한 지도안례는 각 고급인민법원에 인쇄 배포하고, 《최고인민법원공보》, 《인민법원보》 및 최고인민법원 홈페이지에 공고한다(안례지도실시세칙 제8조).

Ⅱ 지도안례의 인용방법 등

안례지도실시세칙에 따르면 각급인민법원은 사건案件 심리 시, 기본적인 사실관계와 법률의 적용에 있어서 당해 사건이 최고인민법원이 공포한 지도안례와 유사한 경우, 관련 지도안례의 '재판요지裁判要點'를 반드시 참조하여 재판하여야 한다(안례지도실시세칙 제9조).

각급인민법원은 유사 사건案件 심리 시 지도안례를 참조하는 경우, 지도안례를 반드시 '재판이유裁判理由'에 인용하여야 하나, 이를 재판의 근거裁判依據로 인용해서는 안 된다(안례지도실시세칙 제10조).

이와 같이 안례지도실시세칙에서는 지도안례의 인용방법을 구체적으로 밝히면서, 지도안례는 '재판이유'로만 인용하여야 하고, '재판근거'로는 인용할 수 없다고 명시하였다. 그렇다면 재판이유와 재판근거는 어떻게 다른 것인지 혼동을 방지하기 위하여 그 차이점을 간단히 소개하고자 한다.

지도안례 판결문에서의 '재판이유'는 우리나라 판결문에서의 '이유' 부분에 대응하는 것으로 보인다. 우리나라 「민사소송법」 제216조 제1항에 의하면, 확정판결은 주문에 포함된 것에 한하여 기판력既判力을 가진다. 즉, 우리나라 판결문의 경우 판결의 '주문' 부분에만 법률적 효력이 있고, 판결의 '이유' 부분에는 법률적 효력이 없다.

그렇다면 안례지도실시세칙에서 말하는 '재판근거'란 무엇인가? 안례지도실시세칙에서 말하는 재판근거는 재판의 근거가 된 법률조항 등의 법원法源을 말하는 것으로, 헌법, 법률, 행정법규, 지방성 법규, 부문행정규장 및 지방행정규장, 자치조례 및 단행조례, 사법해석司法解釋, 국제조약과 협정 등이 이에 해당된다.

따라서 대륙법계 국가인 중국에서 판례에는 법률적 구속력이 없으므로 판례는 법원法源이 될 수 없고, 지도안례 역시 같은 이유로 법원法源이 될 수 없다. 그렇기 때문에 안례지도실시세칙에서 지도안례를 '재판이유'로만 인용하여야 하고, '재판근거'로는 인용할 수 없다고 한 것이며, 이는 지도안례의 법적 성격을 고려할 때 당연한 귀결이다.

이밖에 안례지도실시세칙에서는 지도안례의 구체적인 인용방법도 함께 소개하였는데, 이는 다음과 같다. 사건案件의 처리 과정에서, 담당판사는 반드시 관련 지도안례를 조회查詢하여야 하는데, 판결문裁判文書에서 관련 지도안례 인용 시, 반드시 재판이유 부분에 지도안례의 '번호'와 '재판요지'를 인용하여야 한다.

공소기관, 사건당사자 및 그 변호인, 소송대리인이 지도안례를 변론이유로 삼을 경우에는, 담당판사는 반드시 재판이유에서 당해 지도안례를 참조하였는지 여부를 석명回應하고 그 이유를 설명하여야 한다(안례지도실시세칙 제11조).

한편 다음과 같은 경우에 지도안례는 더 이상 지도적 역할을 하지 못한다. 첫째, 새로운 법률, 행정법규 혹은 사법해석과 서로 충돌하는 경우 당해 지도안례는 지도적 역할을 상실하게 되며, 둘째, 새로운 지도안례로 인하여 대체되는 경우에도 기존의 지도안례는 지도적 역할을 발휘할 수 없게 된다(안례지도실시세칙 제12조).

또한 최고인민법원은 지도안례의 문서파일과 전자데이터베이스를 구축하고, 지도안례의 참조적용, 조회, 검색 및 편찬을 위한 서비스를 제공하여야 한다(안례지도실시세칙 제13조).

이밖에 안례지도실시세칙에는 지도안례의 발굴을 장려하는 조항도 포함되어 있어 눈길을 끈다. 이에 따르면 각급인민법원은 안례지도사무에서 특출한 성과를 낸 단위와 개인을 「중화인민공화국법관법」 등의 규정에 따라 반드시 장려하여야 한다(안례지도실시세칙 제14조).

Ⅲ 지도안례 해당 법률분야 및 인용건수

2016년 9월까지 공포된 총 69건의 지도안례 중 민사안례는 총 42건, 형사안례는 총 12건, 행정안례는 총 15건이 선정되었다. 법률분야별 지도안례번호, 핵심어 및 인용건수는 [표 9]와 같다.

[표 9] 법률분야별 지도안례번호, 핵심어 및 인용건수

법률분야	연번	지도안례번호	핵심어(요약)	인용건수
민사	1	1	민사, 중개계약, 중고 주택	4
	2	8	민사, 회사해산	7
	3	9	민사, 회사청산의무	8
	4	10	민사, 회사폐지결의	3
	5	15	민사, 관계사, 인격혼동	11
	6	16	해사소송, 해사배상책임제한기금	0
	7	17	민사, 매매계약, 사기	4
	8	18	민사, 노동계약, 일방 해제	0
	9	19	민사, 자동차교통사고, 책임	9
	10	20	민사, 지식재산권, 발명특허권	0
	11	23	민사, 매매계약, 식품안전	6
	12	24	민사, 교통사고, 과실책임	41
	13	29	민사, 부정경쟁不正當競爭, 타인기업명칭 무단사용擅用他人企業名稱	0
	14	30	민사, 상표권침해, 부정경쟁	0
	15	31	민사, 선박충돌손해배상, 책임인정	0
	16	33	민사, 계약 무효확인, 악의 담합	0
	17	45	민사, 부정경쟁, 인터넷서비스	1
	18	46	민사, 상표권침해, 부정경쟁	0
	19	47	민사, 부정경쟁, 지명상품知名商品	1
	20	48	민사, 컴퓨터 소프트웨어저작권침해, 번들 판매	0
	21	49	민사, 컴퓨터 소프트웨어저작권침해, 입증책임	0
	22	50	민사, 상속, 인공수정	0
	23	51	민사, 항공여객 운송계약, 고지의무	0
	24	52	민사, 해사, 해상화물운송 보험계약	0
	25	53	민사, 금융·대출계약, 질권실현	1

법률분야	연번	지도안례 번호	핵심어(요약)	인용건수
	26	54	민사, 집행이의의 소, 점유이전移交占有	2
	27	55	민사, 실용신안특허권침해, 보호범위	0
	28	57	민사, 금융대출계약, 최고액 담보	–
	29	58	민사, 상표권 침해, 부정경쟁	–
	30	64	민사, 전신서비스계약, 고지의무	–
	31	65	민사, 업주공유권, 특별보수자금專項維修資金	–
	32	66	민사, 이혼, 공유재산 무단처분	–
	33	67	민사, 주권양도, 분할납부	–
민사소송	34	2	민사소송, 화해협의불이행	1
	35	7	민사소송, 항소	0
	36	25	민사소송, 보험자대위구상, 관할	5
	37	34	민사소송, 권리승계인, 집행신청	2
	38	35	민사소송, 위탁경매, 악의 담합	0
	39	36	민사소송, 채권만기, 이행협조	0
	40	37	민사소송, 섭외중재재결, 집행관할	0
	41	56	민사소송, 관할이의, 재심기간	0
	42	68	민사소송, 기업대차, 허위소송	–
민사안례 인용건수 계(민사소송 포함)				106
	1	3	형사, 수뢰죄	0
	2	4	형사, 살인죄	0
	3	11	형사, 독직죄	0
	4	12	형사, 살인죄	0
	5	13	형사, 불법非法거래, 위험물질저장	0
형사	6	14	형사, 강도죄	4
	7	27	형사, 절도, 사기	0
	8	28	형사, 노동대가지급거부죄	0
	9	32	형사, 위험운전죄	0
	10	61	형사, 미공개정보이용거래죄, 법정형 인용	–
	11	62	형사, 계약사기, 미수	–
형사소송	12	63	형사소송, 강제의료, 사회위해危害지속가능	–
형사안례 인용건수 계(형사소송 포함)				4
	1	5	행정, 행정허가	9
행정	2	21	행정, 방공지하실防空地下室	0
	3	26	행정, 정부정보공개, 인터넷신청	2
	4	40	행정산재 인정, 근무지	0

법률분야	연번	지도안례 번호	핵심어(요약)	인용건수
	5	42	국가배상, 형사배상	0
	6	43	국가배상, 사법배상	0
	7	44	국가배상, 형사배상	0
	8	60	행정, 행정처벌, 식품안전기준	–
행정소송	9	6	행정소송, 행정처벌	2
	10	22	행정소송, 수리범위	5
	11	38	행정소송, 증서교부, 수리범위	0
	12	39	행정소송, 학위	0
	13	41	행정소송, 입증책임, 법률 적용의 착오	5
	14	59	행정소송, 수리범위, 행정확인	–
	15	69	행정소송, 산재 인정, 절차적 행정행위	–
행정안례 인용건수 계(행정소송 포함)				23
지도안례 인용건수 총계				133

※ 지도안례를 법률분야별로 구분하여, 지도안례번호가 순차적으로 나열되지 않을 수 있음.
※ 인용건수는 중국재판문서망中國裁判文書網, '재판이유'에서 지도안례번호를 적시한 건수임(검색일: 2016. 8. 1.). 지도안례 57~69번(13건)은 공포된 지 얼마 안 되어 검색대상에서 제외하였으며, 인용건수를 –로 표기함.

[표 9]에서 보듯이, 2011년 12월 최초로 4건의 지도안례가 공포된 이래 선정된 총 지도안례 건수(69건) 대비 이 지도안례를 인용한 판결문 건수는 총 133건이다. 그중에서 민사안례는 106건, 형사안례는 4건, 행정안례는 23건 인용되었다. [표 10]에서는 지도안례 인용건수를 연도별, 법원별, 심급·절차별로 정리하였다.

[표 10] 연도별, 법원별, 심급·절차별 지도안례 인용건수

연도별	인용건수	법원별	인용건수	심급·절차별	인용건수
2013년	3	최고인민법원	2	1심	51
2014년	39	고급인민법원	15	2심	75
2015년	63	중급인민법원	67	집행	4
2016년	28	기층인민법원	49	재심심사 및 심판감독	3
총계	133	총계	133	총계	133

※ 2016년은 2016. 1. 1.부터 2016. 8. 1.까지

2011년 연말 처음으로 선정된 지도안례는 2013년 5월을 시작으로 최근까지 총 133건 인용되었고(2016년 8월 기준), 인용건수는 해가 갈수록 늘어나는 추세다. 법원별로는 중급인민법원에서 지도안례를 67건 인용하여 가장 많이 인용하였고, 이어 기층인민법원, 고급인민법원, 최고인민법원 순으로 지도안례를 인용하였다.

심급·절차별로는 2심에서 지도안례를 75건 인용하여 1심보다 그 인용건수가 많았고, 이밖에 집행 절차나 재심심사 및 심판감독 절차에서도 지도안례가 인용되고 있는 것을 알 수 있다.

이렇듯 지도안례는 각급법원의 판결문에 인용되며 지도적 역할을 수행해나가고 있다. 지도안례의 구체적인 인용방법(재판이유에 지도안례번호 및 재판요지 적시)에 대해 규정하고 있는 안례지도실시세칙이 2015년 6월에야 공포되었음을 감안하면, 향후 인용건수의 증대로 지도안례가 중국의 사법실무에서 더욱 적극적인 역할을 발휘해나갈 것으로 기대한다.

제3절   안례지도 제도의 법적 성격, 지도안례의 효력 및 이에 대한 비판

I 안례지도 제도의 법적 성격

안례지도 제도에 대한 중국 학계의 인식은 크게 판례발전설, 사법해석설, 법률적용기제설法律適用機制說의 세 가지로 구분된다.

1. 판례발전설

판례발전설을 주장하는 일부 학자들은 안례지도 제도가 중국 고유의 '판례 제도'로 가는 과도기적 성격의 제도라고 본다. 요컨대, 안례지도 제도는 결국 판례 제도로 발전할 것이고, 향후 지도안례가 정식으로 법원法源으로서의 지위를 가지게 될 것으로 보고 있다.

2. 사법해석설

사법해석설을 주장하는 일부 학자들은 안례지도 제도가 사법해석의 일종이라고 주장하여, 지도안례에 우회적으로 법률적 구속력을 부여하고자 한다(사법해석의 법률적 효력에 관해서는 제3장 참조). 심지어 일부 학자들은 지도안례를 사법해석의 일종으로 포함시키는 것만이 지도안례에 '규범적 구속력'을 부여하는 유일한 길이라고 주장하고 있다. 현행 헌정 제도 하에서, 지도안례에 법률적 효력을 부여할 수 있는 유일한 방법은 '사법해석' 기제에 의존하는 길뿐이기 때문이다.

3. 법률적용기제설

법률적용기제설法律適用機制說을 주장하는 일부 학자들의 견해는 다음과 같다. 안례지도 제도는 영미법계의 판례법 제도가 아니고, 대륙법계의 법적 구속력法律拘束力이 없는 판례 제도와도 다르다는 것이다. 이들은 안례지도 제도는 오히려 일종의 법률적용기제이고, 지도안례 자체가 바로 법률 적용에 있어서 비교적 성공적인 모델이라고 주장하고 있다.

일부 학자들은 향후 안례지도 제도의 발전에 있어서 당사자들이, 판결이 지도안례에 배치背離된다는 이유로 상급법원에 상소·항소를 제기하거나 재심을 신청할 수 있도록 허가하고, 상급법원 또한 같은 이유로 판결번복, 파기환송, 재심명령 등을 할 수 있도록 하여야 한다고 주장하고 있다.

안례지도 제도가 중국 고유의 제도로 도입되었으며, 지도안례가 지도적 역할이라는 고유한 역할을 한다는 점에서, 법률적용기제설이 일견 가장 설득력이 있어 보인다.

Ⅱ 지도안례의 효력

중국 최고인민법원은 안례지도 제도를 구축하면서 '지도안례'라는 개념도 함께 창설하였다.

안례지도 제도를 운용하기 위한 수단이 바로 지도안례이며, 지도안례는 그 요건에서 알 수 있듯이 사회의 광범위한 관심의 대상이 되며, 원칙적인 법률규정을 다루고, 전형적이며, 사안이 복잡疑難複雜하거나 새로운 유형의, 지도적인 역할을 할 수 있는 안례로, 유사한 사건에 대한 심판을 지도하는 "지도적 역할"(안례지도규정 및 안례지도실시세칙 제1조)을 한다.

즉, 지도안례는 절대적 참조應當參照 사항(안례지도규정 제7조)으로서의 효력을 가지며, 유사 사건에 대한 심판에서 지도적 역할을 수행한다.

그런데 영미법계 국가에서는 판례에 법원성法源性을 부여하고 선례구속성先例拘束性을 인정하는데 비해, 대륙법계 국가에서는 판례를 법원法源으로 인정하지 않으며 따라서 판례에 법률적 구속력을 부여하지 않는다.

최고인민법원이 선정했다는 차이는 있지만 지도안례도 어찌되었건 법원의 판결 중에서 선정하는 것이다. 그렇기 때문에 최고인민법원으로서도 대륙법계 국가인 중국에서 지도안례에 법률적 구속력을 인정하기는 어려웠을 것이다. 이러한 여건 하에서 지도안례를 일반적인 안례와 구별하기 위하여 최고인민법원이 지도안례를 절대적 참조 사항으로 규정함으로써, 각급인민법원이 유사 사건을 심판할 때 지도안례가 지도적 역할을 수행하도록 한 것이다.

이와 같이 안례지도 제도는 중국 고유의 제도이며, 지도안례는 중국에서 성문법과 판례 사이의 지점에 위치하여 고유의 '지도적 역할'을 수행한다고 이해할 수 있다. 절대적 참조 사항인 지도안례에는 법률적 구속력까지는 없지만, 위에서 살펴봤듯이 각급인민법원은 유사 사건案件 심판 시 관련 지도안례를 반드시 참조하여야 하고, 공소기관, 사건당사자 및 그 변호인, 소송대리인이 지도안례를 변론이유로 삼을 경우에는, 담당판사는 반드시 재판이유에서 당해 지도안례를 참조하였는지 여부를 석명回應하고 그 이유를 설명하여야 한다(안례지도실시세칙 제11조). 따라서 절대적 참조 사항으로서의 지도안례는 대륙법계 국가에서 기존의 판례보다는 더 강력한 효력을 가진 것으로 사료된다.

지도안례는 절대적 참조 사항으로서 최고인민법원이 각급인민법원을 감독하는 수단이 된다. 그러나 지도안례는 절대적 참조 사항일 뿐 법률적 구속력은 없으므로, 지도안례를 결코 법원法源으로 볼 수 없다는 점이 지도안례가 지닌

태생적 한계이다.

Ⅲ 안례지도 제도에 대한 비판

안례지도 제도에 대한 비판은 크게 안례지도 제도의 절차에 대한 비판과 지도안례의 효력에 대한 비판으로 구분할 수 있다.

1. 안례지도 제도의 절차에 대한 비판

우선, 지도안례의 선정 절차상 지도안례의 선정 요건이 충실하지 않다는 비판이 있다. 지도안례로 선정되려면, 첫째, 사회의 광범위한 관심의 대상이 되는 안례이어야 하며, 둘째, 관련 법률규정이 비교적 원칙적인 것이어야 하고, 셋째, 전형적인 안례이어야 하며, 넷째, 사안이 복잡疑難複雜하거나 새로운 유형의 안례이어야 하고, 마지막으로 그밖에 지도적인 역할을 할 수 있는 안례이어야 한다.

그러나 이러한 요건에 포섭되는지 여부를 판단하기가 쉽지 않은데, 특히, 사회의 광범위한 관심의 대상인지 여부, 새로운 유형인지 여부 등의 요건이 명확하지 않다는 비판이 있다.

다음으로, 지도안례 추천 절차상 지도안례의 추천 절차가 완비되어 있지 않다는 비판이 있다. 첫째, 내부추천절차가 아직 세분화되어있지 않아, 기층인민법원 추천안례의 경우 사실상 같은 안례를 기층·중급·고급인민법원에 걸쳐 총 세 차례를 검토하게 되므로 이는 행정자원의 낭비라는 비판이 있다.

둘째, 외부인사로부터의 추천절차도 완비되어 있지 않아 외부인사들이 지도안례추천에 소극적이며, 처리절차와 관련된 규정도 없어 추천을 하더라도 추천 이후의 상황을 알기가 어렵다는 비판이 있다. 뿐만 아니라, 외부인사 및 원심인민법원(고급인민법원 제외)이 최고인민법원에 직접 지도안례를 추천할 수 없어, 최고인민법원이 제한적인 추천 의견만 듣게 된다는 비판이 있다.

그러나 외부인사 및 원심인민법원(고급인민법원 제외)이 최고인민법원에 직접 지도안례를 추천할 수 있게 하자는 주장에 대해서는, 최고인민법원의 업무과중과

하급인민법원의 업무해태 등을 우려하여 이에 반대하는 의견도 있다. 한편, 장려 제도의 부족으로 지도안례를 추천할 유인이 부족하다는 비판이 있고, 이밖에 공포 주기가 길고 수량이 적고 홍보가 부족하다는 의견이 있다.

2. 지도안례의 효력에 대한 비판

마지막으로, 지도안례의 효력이 어떠한 효력인지 명확하지 않다는 것이 안례지도 제도의 효력적인 부분에 대한 비판이다. 지도안례에 사법해석과 같은 법률적 구속력은 없으므로, 절대적 참조 사항으로서의 지도안례가 어떠한 효력을 가지는 것인지 명확하게 알기 어렵다는 비판이 적지 않다.

제1장에서 언급한 대로 시진핑 주석의 집권 이후 '의법치국依法治國'이 다시 중국의 중요한 목표로 주목을 받게 되었다. 최고인민법원도 이러한 목표를 달성하기 위한 수단의 일환으로서 지도안례의 지도적 역할을 지속적으로 강조해 나갈 것으로 예상되며, 최고인민법원은 그 과정에서 지도안례의 효력에 대한 비판을 해소하기 위해서는 그 법적 성격을 보다 구체적으로 밝혀야 할 것이다.

<small>(이상에서는 최고인민법원의 안례지도 제도만을 다룸(최고인민검찰원의 안례지도 제도 제외).)</small>

邓矜婷, 指导性案例的比较与实证, 北京: 中国人民大学出版社, 2015年

姜丽萍·刘斌 主编, 最高人民法院指导性案例研究, 北京: 中国检察出版社, 2015年

江勇·马良骥 외, 案例指导制度的理论与实践探索, 北京: 中国法律出版社, 2013年

左卫民·陈明国 主编, 中国特色案例指导制度研究, 北京: 北京大学出版社, 2014年

盧靑錫·司英傑, "中國의 案例指導制度에 관한 연구", 저스티스(제116호), 한국법학원,
        2010년

허욱, "중국의 안례 지도 제도에 관한 고찰", 중국법연구(제18집), 한중법학회, 2012년

찾아보기

ㅈ

책 내용 중 일부는 아래와 같은 이미 발표된 논문이나 글을 토대로 구성함.

제1장: 강광문, "현대 중국에서 법 이해에 대한 고찰", 서울대학교 법학(제56권 제3호), 서울대학교 법학연구소, 2015년

제2장: 강광문, "중국법의 이해: 법의 개념, 법제사 및 사법제도 개관", 중국, 새로운 패러다임, 한울, 2015년

제3장 제1절: 강광문, "중국 현행 헌법의 계보에 관한 일고찰", 서울대학교 법학(제55권 제2호), 서울대학교 법학연구소, 2014년

제3장 제3절: 강광문, "중국에서 기본법률의 효력에 관한 고찰", 중국법연구(제20집), 한중법학회, 2013년

제8장: 강광문, "중국의 노동법제", 한·중 FTA 체결에 따른 분야별 법제도 연구, 대외경제정책연구원/한국법제연구원, 2012년

저자 약력

강광문(姜光文)

중국 북경대학 국제정치학부 법학학사
중국 중국정법대학 대학원 법률석사
중국 중륜변호사사무소 변호사
일본 동경대학 법학정치학연구과 법학 석사
일본 동경대학 법학정치학연구과 법학 박사
일본 동경대학 법학정치학연구과 특임연구원
한국 서울대학교 법학전문대학원 조교수
한국 서울대학교 법학전문대학원 부교수
현재 미국 하버드대학 로스쿨 방문학자

논문: 〈일본에서 독일 헌법이론의 수용에 관한 연구〉, 〈일본 명치헌법의 제정에 관한 연구〉, 〈중국 현행 헌법 계보에 관한 일고찰〉, 〈현대 중국에서 법 이해에 대한 고찰〉, 〈중국에서 기본법률의 효력에 관한 고찰〉 등 외

역서: 『사고의 프런티어: 사회』(이치노카와 야스타카 저, 푸른역사)

김영미(金玲美)

고려대학교 중어중문학과 문학사/정치외교학과 정치학사
삼성전자주식회사 반도체총괄 메모리사업부 전략마케팅팀
외교통상부 동북아시아국/지역통상국 3등서기관
서울대학교 법학전문대학원 법학전문석사
2013년도 제2회 변호사시험 합격
한국자산관리공사 종합기획부 법무팀 변호사
서울대학교 법학전문대학원 법학전문박사(수료)
현재 서울대학교 법학전문대학원 법무지원실장

중국법 강의

초판인쇄	2017년 3월 25일
초판발행	2017년 4월 10일
지은이	강광문 · 김영미
펴낸이	안종만
편 집	한두희
기획/마케팅	조성호
표지디자인	조아라
제 작	우인도 · 고철민
펴낸곳	(주) **박영사**
	서울특별시 종로구 새문안로3길 36, 1601
	등록 1959. 3. 11. 제300-1959-1호(倫)
전 화	02)733-6771
f a x	02)736-4818
e-mail	pys@pybook.co.kr
homepage	www.pybook.co.kr
ISBN	979-11-303-2945-1 93360

정 가   19,000원